20世紀建築の空間

■空間計画学入門■

瀬尾文彰

彰国社

装丁・レイアウト　㈱ノリック

はじめに

空間計画学というものが世の中にあるだろうか。私はあるべきだと思う。しかし実際には存在しない。それでは私が作ってやろうと、まあ、それほど大袈裟に振りかぶったわけではないが、大学に身を置くようになった立場上、建築の空間づくりを道筋を立てて考えられるようにしておくことは必要だと感じていたので、機会を得て筆をとった訳である。平たく言えば教科書のようなものを書いてみようと思ったのである。

ところが、当たり前のことなのだが、存在しない学の教科書をどのように書くか、書き始めてみてはたと困った。結局、新しい学を作るような気持ちにならざるを得なくなった。断っておくが、それができたという意味ではない。この小さな本でそんな大それたことのできる訳もない。私は、一つの自分流の考え方を、学生たちに語るつもりでまとめてみただけである。

建築をつくるとき、われわれはモノを作る。構造計算や施工技術が対象とするのはたしかにモノだ。しかし、なんのためにモノを作るかといえば、モノによって限定される何もない部分、つまり、空間をつくらんがためにモノを作るのである。よくいわれるように、建築の本質は空間にある。それでは空間とはなにか。何もないからこそ意味のあるもの。音のない音楽、色のない絵画、形のない彫刻。建築の空間とはそんなものだ。そんなものがなかなか理屈に乗る訳もあるまい。だから、これまで空間計画学は存在しなかったのである。

これをなんとか存在させたいと望んだとき、私がとった方法は二つである。①一つは空間の情緒的で神秘的な感覚内容には手を染めないよう心掛け、空間を形式として捉える視点と、空間と機能（によって代表される諸条件）の関係を想像力的に融合する方法の視点を設定したこと。そして、その二つの視点をクロスさせることを試みたことである。②もう一つは、二〇世紀の建築事例によって、二つの視点の意味を浮び上がらせると同時に検証することである。実際、二〇世紀建築の空間は二つの視点が交錯しながら展開してきたのである。

ここで二〇世紀とは、世紀初頭から一九九九年までを意味している。

二つの視点についてもう少し触れておこう。まず、後者である。従来の建築計画学は建築の利用の仕方を体系化しようとするが、空間とはまったく関係づけられていない。機械の設計の感覚で建築の機能計画を進めるのがその役割とされている。これだけで建築ができる訳もないので、それさえこころえていれば、機能の分析や合成が合理的になされること自体は、あっていけないことではない。しかし、それならば逆に、空間の利用ということを、空間の体験や生き方として、むしろ空間の方から考える考え方があったってよいはずである。これは、機能との関係を空間的な性格としてとらえてゆくやり方であり、第Ⅱ部で扱っている。

感じる対象として建築空間を考えるとき、そこには「感じ」そのものだけでないものがある。形式である。形式があって感じがある。それは、言語の形式の用い方によって、卑俗な言葉にも、美しい散文にも、あるいは詩にさえもなり得るのと同じである。感じる内容を考えの対象とはしにくいが、そのもとになる形式についてなら考えやすい。感じ方がまちまちという問題もあるが、誰でも同じように感じる共通性の強い部分に注目すれば、十分に議論はなり立つ。この問題は第Ⅰ部で扱っている。空間概念という、(初学者には)ややとっつきの悪い言葉から始まっているのは恐縮だが、「誰にでも共通の空間に対する感じ方」を簡略化のためにこう呼んだにすぎないと理解してもらいたい。

そして、空間という、それ自体わかりにくいテーマについて、どう考え、どうつくる筋道を立てたらよいか、新しい時代に向けてのヒントを少しでもつかんでいただけるなら幸いである。

二〇〇〇年三月

瀬尾文彰

目次

第Ⅰ部　空間の形式

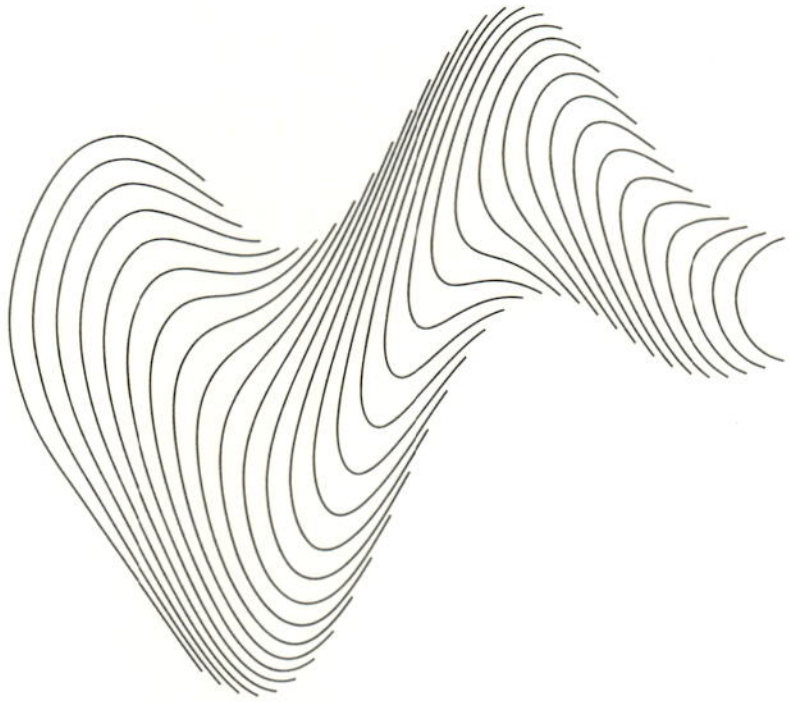

第1章　空間の定式化

空間概念という、時代に特有の空間の感じ方が、建築の空間へと定式化をはたすことで、時代をあらわす空間形式は生まれる。

現代の建築には、〈均質空間〉〈時・空間〉〈場所〉の三種の空間形式が混在している。

本章は、第Ⅰ部の導入部であると同時に、本書全体の導入部でもある。

空間概念

人は、「いま」と「ここ」に生きている。ということは、人は周囲をみまわし、なにかを感じ、あるいはみとめ、周囲の世界に歩をすすめ、行動することができるという、単純な事実を意味している。ここまでなら、ほかのすべての動物と同じである。違うのは、人間は「いま」とは何か、「ここ」とは何かを考える点にある。昔から人間は時間と空間についてあれこれ思索をめぐらし、時代と文化におうじた独特の考え方を築いてきた。考え方ばかりではない。その時代に特有の感じ方というものがあって、それらが表裏一体となって、知の世界と情の世界を統一していた。わかりやすくいえば、哲学や科学が考える時間や空間のあり方と、芸術の中に表現される時間や空間の感じ方とに一貫したものがあったのである。

さて、このように時代と文化の根底をなす時間と空間のうち、空間についての考え方あるいは感じ方、これを「空間概念」とよぶ。感じ方だけを区別して「空間感覚」「空間感情」などとよぶこともあるが、一括して「空間概念」としてしまってかまわないのである。

本書は空間概念を直接の対象とするものではない。建築の技法の一つとして空間のあつかい方を考えるのが目的である。それにしても、空間であるかぎり、空間概念と無関係という訳にはいかない。そこで、このあとの話が空間概念とどうかかわり、そのことによって時代の本質にどう接するかを感じとってもらうために、まず、空間概念について述べるのである。

空間概念を述べるといっても、われわれが現代の建築を考えるのに必要な範囲にと

＊1　たとえば、クリスチャン・ノルベルグ・シュルツ『実存・空間・建築』では、実用的空間、知覚的空間、実存的空間、認識的空間、抽象的空間、表現的空間、美学的空間などたくさんの空間概念に言及している。

＊2　ジーグフリード・ギーディオンは（一八九三―一九六八）スイス生まれの歴史家。コルビュジエと共にＣＩＡＭ（近代建築国際会議）の結成に携わり事務局長を務めた。著書に『空間・時間・建築』『現代建築の発展』などがある。ここで参考にすべきは前著である。

＊3　中井正一は、ピラミッドの周囲に漂う古代エジプト人の空間感覚を「畏れの空間」とよび、その背景を次のように記述している。「ナイルの氾濫と炎熱の中で砂漠に取り巻かれた渓谷に生きるには、数百万の人々はただ一人の帝王の意志に従わねば生きられない巨大な国家奴

どめておかなくてはいけない。やたら細かい話はその道の専門家にまかせておけばよろしい。[*1]その意味で、建築の歴史を空間概念の観点からおおづかみに整理した、歴史家ギーディオンが、[*2]まず参考になる。ギーディオンは西欧における空間概念の変遷を大きく三つに区別している。彼によれば、はじめに「外部空間」の時代があった。エジプトのピラミッド[*3]（1）とギリシャのパルテノン神殿（2）がこの時代を代表している。この時代には、空間は物体の周囲にただようものであった。

次いで「内部空間」の時代がローマのパンテオン（3）に始まり、ゴシック教会堂（4）によって完成をみる。内部という、われわれにとってあたりまえの考え方は、この時代に生まれたのである。構造物の内がわになんらかの人間的な憧れや夢を閉ざし、表現する。そういう意味での内部としての空間イメージが生じてくる。

つづいて、外部と内部の境界が曖昧となり、内と外が相互貫入する空間、べつのいい方をすると空間にうごきが加わり、時間と空間とが一体化する空間、つまり〈時・空間〉の時代がやってくる。これがまさに現代である。その幕開けをギーディオンは遠く一八世紀の版画家ピラネージ[*4]の数枚のエッチングにみている（5）。ピラネージの意識のなかに天才的なひらめきとして先きどりされた、一つのまあたらしい空間のイメージが、時をへて人々によって共有され、時代そのものの空間概念へと成育し、二〇世紀の建築のなかにしっかり根をおろしたというのである。いや、建築ばかりではない。それは二〇世紀初頭の絵画や彫刻を活気づける主要なテーマであったし、それよりなにより、物理学者や数学者のとなえる新しい世界像とも一致していたわけなのだが、そのことは後に章をあらためて述べよう。

隷の集団として屈服せしめられたのである。四千年もの間、彼らはかかる生活をなして、かかる空間意識を決定したのである。深く巨大な諦観とでもいうべき畏れの空間の意識を決定したのである」[文1]。こうした観点から空間を観るのは空間意味論ということになる。ここで述べるのは空間の形式の観点から空間を観る空間形式論である。

*4 ピラネージ（一七二〇—一七七八）はイタリアの建築家、銅板画家。建築物や都市景観、廃墟や空想的空間を描いた大胆な銅板画で知られる。

1 ギザのピラミッド

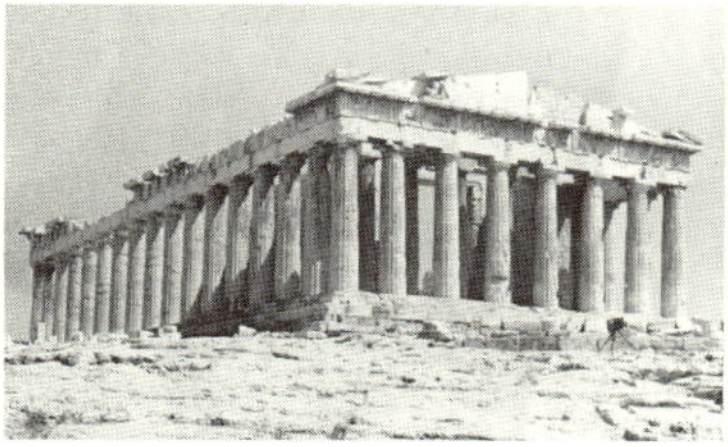

2 パルテノン神殿、アテネ 447-432 B.C.

3 パンテオン、ローマ 120 A.D.
（a）平面図と断面図 直径約43mの球が内接する
（b）内部

b

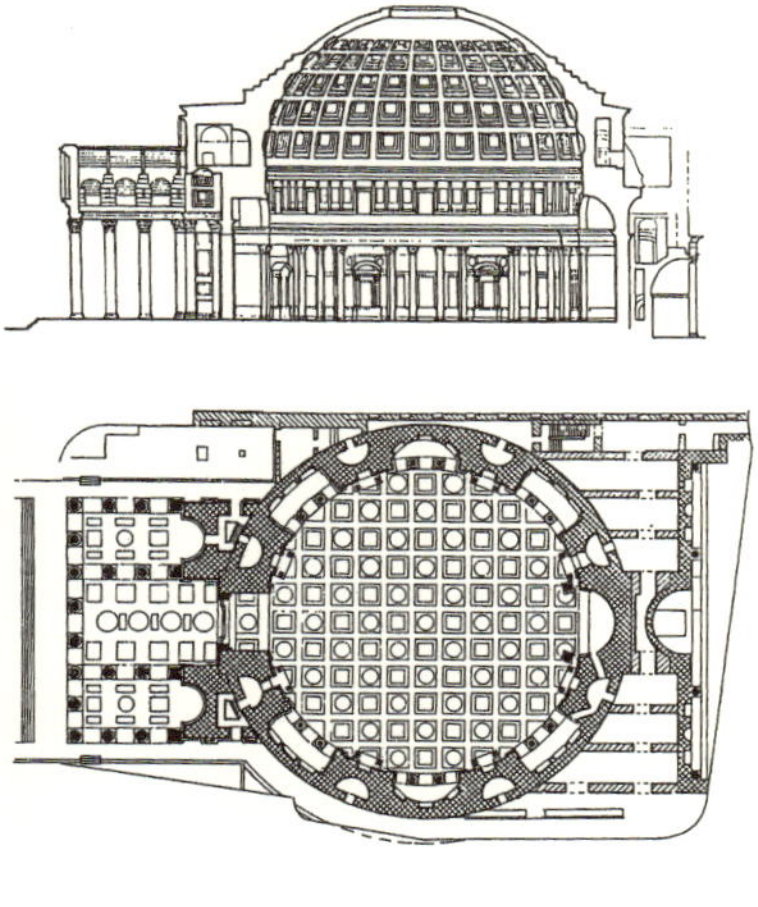

a

4 ノートルダム寺院、パリ 13世紀

5 ピラネージのエッチング「牢獄」

〈均質空間〉と〈場所〉

ギーディオンによれば、〈時・空間〉が現代に固有の空間概念ということになる。それでは、これだけで現代の空間概念や空間感情をかたりつくせるかといえば、けっしてそんな訳にはいかないのである。ここで、さらに二種類の空間概念に言及する。

政治的には民主主義、経済的には資本主義という制度が、今日の社会の枠組みひいては人々の意識の枠組みを形づくっている。それでは民主主義とは何かといえば、人はみな同じという原則のことである。[＊5] 中心に君主、そのまわりに貴族や僧侶や武士、さらに周縁《しゅうえん》に一般庶民がひしめく封建的なヒエラルキーがくずれ去り、碁盤《ごばん》の上の碁石のように個人はどこにいてもよいしどこにいても同じだと考えられるようになったのが民主主義である。資本主義とは何かといえば、結局は効率を第一とする生産の仕組みであり制度である。効率のためには部品がこわれればすぐにほかと交換ができ、だれかが欠けたらすぐほかの人が代わりを務められなくてはならない。互換《ごかん》性が必須《ひっす》である。つまり、ここでもまた、みんな同じという原則が要求されるわけである。

どれも同じ、だれも同じ、どこも同じ。こういう均質性の原則が近代という時代を導いてきたのである。だとすれば、この原則とぴったり符合《ふごう》する空間概念が、近代の歴史の底にはりつき、ひきつづき現代にも存在しつづけているはずなのである。この空間概念を〈均質空間〉とよぶ。ギーディオンは、なぜ〈均質空間〉をとりあげなかったのだろうか。そのことはここでは問題にすまい。ともあれ、われわれはこれを見過ごしにするわけにいかない。なぜならこれは、今なおわれわれの頭と心にはめ込まれた、たがの一つにほかならないからである。

＊5 「（ラカンによれば）民主主義の主体は人間ではない。豊かな欲求、関心、信仰などをもった『人間』ではない。民主主義の主体とは、精神分析の主体と同じく、抽象化されたデカルト主義的な主体、つまり個別的な内容をすべて除去した後に残る空疎な規則性に他ならない。[文2]」

＊6 デカルトの座標の意。デカルトはフランスの哲学者（一五九六—一六五〇）だが、ラテン名をレナトゥス・カルテシウスといったのでその名称に由来する。デカルトは座標幾何学の創始者でもある。

＊7 アリストテレスの場所論については第4章4・1参照。

＊8 ヤンマ著『空間の概念』（一九五三）のアルバート・アインシュタインによる序文の中で、物理学における空間概念の三つのカテゴリーが次のように要約されている。

a　地球の表面の小さな部分に

考えてみよ。読者は空間といわれてまず思い浮かべるのはどのようなイメージか。それは、x・y・zの三軸で表現され、立体格子状にはてしなく展開してゆく抽象空間、デカルトやニュートンという近代の偉人によって創始され、物理学の発展に寄与してきた、カルテシアン座標、[*6]あの数学的空間のイメージではないだろうか。これこそが〈均質空間〉のイメージである。だとすれば、〈均質空間〉という空間概念は、われわれのごく近いところにあることになる。

さらに、われわれは〈場所〉とよばれるもう一つの空間概念をとりあげなくてはならない。〈場所〉は〈均質空間〉とまっこうから対立する概念である。なぜなら、〈均質空間〉がどこまでも均質に広がる空間のイメージであるのにたいして、〈場所〉は限界づけられており、性格づけられており、抽象的ではなく、人間を排除しない空間のイメージだからである。〈場所〉の概念はギリシャの哲学者アリストテレスにまでさかのぼることのできる、きわめて古い来歴をもつ。[*7]その一方で、今世紀前半の建築が一時期〈均質空間〉に片寄りすぎ、それにたいする批判として、一九五〇年代以降あらわれた、新しい建築運動のささえの一つが〈場所〉の概念の復活であった。その詳細は後にみよう。ともあれ、古く、そして新しいという形容が、この場合ほどふさわしい例はめずらしい。

こうして、〈場所〉〈均質空間〉〈時・空間〉の三つの空間概念がでそろったことになる。ところで、これは著者にとっては偶然としかいいようがないのだが、相対性理論で知られるアインシュタインが物理学における空間概念を三つのカテゴリーに要約したのが、これとまったく一致しているのである。[*8]

関連する「場所」としてのアリストテレスの空間概念
b　ニュートンの絶対的な空間理論
c　四次元の場としての空間概念
アインシュタイン自身は最後のものに執着したけれど、他の二つはその下部構造として必要であり続けると考えていた。

空間の定式化

現代を考えるにあたって、〈均質空間〉〈時・空間〉〈場所〉の三種類の空間概念を想定するのが適当であると著者は感じる。この感じは、アインシュタインのカテゴリー化との符合《ふごう》によっていささかの確証をえたかなという、もう一つの感じにつながってもいる。それはいまのところあくまで感じにとどまるが、今後さまざまの議論展開を予想させて興味はつきない。しかし、その議論はいまはひかえよう。三種類の空間概念の、その現代における妥当性という仮説にたって、本来のはなしの筋道へと帰ってゆこう。

空間概念は文化の知と情を方向づける力である。したがって、科学では科学なりにそのあらわれがあり、美術には美術の、思想には思想の、そして建築には建築なりの形のとり方というものがある。それらの総体が、根底における統一性によって、一つの時代なり文化なりのまとまりを感じさせることになるのである。こうした空間概念の横断的共通性を理解しておくことは重要である。そのうえで、ここでは建築について考えようとするのである。

空間概念は、まだ、そのままでは建築ではない。ただ建築になりたがってはいる。建築になりたがっている空間概念にたいして、プロトタイプとしての建築の形姿をあたえる行為、この行為を空間の定式化とよぶことにしよう。空間概念が建築の世界に浸透している状況があるとすれば、かならずこの定式化が、いつかどこかで行われ、人々がそれをそれと認めて、そのようにして空間概念が建築の言葉によってかたりだし始められた、そんな瞬間があったはずなのである。

＊9　ミース（一八八六—一九六九、ドイツ生まれ）の建築は古典的な美的完成度を備え、現代の技術をふまえた優れた芸術である。世界の都市に蔓延したのは主に経済効率の観点からミースの建築形式を利用した追随者による建築である。

＊10　〈時・空間〉におけるピラネージに対応している。アメリカに始まる高層オフィスビルが、頂部、胴部、基壇部の三部構成からなる古典的形式のものであったのに対し、ミースのイメージは初めも終わりもない、無限に積層されてゆく空間構造を示していた。このスケッチの段階では、平面の形は表現的である。それは、ミースも当初はドイツ表現主義の影響下にあったという歴史的経緯による。

＊11　フランク・ロイド・ライト（一八六七—一九五九）は二〇世紀初頭のアメリカを代表する建築家。独自の有機的建築を創

＜均質空間＞の定式化はミース・ファン・デル・ローエの諸建築に実をむすび、いまや世界の都市をおおいつくすまでに蔓延《まんえん》している。[*9] しかし、ミースの具体的な建築たとえばシーグラムビル（6）が建つずっと以前にミースが描いていた数枚のスケッチ（7）によって、すでに＜均質空間＞の建築像は人々の共有のイメージになっていたのだと考える方がドラマチックだし、おそらく事実に近いのである。[*10]

＜時・空間＞については、アメリカの天才建築家フランク・ロイド・ライト[*11]の建築（8）や、オランダの前衛グループ「デ・ステイル」[*12]の活動のうちに、たとえばリートフェルトのシュレーダー邸（9）にそれをみとめるのが一般的である。三軸方向に伸《しん》展《てん》する動的構成として最初の定式化をはたしたといえよう。しかし、後にみるように、その後＜時・空間＞的イメージの躍動《やくどう》的発展はますます尖鋭《せんえい》さをまし、定式化の図式をぬりかえていくことになる。

＜場所＞の空間概念は、度をすごした＜均質空間＞のお祭り騒ぎとでもいうべき国際様式[*13]に対して掲《かか》げられた反旗の一つとして、現代建築に復活をはたしたのである。ルーム、プレイス、トポスなどさまざまによばれ、さまざまにニュアンスの微差《びさ》はあるにせよ、一つの大きな方向として、かの「内部空間」の蘇生《そせい》がみすえられている。建築史家のノルベルグ・シュルツ[*14]によれば、「場所とは独自の性格を有する空間である」[文4]。しかし、それの定式化つまり建築表現の典型ということになると、＜均質空間＞や＜時・空間＞ほどに明瞭ではない。おそらくその理由は「性格を有する空間」という定義自体の曖昧さと関係があろう。それでもやはり、＜場所＞はわれわれの時代の建築のなかにすでに定式化をはたしているといって誤りはないのである。[*15]

始した。

＊12 デ・ステイルはオランダの前衛芸術グループ。ドースブルフやリートフェルトを中心とする活動は広くヨーロッパの近代建築に影響を与えた。「デ・ステイル」はもともと一九一七年オランダで創刊された芸術雑誌の名前である。発刊者はドースブルフ。一九三一年まで続いた。

＊13 インターナショナル・スタイル（国際様式）については後述する。第2章2・3参照。

＊14 ノルベルグ・シュルツ（一九二六—　）はオスロ生まれの建築史家。現象学的なアプローチにより空間の思想に影響力が大きい。

＊15 ＜場所＞の傾向はルイス・カーンの建築にはっきりと認められる。詳しくは第4章で述べる。

6 シーグラム・ビル、ニューヨーク 1958
（ミース・ファン・デル・ローエ）

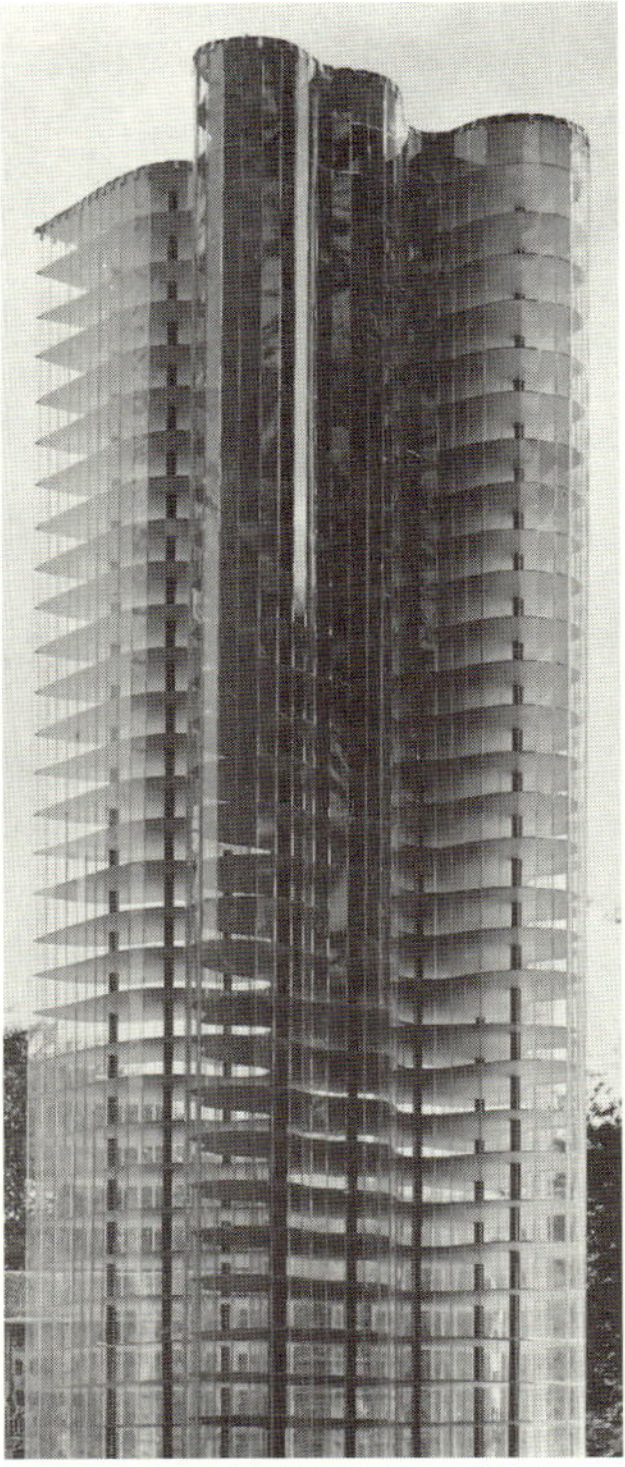

b

a

7 ミースによるスケッチ
（a）フリードリヒ通りのオフィスビル計画、1919
（b）ガラスの摩天楼、1922

8 ロビー邸、シカゴ1909（フランク・ロイド・ライト）

9 シュレーダー邸、ユトレヒト1924（ヘリット・トマス・リートフェルト）

現代の建築

現代の建築の状況のうち、めだった特徴を空間概念の観点からみておこう。ここで現代とは、一九九〇年前後からここ十数年のことである。すなわち、多元主義的でさきゆき不透明といわれながら、二一世紀の新しい活力にむけて初動を開始していると思われる興味ぶかい時代のことだ。そのなかにあって、もっとも刺激的なオピニオンリーダーを演じているのは、デコンストラクティヴィスティック[*16]な流れとレム・コールハース[*17]だと思われる。

前者を代表するものとして、ザハ・ハディド[*18]のザ・ピーク[*19]（10）とアシンプトート[*20]のスティール・クラウド[*21]（11）の二つをみておけば十分であろう。いずれも鋭利《えいり》なフォルムが空をひき裂くようにとびかうさまが印象的である。この独特のダイナミズムは魅力的だし、たしかに新しいが、空間概念としてみるときに、〈時・空間〉の空間感情をそこにみることに不自然はない。ロシア構成主義[*22]やデ・ステイルやフランク・ロイド・ライトなど、かつての〈時・空間〉的作品群の延長上にあって、よりシャープに、より鮮烈に同じ空間感情を生き抜けようとする、これがデコンストラクティヴィズムだと、そのようにいってよかろうと思う。

こうして、現代のもっとも鋭敏な感性の中に〈時・空間〉がしっかり生きつづけ、あらたな定式化を実現しているさまを確認することができるのである。

レム・コールハースにも同様のことがみられるが、デコンストラクティヴィズムとくらべてそのあらわれ方はやや複雑である。ここではフランス国立図書館コンペ案（12）とソルボンヌ図書館計画案（13）に注目しよう。前者ではさまざまなマッスが

＊16 デコンストラクティヴィスト・アーキテクチュア展（一九八八）がフランク・ゲーリー、バーナード・チュミ、ダニエル・リベスキンド、ザハ・ハディド、コープ・ヒンメルブラウ、ピーター・アイゼンマン、レム・コールハースの出展によって開催されて以来、「デコンストラクティヴィズム」という言葉が建築界に使われるようになった。ダニエル・リベスキンド、コープ・ヒンメルブラウ、ザハ・ハディドらを代表的とするのが今日の通説のようである。

＊17 レム・コールハースは一九四四年生まれ。オランダの建築家。独特の感性と斬新な構想力によって現在の建築界で最も影響力の強い建築家の一人。

＊18 一九〇五年イラク生まれ。イギリスで活動。ダイナミックなドローイングで知られ、ザ・ピーク国際コンペで一等をとり一躍世界に名を広めた。

宙に舞い、その間をただようように空間の流動化が生じている（ようにみえる）[＊23]。これもやはり、〈時・空間〉のまったく新しい実現のしかたとして理解できる。時間と動きを抜きにしては考えられない空間のありようだからである。ところが、このマッスと流動空間の全体は、四角い近代主義のガラスケースにすっぽりとおさめられているのである。ケースの被膜の透明性・平滑性そして内部の等質性は、ミースへとみなもとをたどることのできる〈均質空間〉のそれである。〈時・空間〉と〈均質空間〉の唐突にしてさりげない重ねあわせ。これはひょっとすると、とんでもない事件かもしれない。〈時・空間〉がピラネージのエッチングに、そして〈均質空間〉がおそらくミースの数枚のスケッチによって定式化された事情をさきに述べた。それでは、フランス国立図書館案は次の時代をさし示す一枚のスケッチであるのかないのか。そこまではわからないが、ともかく、世界の建築的想像力への刺激はたいへんなものである。（14）はこのイメージをすぐさま具体化してみせた例として受けとれる。

　ソルボンヌの方は、床の傾斜によって空間を流動化させるという手法の違いはあるにせよ、これもまた〈時・空間〉的である。そして、〈均質空間〉と〈時・空間〉の重ねあわせの手法、そこに生みだされる魅力の点でも前者と共通している。

　以上から、〈時・空間〉と〈均質空間〉とが、いまなお建築的感性の最前線に存在しつづけているのだという、およその状況を推察することができると思う。それでは〈場所〉についてはどうか。これへの答えとして、坂本一成のHouse Fほど適切な事例を著者は知らない。住宅の住宅らしさといういっさいの意味を排して、〈場所〉の組み立てという一点にテーマをしぼって成功をみた作品である。

＊19　ザ・ピーク・コンペティション（香港、一九八二―八三）における一等案。実現には至らなかった。

＊20　ハニ・ラシドとリズ・アン・クーチュールにより一九八八年に設立された若いグループ。

＊21　ロスアンゼルス・ゲートウェイ・コンペティション（一九八八）での一等案。空中に浮遊するスチールを雲に見立てて、スティール・クラウド（鉄鋼の雲）と名付けられた。実現には至らず。

＊22　ロシア構成主義については第3章を参照。

＊23　実際にはマッスの間をスラブが埋める計画だが、ここでは図のイメージをとった。図（14）への影響はこの浮遊する量塊のイメージである。

b

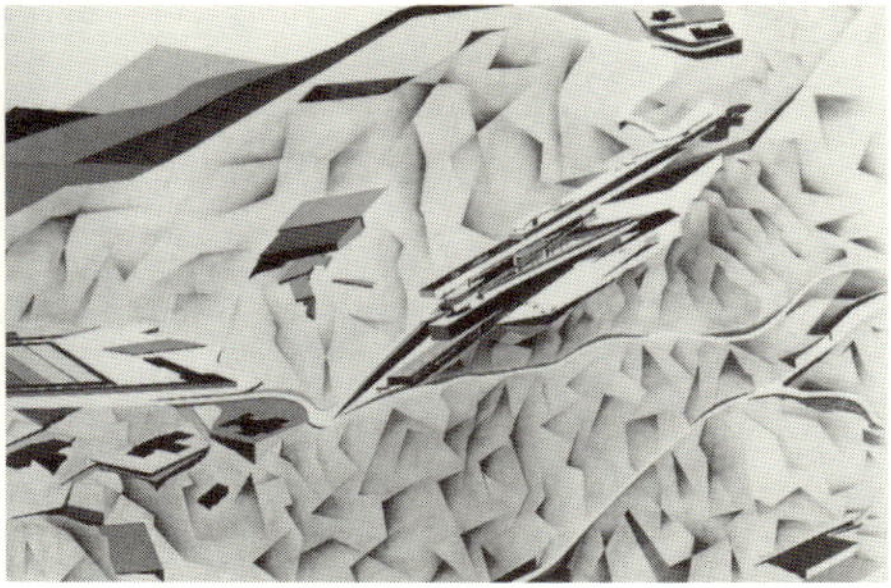
a

10 ザ・ピーク、1993（ザハ・ハディド）
（a）全体透視図
（b）部分透視図

11 スティール・クラウド、
1988（アシンプトート）

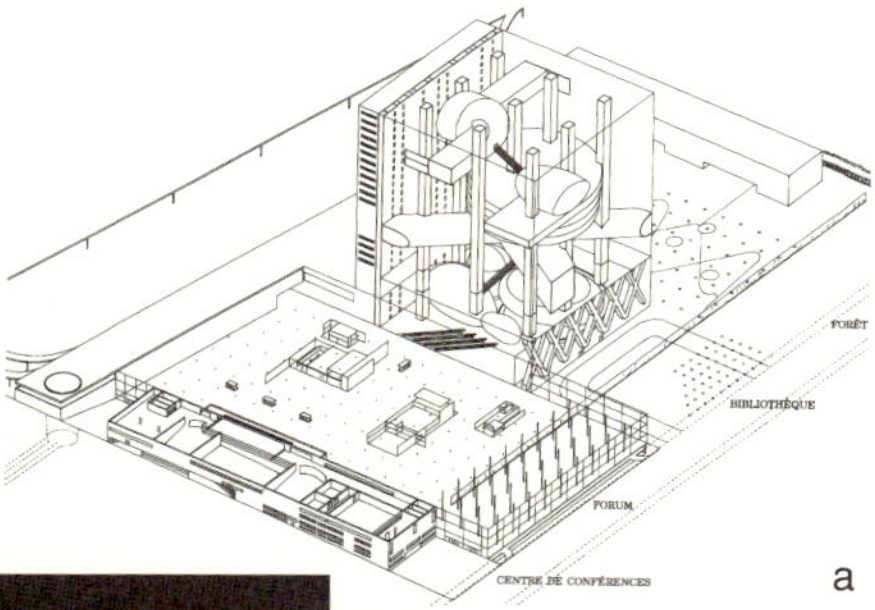

a

12 フランス国立図書館コンペ案、
1989（レム・コールハース）
（a）アイソメ図
（b）模型写真

b

13 ソルボンヌ図書館計画案、1993（レム・コールハース）

a

b

14 くにびきメッセ、松江 1990（高松伸）
（a）全景
（b）内部

建築の空間

覆いがあれば、その下には〈場所〉がある。「護られてある」という空間の性格がそこに生じるからである。野だての傘（15）は、茶室という特異の〈場所〉を仮設的に屋外に設営するための簡易《かんい》な仕掛けだが、その本質が「覆うこと」にあるのはいうまでもない。そして坂本の House F（16）の内部が開かれた傘のようにみえるのも、けっして偶然とはいえない。対象は仮設でもなく、茶室でもなく、れっきとした住宅だが、その住宅としての〈場所〉を、可能なかぎり簡易な仕掛けによってつくろうとする作為《さくい》があったに違いないからである。簡易なら傘だ、という訳である。この場合、簡易さへのこだわりの理由として、次の二点が考えられる。「覆うこと」が物として「在る」という感じ（重々しい屋根の存在感を想像せよ）を極力うすめたいというのが一つ。もう一つは、居間だとか食堂だとか、通常の住宅の内部空間につきものの「らしさ」を極力うすめたいという欲求である。この二つの欲求によって何をはたそうとしたのかといえば、それは、〈場所〉という抽象、〈場所〉ときりよびようのないなにものかを創りだしたいとする欲求、これだと思う。

現代の建築における〈場所〉の重要さは、一人の建築家のこのこだわりの一事からして十分に推察されよう。

ところで、この〈場所〉だが、そのなんたるかを人はどのようにして知ることができるだろうか。それは、実際にそこに身をおいて体で体験するよりほかにはない。〈時・空間〉や〈均質空間〉については、動的構成だの流動性だの等質性だのと、みた目の特徴であるていど語れる部分があったのだが、〈場所〉にいたって、ついにそのての言葉をわれわれは失う。〈場所〉について語れるのは、個々の〈場所〉がどんなであったか、どんな感じにとらわれたか、具体的な体験の内容をなんとか語れるだけである。しかし、ここでわれわれは、初心に戻って、もう一度考えてみよう。

じっさいに体験してみなければわからないというのは、〈場所〉にかぎったことだろうか。そうではあるまい。〈時・空間〉や〈均質空間〉についてこれまでわれわれが語ってきたのは、その特徴に触れることのできる若干の言葉をわれわれが使用できたというだけのことで、〈時・空間〉にせよ〈均質空間〉にせよ、その本当のところを知ろうとすれば、やはりそこに身をおいて、なまなましい体験をとおして感じとるほかはないのである。それが、一般的にいって、建築空間というものの特徴である。建築の空間は、体験する者の感性に向かってなにものかを告げ知らせる。その意味で絵画や音楽が一種のメディアである（テレビや新聞ばかりがメディアではない）のと同じにメディアなのだ。それでは絵画や音楽と建築との違いはどこにあるのか。決定的な違いは、情報の授受にかかわる感覚の差異である。絵画は視覚のもの、音楽は聴覚のものである。それにたいして建築の空間は身体的なものである。建築の空間は、身体をそこに運んで直接それとかかわらせるとき、そのときはじめて読むことのできる書物のようなものなのだ。

身体的に読む書物のようだというたとえをよく噛みしめておいてもらいたい。見るだけでなしに体全体で感じるもの、それが建築空間の基本だからである。建築空間のなかで前をみているとき、われわれは、同時に上を感じているし後ろさえも感じている。それは生きている感覚の流れである。

15 野だての傘

16 House F 、東京 1988（坂本一成）
（a）立面図
（b）平面図
（c）内部透視図
（d）外観

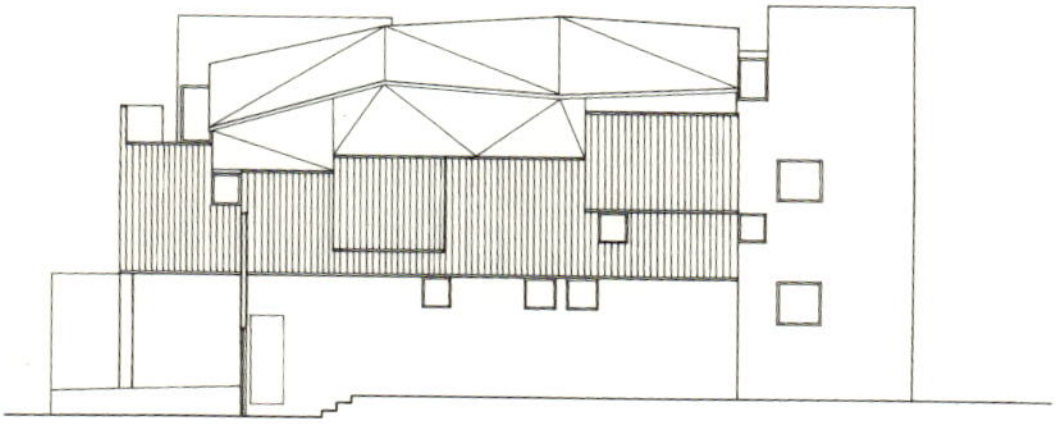

a

b

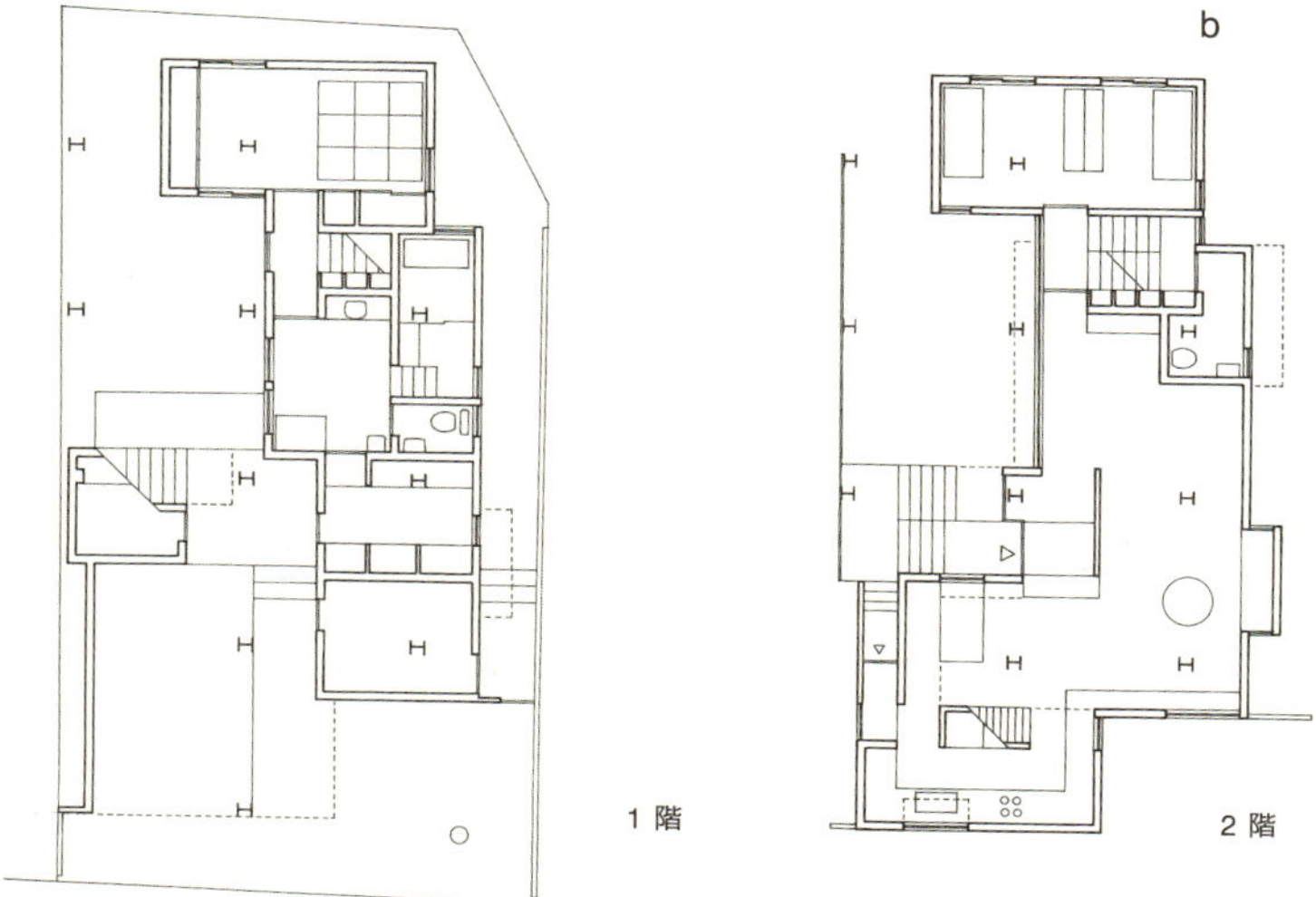

1 階

2 階

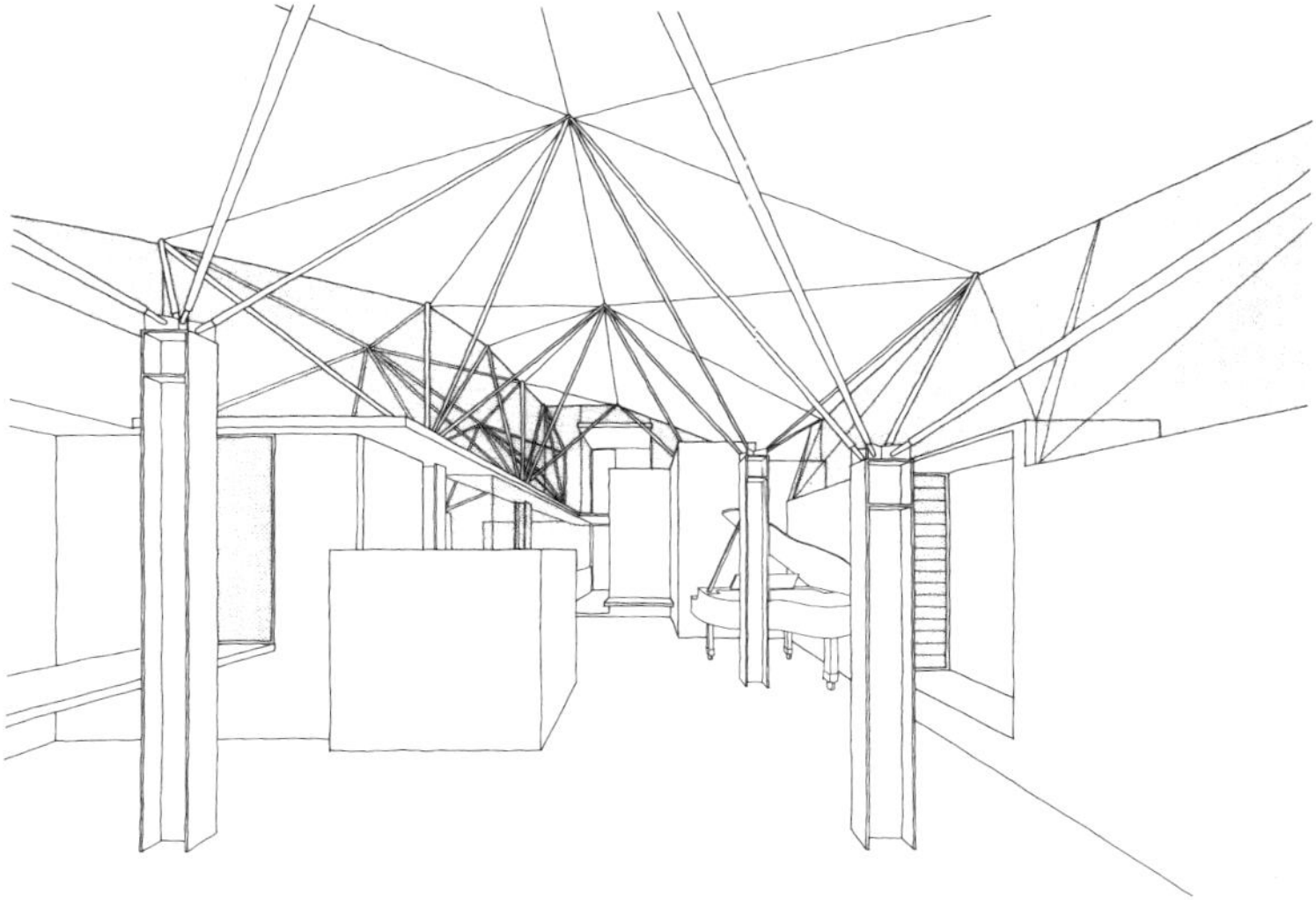

c

d

空間の形式

ふたたび、空間概念ないし空間の定式化のところまで話をもどそう。

空間概念は、それ自体なにものでもないし、なにものでもありえる（物理学でも美術でも音楽でもありえる）が、それが建築空間として定式化されると、その結果そこに空間のモデルができてくる。モデルだから具体の空間そのものとは違って、それがそなえるべき条件、特質のようなものである。

ガラスの台形を並べたカレッジ・ライフ・インシュアランスビル（17）はシーグラムビル[*24]とずいぶん違ってみえるかもしれないが、基準階をとれば同じ〈均質空間〉のモデルにもとづくことは明らかである。帝国ホテルとりわけそのエントランス・ホールまわりの内部空間（18）の流動性と、デ・ステイルのテオ・ファン・ドースブルフらがめざしたダイナミズム（19）とは、形は違うようでも〈時・空間〉のモデルに基礎づけられている点で共通している。

こうした意味でのモデルを、ここであらためて空間形式とよぶことにする。

われわれはすでに〈時・空間〉〈均質空間〉〈場所〉の三つの空間形式を手にしている。空間を計画する立場からすれば これは一種のメニューのようなものである。三つの中を細分化することによって、メニューはいくらでもふくらむ可能性をもっている。われわれはその中から適宜《てきぎ》選択することによって、空間計画に役だててよい。そうした一種の技法として、空間形式を理解することが可能である。

技法の活用が無意識のうちになされることもあろう。しかし、空間形式を意識的に駆使することの意義は大きい。建築の計画は、多岐《たき》にわたる問題のからまりを解きほ

*24 本章6図参照。

ぐす複雑なゲームのような側面をもつ。設計の途中で施主からの横やりが入って、ゲームの様相が一変するといった事態もありえる。技術的な制約あるいは予算上の制約などであれこれ変更をしいられる場面も少なくはない。そうした戦場を戦いぬいてゆくなかで、自分の建築をいかにして守りぬくか。それには、意志と信念のほかに知識としてのよりどころが役だつ場面も少なくはない。空間形式にしがみつくこと、これも建築の筋を守りとおす一つのやり方である。

こんなことを考えてみてほしい。豊田市美術館（20）は外からみればのっぺりした単純な箱だが、内側はいろいろなつながりが工夫されていて〈時・空間〉的である。さらにみると、内部空間には、ディテールらしきもののいっさいを抹消《まっしょう》し去るべく、掃き清めるように徹底した配慮があって、あきらかに〈均質空間〉の美学[*25]が生きてもいる。そうすると、この建築空間は〈時・空間〉かつ〈均質空間〉、二つの空間形式の重ねあわせということになろう。

ところで、こうした了解は観察者だけのもので、設計者には無関係なものなのか。実際がどうであったかは知らないが、設計者が重ねあわせをあるていど意図していたことがないとはいえまい。当初はそうでなくとも、描かれつつある図面のうえにたまたま重ねあわせを発見し、それならばいっそ、〈時・空間〉や〈均質空間〉の方向にそれぞれを徹底してやろうと、そこから意図的な作業が始まる場合だって考えられよう。こうしたときに、設計者の頭のなかには無意識のメニューが開かれていたはずである。そして設計者は、それを利用し、役だて、技法化したのだといっていえなくはないであろう。[*26]

＊25　〈均質空間〉の美学については次章で述べる。

＊26　そのとき、設計者が空間の制御を方向付ける基準は感覚以外にはない。それは空間の意味やイメージに関する感覚である。空間がどのように人の意識に対して働きかけるかということに関する感覚である。それによって空間の形式が制御される。本書で扱うのはその形式の側面のみである。

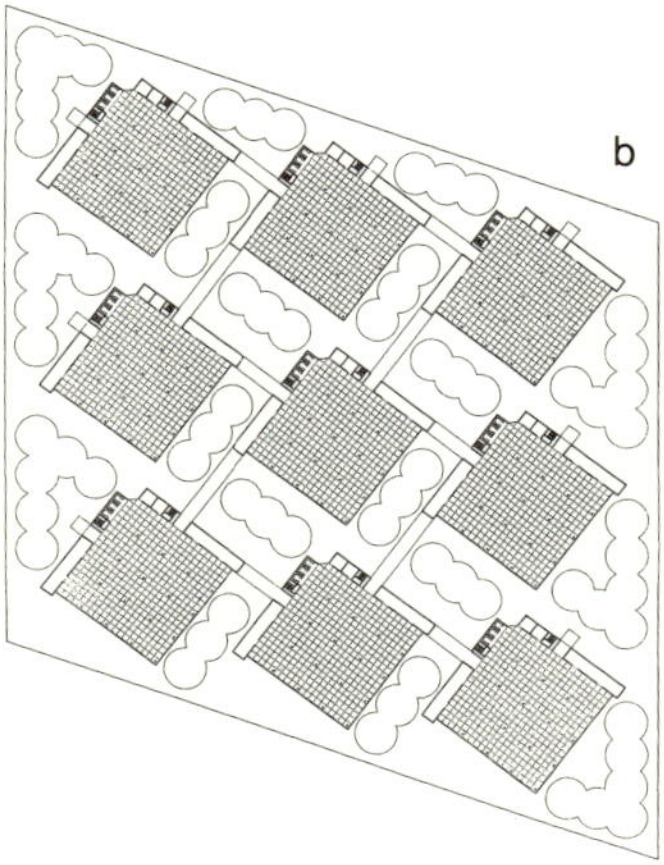

17 カレッジ・ライフ・インシュアランス・ビルディング、インディアナポリス 1967（ケビン・ローチ）
（a）外観
（b）平面図

18 帝国ホテル入口ロビー、東京 1922（フランク・ロイド・ライト）

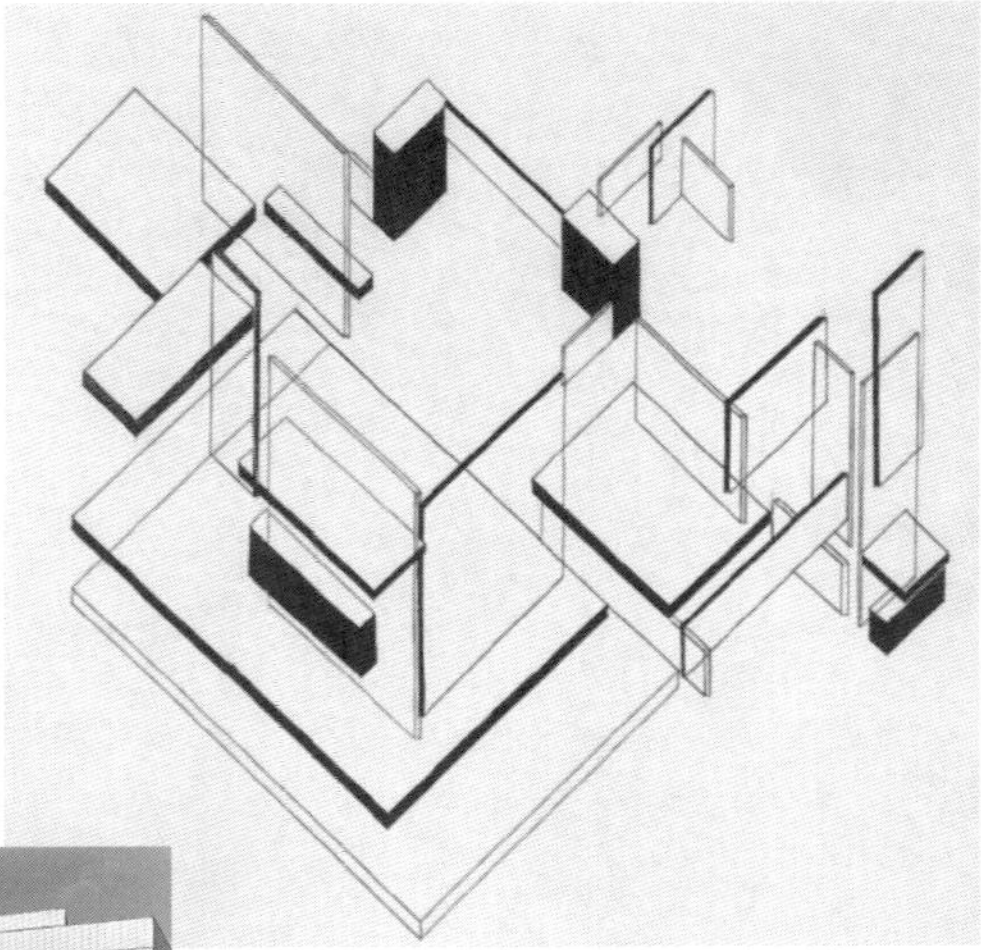

19 カウンター・コンストラクション、1923（テオ・フォン・ドースブルフ）

20 豊田市美術館、1990（谷口吉生）
（a）外観
（b）内部

a

b

機能と空間

建築空間はメディアである。これは一つの真実だが、唯一《ゆいいつ》の真実という訳ではない。もし、メディアであることだけが建築空間の本質だとしたら、建築を巨大な彫刻とよんで少しもおかしくないことになる。だが、事実はそうではないのである。建築は生活の道具であるという側面を離れては存在しえないものである。ここでは、建築の空間をトータルに把握し、ただしく理解するうえに、道具であるという側面に注目することがいかに重要で意味ぶかいか、そのことに注意を喚起《かんき》しておきたい。

われわれは日々さまざまな道具にかこまれてくらしている。材木を切るのにノコギリを用い、釘を打つにはカナヅチを用いる。ホモファーベルとしての人間は、道具を仲立ちとして自分の生来の能力をさまざまな方向へ拡大、延長しているのだといわれる。ノコギリを握るときのわれわれは、手の先がぎざぎざ切れ目の薄い板状をなしている見慣れぬ生きものに変わってしまうようなものだし、カナヅチを握るときには、硬い塊状の手をもつべつの生きものに変わってしまうようなものである。これらの道具はわれわれの身体と外界の間になんらかのかたちで橋をかけわたす。だから、外界との間にある種の符合《ふごう》が必要だし、身体との間にも同じである。ノコギリなら、先の部分の丈夫さ鋭さは材木の大きさ硬さと符合していなければならないし、握りの部分は手の形や軟らかさと符合していなければならない。そこから、道具の機能や性能というものがはっきりと浮かびあがってくる。そして、もう一つ重要なことは、道具としての役わりをはたせるのは、金属や材木からつくりだされた、ノコギリならノコギリという物そのものである。

それでは建築はどうだろうか。建築も道具ならば、同じように説明できるか。ところが、建築については、この考え方が簡単にはあてはまらない。たしかに建築も物をつくるが、それは屋根や壁や床にかこまれた内がわの何もない部分を手に入れるためにつくるのだし、われわれが道具として役だてるのはその何もない空間の部分であって、ノコギリを握るような意味で壁や床に触れることはない。それでは、建築の何もない空間の部分が道具だとして、それは外界のどの部分とどのように符合し、身体のどの部分とどのように符合するのだろうか。これについて、建築空間の役わりの全体がすっきりと説明されたためしは、これまで一度としてないのである。

それでも、われわれは、町役場と病院とはそれぞれちがう道具だと考えている。利用の仕方がちがうからである。したがって、ノコギリとカナヅチがちがうようにそれぞれに形もちがうはずだと考えている。アルヴァ・アアルト[*27]の作品ではその傾向が明瞭にうかがわれる。パイミオのサナトリウム（21）はあかるく清潔で、これを町役場とまちがえる人はいない。逆にセイナッツァロの町役場（22）では、中庭と外観の親しみやすい様子がコミュニティの施設であることを、それとなく告げている。

しかし、これがミース・ファン・デル・ローエだったら、いずれも美しいガラスの箱におさめることもできたろう。アルヴァ・アアルトにしても、もっとちがう形を選ぶことだってできたろう。機能を担《にな》うのが空間の部分であって物の部分ではないことによって、建築の形態と機能の関係には、十分おおきな変動や振幅が許されることになるのである。機能と建築空間の関係は、ノコギリやカナヅチの機能とその形の関係ほどに単純ではない。

＊27　アルヴァ・アアルト（一八九八—一九七六）はフィンランドを代表する建築家。第Ⅱ部であつかう有機主義の観点からヨーロッパを代表する建築家でもある。

a

21 パイミオのサナトリウム、1933（アルヴァ・アアルト）
（a）外観
（b）平面図

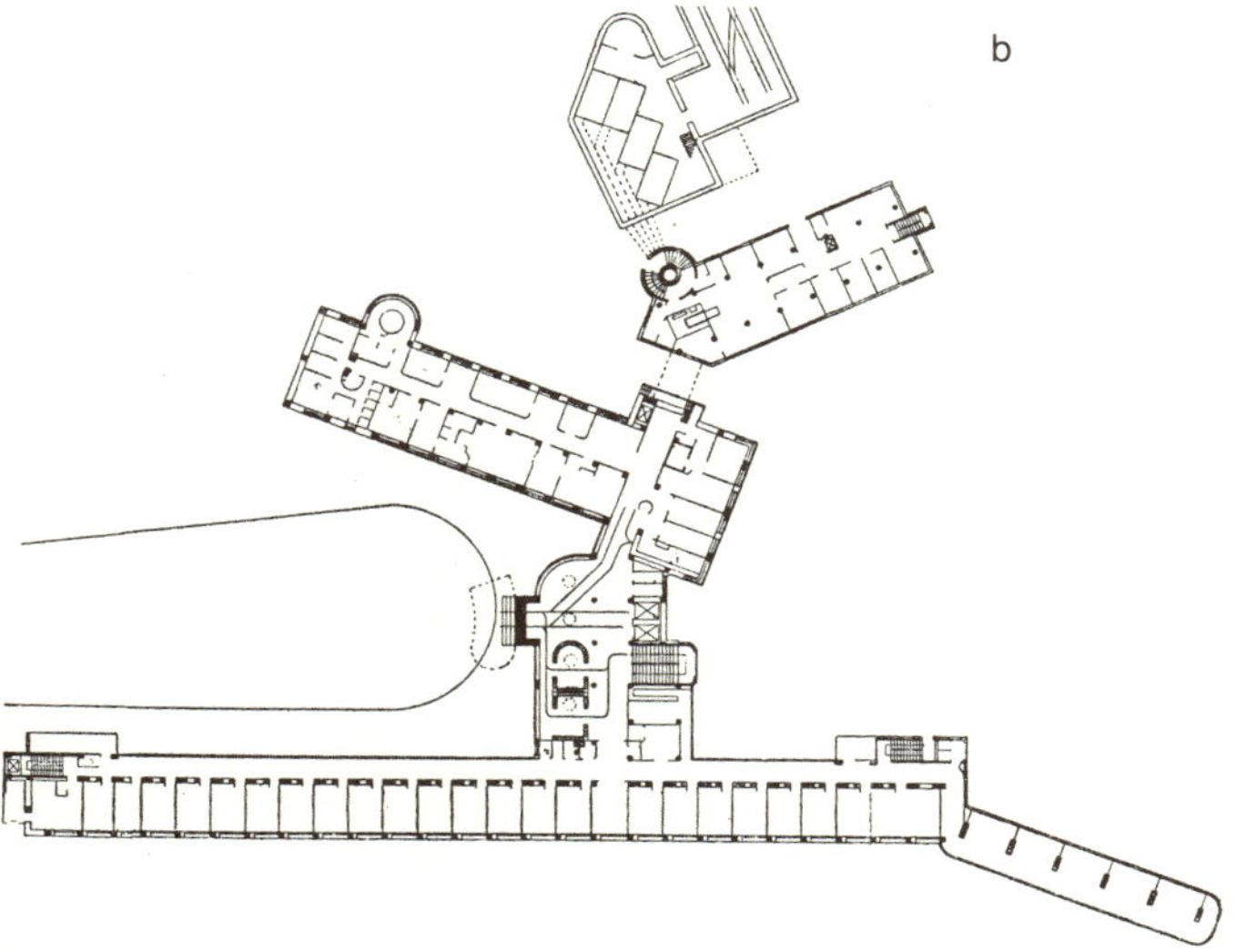

b

a

22 セイナッツァロの町役場、1952（アルヴァ・アアルト）
（a）外観
（b）平面図

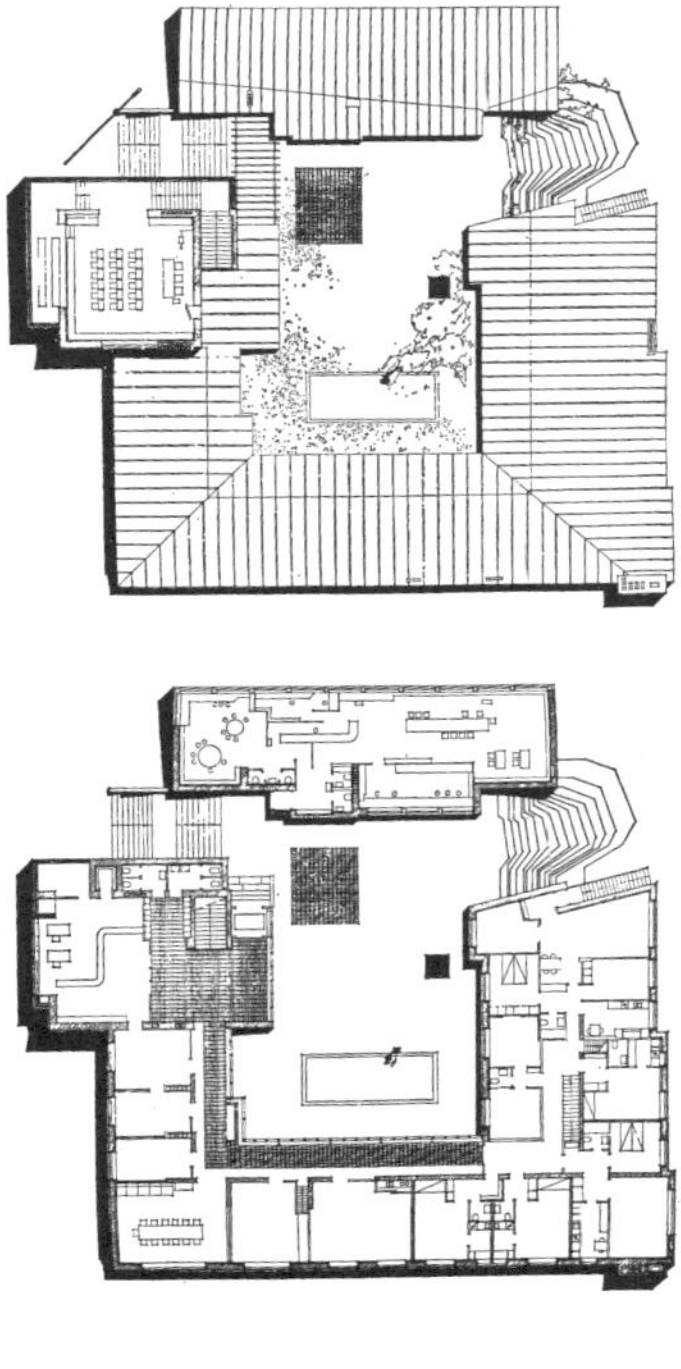

b

建築空間の成立

空間形式は空間計画の技法として有効かつ有意義である。それでは、どのように有効で、どのように有意義なのか。これは、無理にいってみてもはじまらない種類の問題であると思える。若干のことはすでに触れたが、あとは、読者自身が実践をつうじて発見していってもらいたい。それがなによりである。ともあれ、〈時・空間〉〈均質空間〉〈場所〉のこの三つの空間形式をこころえていれば、かならず設計のなかで役だつ場面があるはずである。

以下の章で、空間形式についての詳しい考察を行う。それにさきだち、ここでは、建築空間の成立までの道筋という視点から、二つの論点に触れておきたい。

一つは、空間形式へのこだわりは形式主義建築への道でもあるという問題である。これには良否ふたつの側面がある。否《ひ》なる側面はインターナショナル・スタイル[*28]の蔓《まん》延《えん》にみることができる。つまり、世界中いかなる都市にも、四角四面を基本とするカーテンウォールのオフィスビルが、よくもこれだけ同じものがと思うほどたち並んでいる。オフィスには〈均質空間〉が空間形式として好都合なところから、そしてそれは世界中どこにあっても事情は変わらないところから、こうした現象が生じたのである。産業社会の効率偏重《へんちょう》にささえられた退屈な形式主義によって、われわれの時代の都市景観のあらかたはおおわれつくされてしまっている。

形式主義建築のもう一つの側面は、空間形式の抽象性を、そのまま具体の建築にしてしまうことによる、一種の革新性によってもたらされる。形式はいわば骨格のようなものだから、通常の設計はこれに肉付けをする訳だが、それをあえて拒否する。前

＊28　第2章2・3「インターナショナル・スタイル」参照。

出のHouse Fは、住宅の常識をくつがえしつつ、〈場所〉の形式性だけをたよりに住宅の本質に迫ろうとする形式主義建築の一例だといえる。さらにいえば、ミース・ファン・デル・ローエのガラスの箱（23）は、建築が通常むすぶおおくの関係をたち切って、空間形式だけに徹した形式主義の権化《ごんげ》のような建築であり、それによってはじめて、〈均質空間〉の理念的な美しさに達することができたのである。

二番目の論点に移ろう。建築は一般には空間形式だけでなりたつものではない。機能や周辺地域の文化・風土など、さまざまなしがらみを問われるのが一般である。ミース建築の美しさが神話的な域に達するかにみえるのは、それが例外であることのあかしでもある。頭から空間形式にこだわるのではなしに、しがらみの方から迫るという、もう一つの建築へのアプローチがあることを忘れまい。恩師清家清は、かつての拙著[*29]の序に次のように書いた。「建築は人間のこしらえるものであって、生活の所産であり、有機的な環境という方がわかりやすいかもしれぬ。なんとなく生臭いものではなかろうか」。このような考え方にたった二〇世紀の建築家は少なくはないのである。さきにも触れたアルヴァ・アアルトはその代表格の建築家であった。

アアルトのヴィープリ図書館[*30]（24）の講堂の天井が波うっているのは、講義の声が室内にくまなくとどくようにという実用的な意図によるものである。ラルフ・アースキン[*31]がキルナの集合住宅（25）で建物のすみを丸めたのは、極北の寒気をやわらげ内がわで営まれる生活を護るための必要からであった[*32]。このように、人間のこしらえた人間くささということのなかには、いろいろの意味あいが込められている。生活と状況に根ざした建築空間のあり方については第Ⅱ部で述べる。

＊29　拙著『環境建築論序説』彰国社、一九七九

＊30　ヴィープリ図書館は一九二七年のコンペで勝ち取った初期の傑作。実施までに八年をついやし、その間の試行錯誤はその後の作品につながる多くのアイデアを生み出した。

＊31　ラルフ・アースキン（一九一四—　）は主にスエーデンで活躍するロンドン生まれの建築家。

＊32　極寒地では熱損失を少なくするため表面積の小さい塊状の形態が有利である。また、出隅は風の影響を受けやすく、傷んですがもれを起こしやすい。角を丸くするのはその意味でも有効である。

23 ファンズワース邸、
イリノイ 1950
（ミース・ファン・
デル・ローエ）

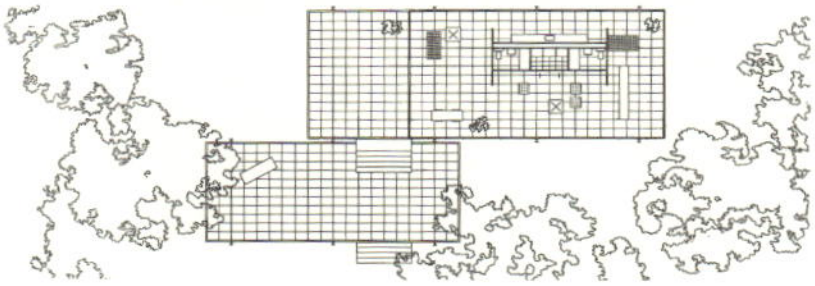

24 ヴィープリ図書館、1935（アルヴァ・アアルト）
（a）外観
（b）平面図
（c）講堂内部

a

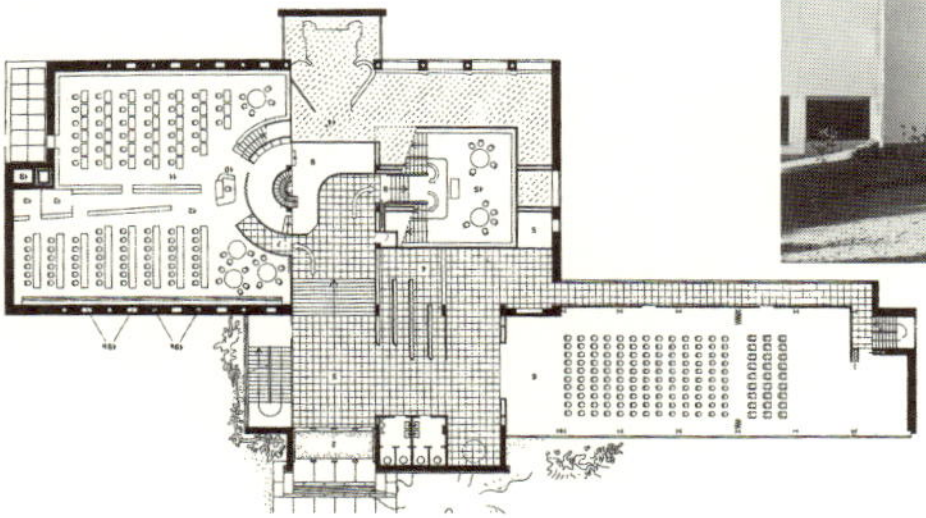

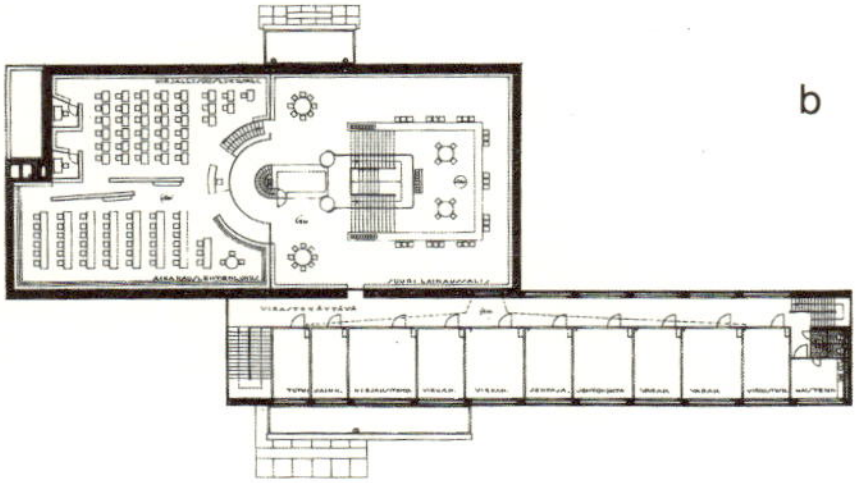

b

c

25 キルナの集合住宅（ラルフ・アースキン）

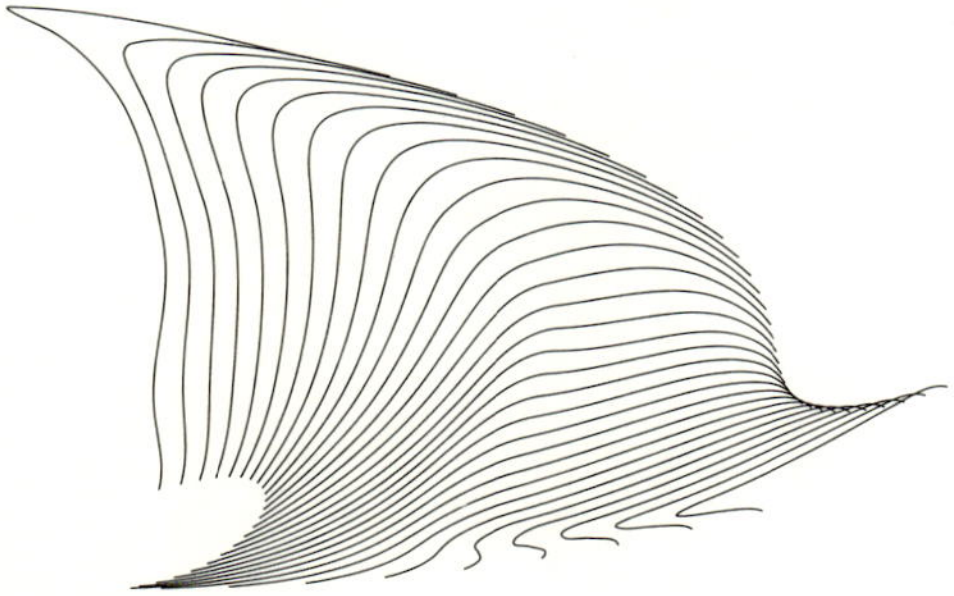

第2章 〈均質空間〉

高層オフィスビルの空間は、幾何学の座標をそのまま立ちあげたものである。数学の空間に、ここ とあそこの違いがないように、この種の建築の空間はどこにも質の差がない、つまり均質である。

〈均質空間〉には産業社会の主役としての実用的な要請が強い。一方、〈均質空間〉の美学的な性格は平滑面と透明性によってあらわされ、現在にまでおよぶ強い影響力を残している。

オフィスビル

四角四面で、つるっとしたガラス張りのオフィスビルが、全国いたるところどころか、世界中のあらゆる都市の景観を埋めつくしている。なんといっても数が多い。そうした意味で、オフィスビルは現代を代表する建築種別だといえる。そのオフィスビルについて、ここでまず考えてみよう。

オフィスビルは、それが一〇〇階建だろうが二〇〇階建だろうが、基本的にはまったく同じフロアのつみ重ねである。オフィスの作業は、天井高三メートル足らずの空間の中で行える点ですべて共通しているといえるが、間仕切壁や家具などのレイアウトとなると業務内容によって千差万別であり、オフィスのフロアはそれに対応することを要求される。どの階にどの企業が入っても、あるいはどの部署が入っても、スムーズに対応できるのでなければ、効率的なオフィスビルとしての評価はえられない。そして、どの階になにが入るかは、当初の予測を許さない。したがって、どのフロアも同じようにフレキシブルであり、平面の形のバリエーションはありえても、基本的にはすべての性能に関してすべてのフロアが同じでなければならないのである。

一つのフロアのなかでも同様のことがいえる。フロアのどの部分になにがくるかは分らないから、なにがきてもよいように、どこも同じでなくてはならない。

図の（1）はさる賃貸ビルのフロア平面を示している。三・六メートル角のモデュールラインが点線でかき込まれている。これは、フロアのすべての部分を同じにするための工夫である。じつは、このオフィス空間は、（2）のようなサイコロ状の単位空間をびっしり敷きつめるという考え方でつくられている。点線は単位空間の配置位置を示している。

　単位空間は独立の天井をそなえており、そこには照明や空調設備はもとよりスピーカーやスプリンクラーまでがくみ込まれている。床には電気や情報のアウトレットがくみ込まれている。ようするに単位空間は、それ自体小さなオフィス空間としてのあらゆる性能をそなえもっているのである。これを横に並べれば、どこでも同じ空間性能のオフィスフロアができあがる。さらにそれをつみ重ねれば、どの階のどの部分も同じに機能するオフィスビルができあがる訳である。

　オフィスビルというものは、多かれ少なかれ、こうした考え方にもとづいている。規模やコストに応じて徹底の程度に差があるのは当然として、どのオフィスビルでも、できることなら〈均質空間〉としての徹底を図りたいと願うのである。少なくとも、そういう一面がオフィスビルには必ずある。なぜなら、オフィルビルとは一つの生産の現場であり、生産は効率を要求し、効率は自由な変化への対応にささえられなくてはならないからである。

　こうした理由によって、〈均質空間〉という空間の形式はわれわれにはごく身近なものといえるのである。大きな都市の大きなビルそれもなるたけ先端的なインテリジエント・オフィス[*1]かなにかをちょいとのぞいてみれば一《いち》目瞭然《もくりょうぜん》というものである。そのような空間をそなえたオフィスビルが、既述のように世界の都市のランドスケープを形成している。ということは、〈均質空間〉への要請が、この時代のこの社会には、否と応とにかかわらず、満ちあふれているといわなくてはならないのである。

　オフィスビルの平面図例を（3）〜（6）に示した。

＊1　オフィス業務のコンピュータ化への対応を総合的に整え、オフィス・オートメーションを高度に支援するオフィス。

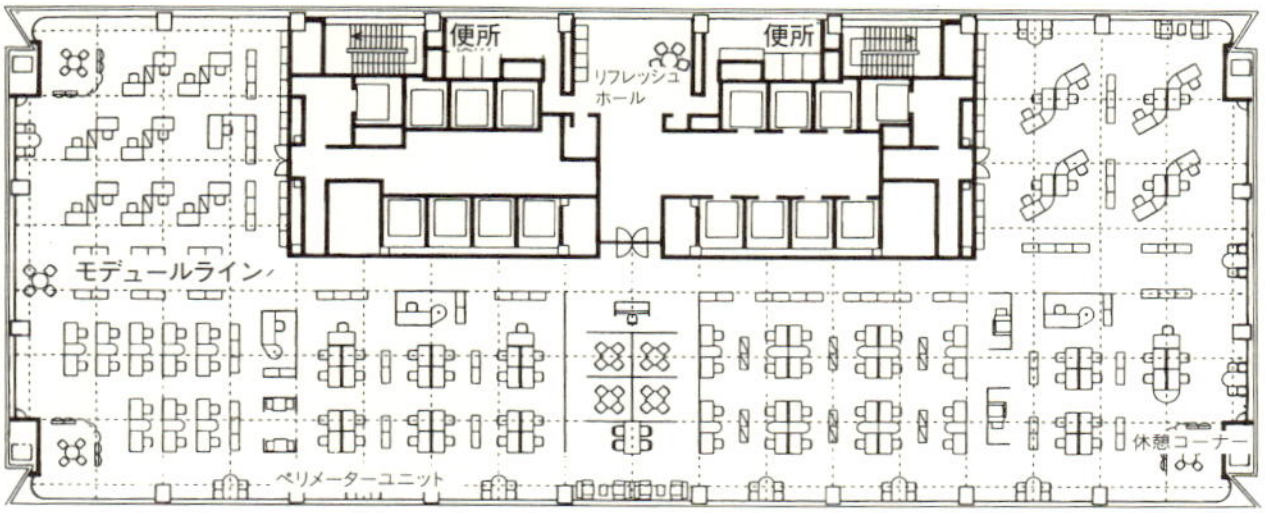

1 クリスタルタワー、大阪 1990（竹中工務店）

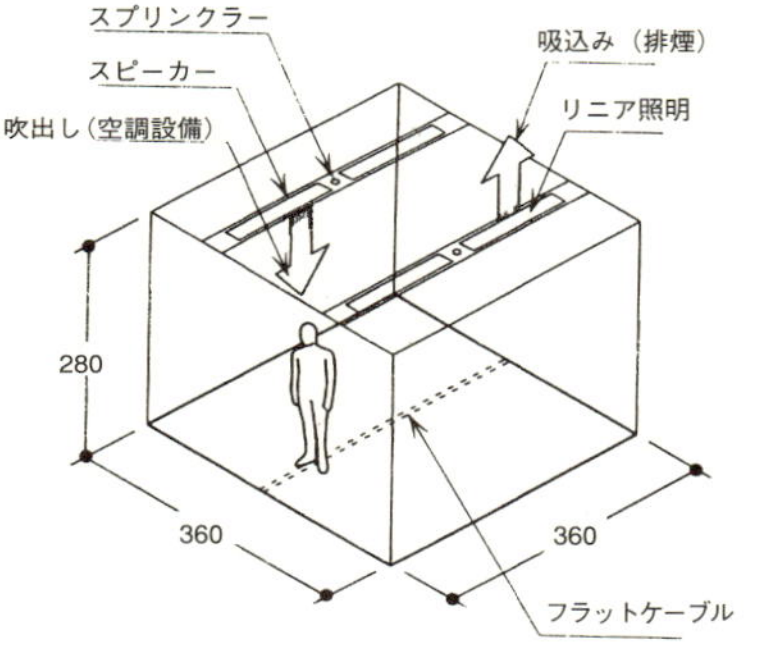

2 クリスタルタワーの空間モデュール

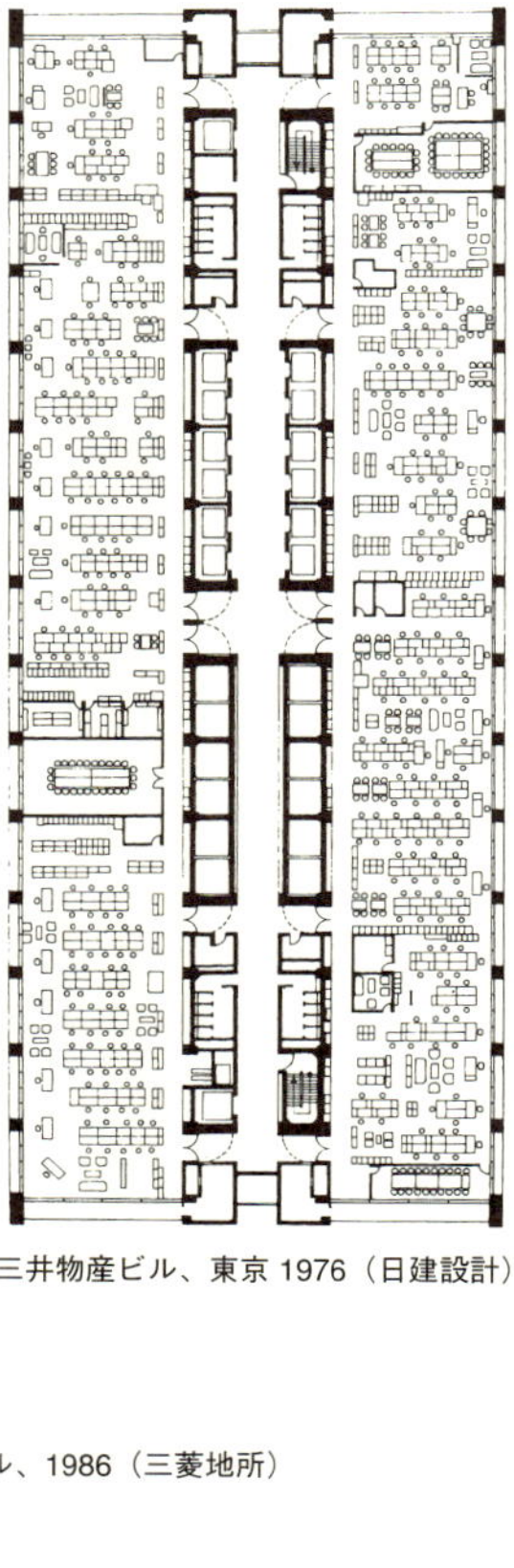

3 三井物産ビル、東京 1976（日建設計）

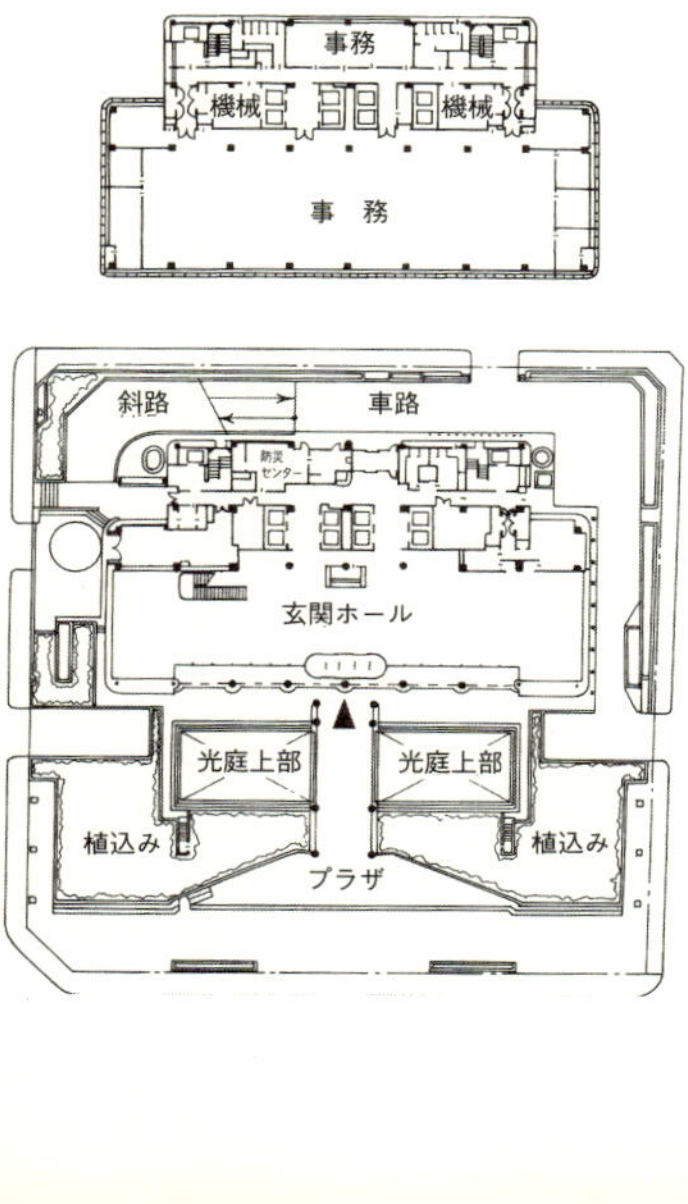

基準階

1 階

4 丸紅大阪本社ビル、1986（三菱地所）

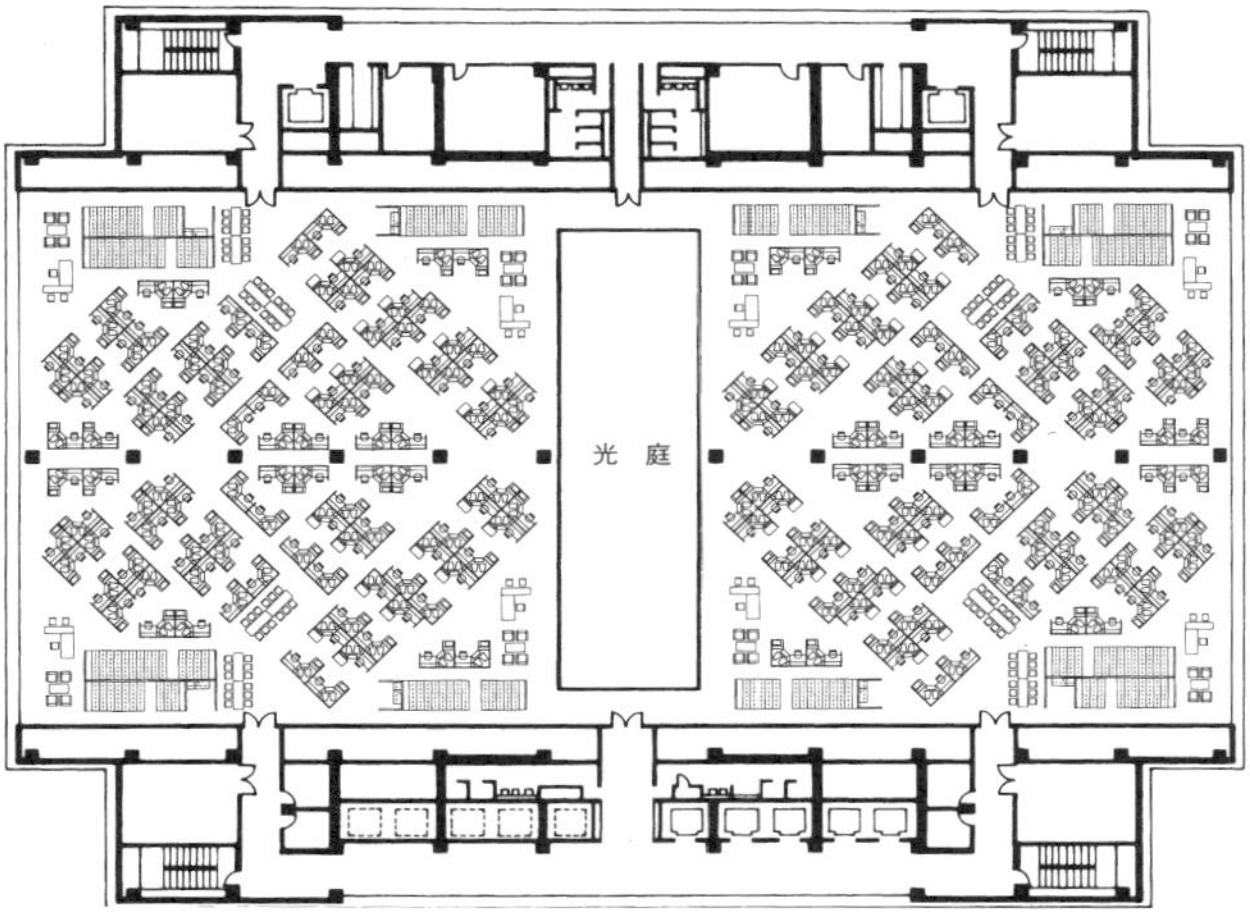

5 特許庁総合庁舎、東京 1989（特許庁・建設大臣官房官庁営繕部・日建設計）

6 センチュリータワー、東京 1991（フォスター・アソシエイツ）

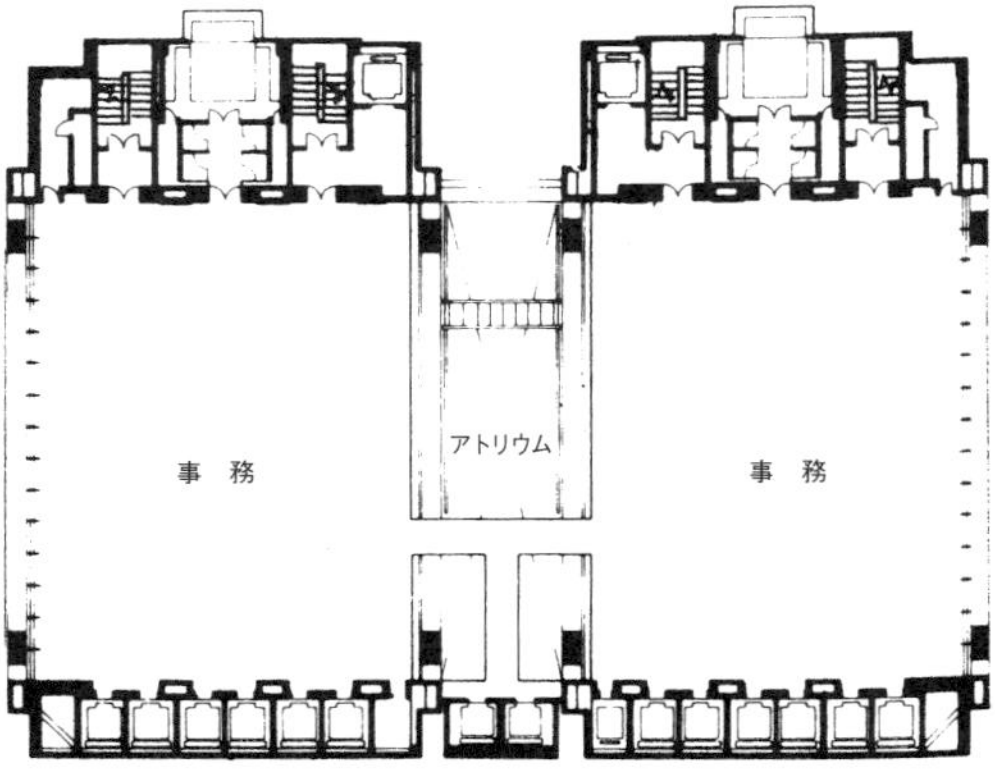

オフィスビルの展開

＜均質空間＞のはなしをオフィスビルから始めたのには理由がある。均質さは単調さにつうじる場合がある。だから、非人間的であるとして嫌がられることがある。最近のように多様化や個性化がもてはやされる時代には、ことさらその傾向は強いだろう。これからの建築に均質性はいらない、変化や複合こそがのぞましいと、人はいうかもしれない。しかし、だからといって＜均質空間＞がなくなることはなく、むしろ現代建築における重要な空間要素でありつづけるのだということを、社会的・経済的要請という側面から、とりあえず理解しておいてもらいたかった訳である。

＜均質空間＞に背をむけては、オフィス建築はなりたたない。しかしそのことは、オフィスビルという建築が、いつでも単調で退屈にならざるをえないことと同じではない。

シーグラムビル[*2]では、内部の均質性が外部にそのままあらわれでている。この建築はいかにも美しい。気品にあふれ、古典的美の極致《きょくち》にたっしているといってよい。まちがいなくオフィスビルの一つの記念碑というべき建築作品である。しかし、単調で退屈になりやすいと危惧《きぐ》されるのも、だれにでも真似のできそうなこの種の建築であることを否《いな》めず、実際そのようになったのである。

ミネアポリスのフェデラル・リザーブ・バンク（7）は、両端の二本のコアにかけわたした大梁から、すべてのフロアをぶらさげるという特異な構造手法によって、正面のダイナミックな形姿とともに、足元をぬけてゆく広々とした広場を生みだしている。一方、つり下げられたフロアは、図面をみればわかるように、理想的な＜均質空

＊2　第1章6図参照。

間〉となっている。

フォード財団本部ビル（8）の外観は特異である。単調とも退屈とも無縁といえよう。しかし、それが〈均質空間〉とも無縁かといえば、そうではない。このビルの構成は、くの字に曲がった平面をもつオフィスビルの、くの字の間にアトリウムをもうけて、樹木の茂ったアトリウムの奥の方にオフィスは押しやられるかっこうになっている。外からは温室かなにかのようにみえて、オフィスに入るには樹木の間をぬけてゆくことになる。しかし、オフィスのフロアそのものは、さして変わったということもない〈均質空間〉なのである。

梅田スカイタワー（9）は、大阪の空にいかにもドラマティックなスカイラインをつくりだすことに成功している。なんとも変わった建築物のようでもある。事実そのとおりなのだが、その構成のたねをあかせば単純なことなのだ。あたりまえのオフィスビルを二本建て、これを柱にみたてて、それで空中庭園をささえている。だから、空中庭園をとりさってしまえば、あとには、ガラスと金属の二本の均質なオフィスビルが残るだけなのである。そんな単純なものが、みたこともないような不思議な建築にみえるとすれば、それは設計の妙とでもいうほかはあるまい。

これらの事例は、〈均質空間〉が単調で退屈な建築とストレートにむすびつくものでないことを証明している。オフィスの〈均質空間〉が、その存在を、外観の単調さ（シンプルであることを単調さと混同しないでもらいたい）として都市の景観のなかにさらさず、かつ〈均質空間〉でありおおせるための工夫は、良心的な建築家にとってのおおきな戦いの舞台だといえるのである。

a

7 フェデラル・リザーブ・バンク、
ミネソタ 1972（グンナー・バーカーツ）
（a）外観
（b）断面図

b

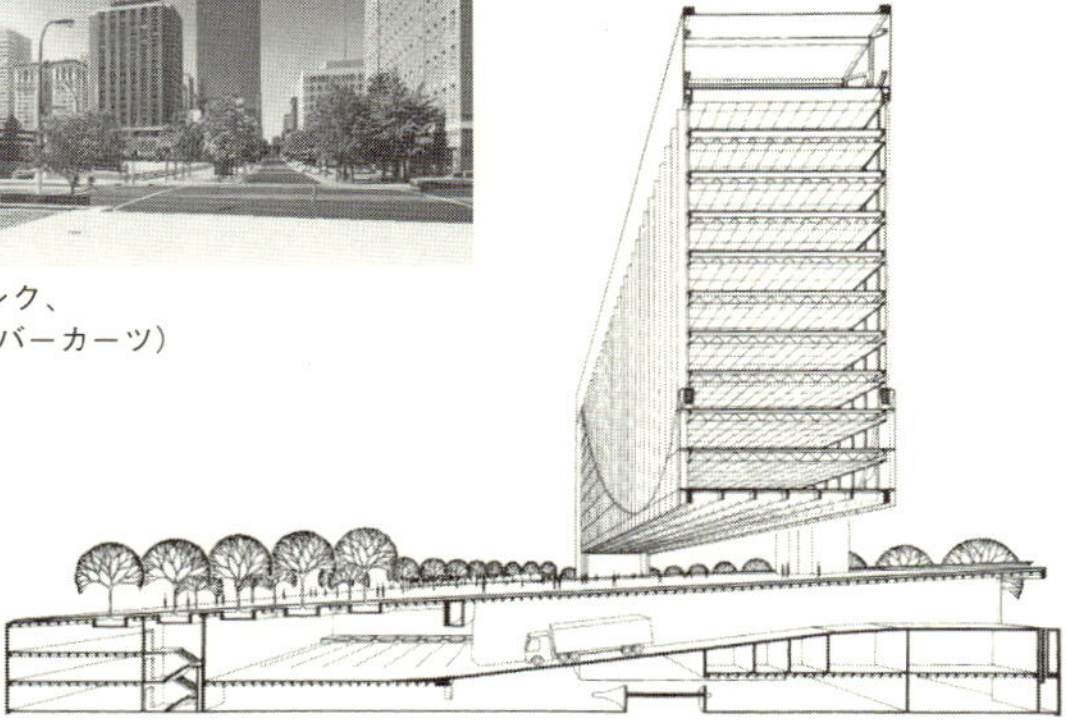

a

b

8 フォード財団ビル、ニューヨーク 1967
（ケビン・ローチ）
（a）外観
（b）アトリウム内部
（c）基準階平面図

9 梅田スカイタワー、大阪 1993（原広司）
（a）全景
（b）基準階平面図

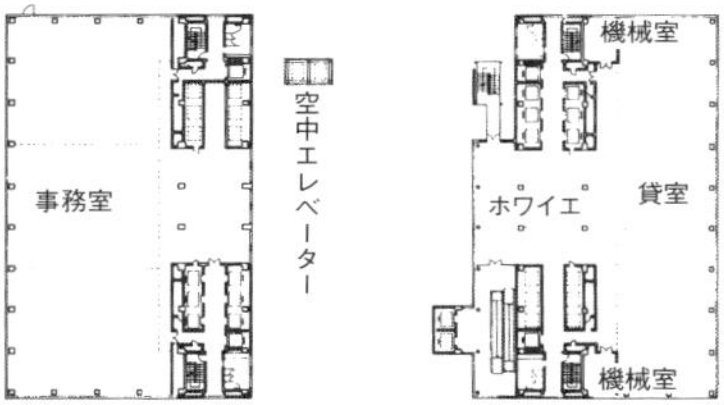

b

a

c
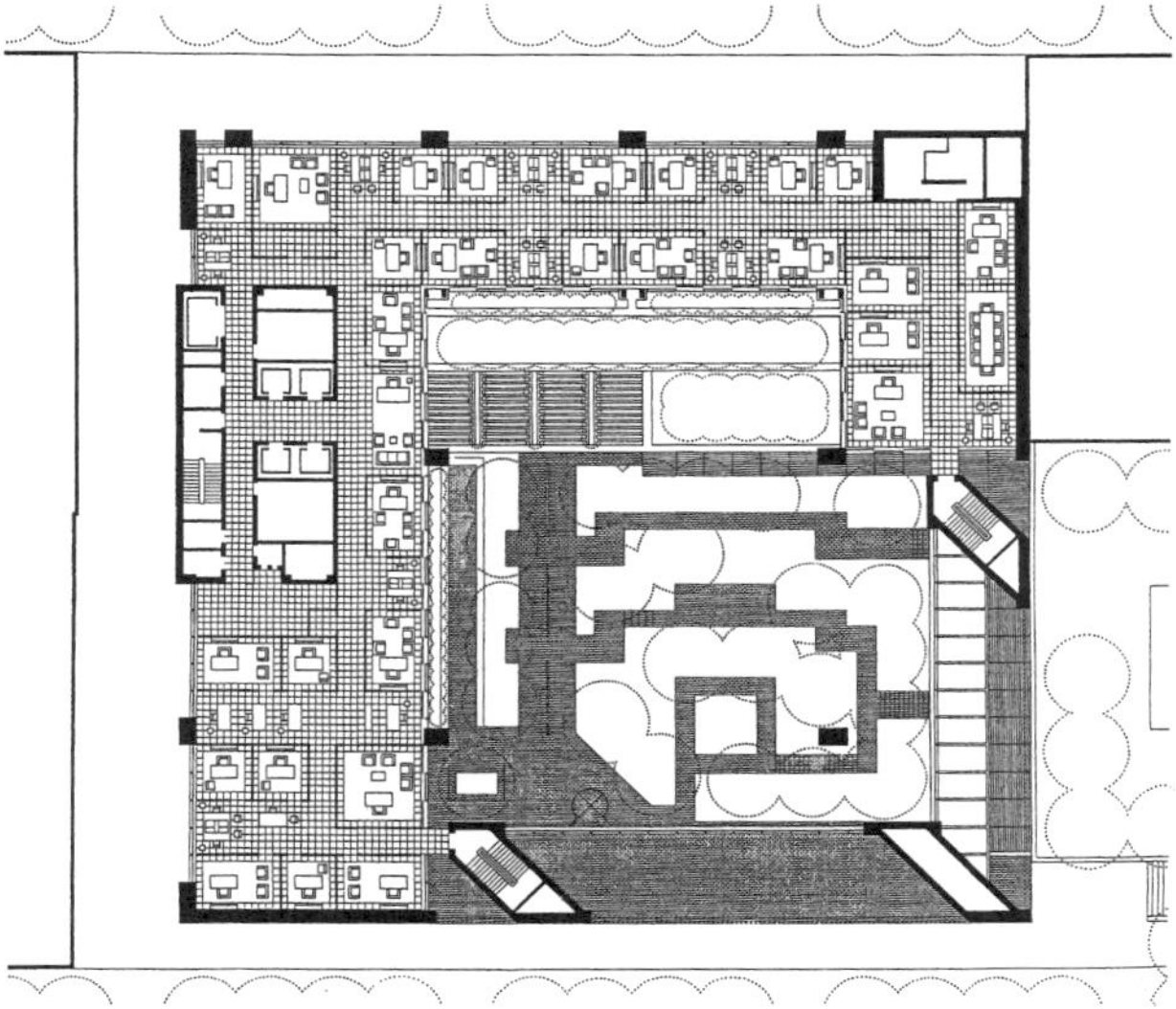

インターナショナル・スタイル

〈均質空間〉はオフィスビルとだけかかわるのではない。均質で、透明で、なにもない空間のイメージは、時代の空間感情の一つであり、その意味で普遍性をもつが、オフィスビルの場合は、それが実用性とみごとに一致したケースなのである。それだけに、オフィスビルは〈均質空間〉のかっこうの実践の場となるし、〈均質空間〉の悪しき形式主義の場ともなる。表現という側面からみれば、その成功を欠き、つまり美しくなく、どちらかといえば退屈であり、きまり文句がくり返されているにすぎないケースが少なくない。実用的な要請だけが、大手を振ってまかりとおっているという訳なのだ。[*3]

インターナショナル・スタイルの命名者であるヒッチコック[*4]が、後になって、インターナショナル・スタイルは終わったといわざるをえなかったのには、こうした事情への幻滅があったものと推察される。彼は書いている。

「……多くの従順な建築家たち、そして建築家以外の建設者たちでさえも、この規則（後述のインターナショナル・スタイルの原則のこと——著者）に十分忠実にしたがったが、彼らの建物を美学的に健全とは考えがたいのである。[文1]」

インターナショナル・スタイルは、ヒッチコックによって〈均質空間〉と直接の関係で論じられた訳ではなかった。それは次のような三原則によって規定された。①ヴォリュームを包み境界づける軽快で平坦な表面。②規則的なリズムをもつ構成。③無装飾。[*5] こうした原則を、一九二〇年代の先端的な建築家たちの作品（たとえば10～13）のうちに共通にみとめ、これこそ新しい建築様式の誕生であると、ヒッチコックは宣

＊3　オフィスビルに限らず他の建築にも同様の事情が見られるであろうが、なんといってもオフィスビルは量が多い。

＊4　ヘンリー・ラッセル・ヒッチコック（一九〇三～）はアメリカの建築史家。一九三二年、フィリップ・ジョンソンと共に『インターナショナル・スタイル』を著した。

＊5　一九五一年の『二〇年後のインターナショナル・スタイル』では「構造の分節」に入れ替えられている。

言を発した訳である。だから、空間の問題に直接触れてはいない。しかし、空間の認識と無関係な訳でもなかった。第一の原則は、幾何学的で無性格な純粋直方体のイメージをあきらかに想定している。第二の原則は、柱・床・壁・窓の部材を三次元格子にのせて配列するという空間作法と関係しており、カルテシアン座標のイメージを美学的に印象づけることがめざされていると受けとれる。第三の原則はといえば、いうまでもなく、抽象性の表現のためには面は無装飾で平坦でなければならない。

　こうして、インターナショナル・スタイルの原則は、〈均質空間〉の建築的定式化のための原則でもあったと理解できる訳である。

　ヒッチコックがとりあげている作品のうちにはミース・ファン・デル・ローエのバルセロナ・パビリオン（14）のような流動性の空間のものも含まれている。しかし、ヒッチコックがバルセロナ・パビリオンにみていたのは平坦な屋根や壁の規則的な配置関係だけだったと思われる。流動性は彼の関心の外であったと考えざるをえない。このことを、どのように理解すべきであろうか。

　バルセロナ・パビリオンは、後に〈時・空間〉の対象としてもとりあげなくてはならない流動性をたしかにそなえているが、ミース自身の関心は、宇宙的広がりをもつ三次元格子の一隅に、面や線を規則的に配列し、デカルトの宇宙への敬虔《けいけん》の思いを表現したかったのにちがいない。そのことは、「れんがの別荘」の計画（15）では、もっとはっきりしている。壁は、無限をめざしてのびている。均質な宇宙のイメージを捉えんがための壁の配列である。ミースはここでも、〈均質空間〉の巨匠だった訳である[*6]。ヒッチコックはまちがっていなかったのだ。

＊6　ミースが「金属とガラスの箱」として定式化される〈均質空間〉の巨匠となるのはもっと後になってからである。

11 ヴァイセンホーフ・ジードルンク住宅 5 ― 9 、シュトゥットガルト 1927（J. J. P. アウト）

10 エスプリ・ヌーヴォー館、パリ 1925（ル・コルビュジエ）

13 ロベルハウス、ロサンゼルス 1929（リチャード・ノイトラ）

12 ヴァイセンホーフ・ジードルンク住宅 1 ― 4 、シュトゥットガルト 1927（ミース・ファン・デル・ローエ）

14 バルセロナ国際博覧会ドイツ館、1929（ミース・ファン・デル・ローエ）
（a）外観
（b）平面図
（c）彫像のある池
（d）内部

a

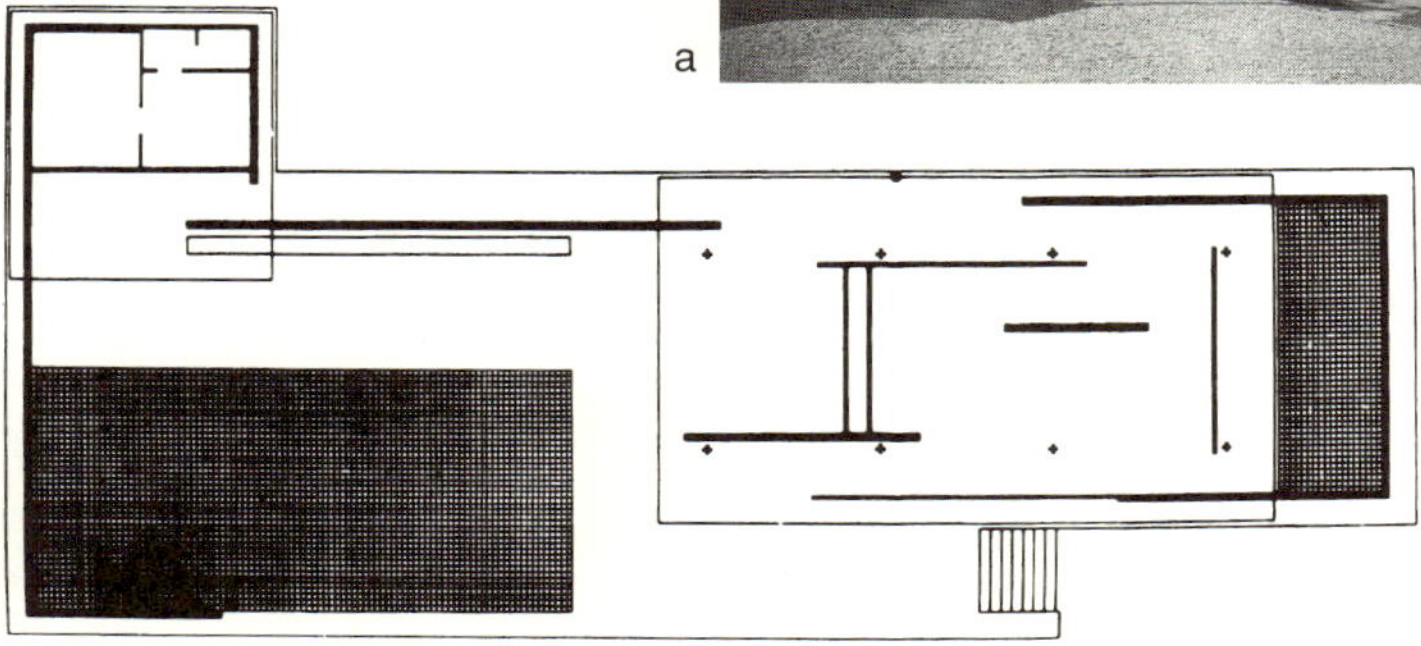

b

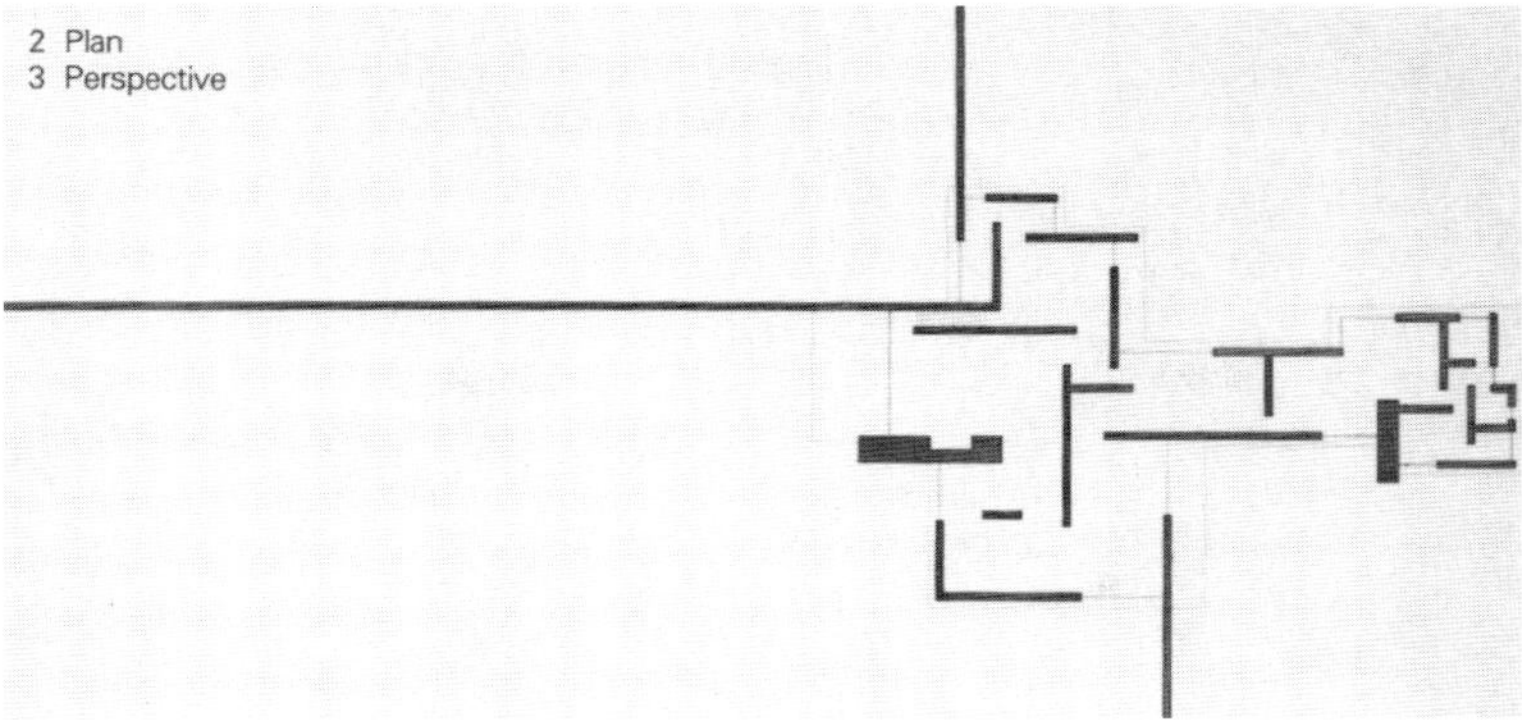

a

b

15 れんがの別荘計画案、1923
（ミース・ファン・デル・ローエ）
（a）平面図
（b）透視図

c

d

＜均質空間＞の巨匠

オフィスビルから語り始めた＜均質空間＞について、ここで改めてそのなんたるかつまり定義を記しておく。すなわち、①環境条件の均質性—温度や空気や光の条件が空間のどの部分も一様であり、しかも外界の変化に影響されない恒常性をそなえている（そのためには機械的な空気制御が必要になる）。②機能的な均質性—空間のどの部分もが規則的な寸法体系にしたがってつくられており、かついっさいの特異性（正面性や軸性といった空間に意味を付与する性格）をもたないため、どの部分もさまざまな機能に同じように対応できる。以上は理想型の定義であって、現実の＜均質空間＞の建築がここまで完全であるとかぎらないのはいうまでもない。

日本の伝統建築は、外見やフレキシビリティの類似にもかかわらず、室内に明と暗の差異があり、風通しがあり、日溜まりがあり、しかも外の気候変動に敏感に影響され、それを尊び楽しんでいた傾向があるし、フレキシビリティといっても、表・裏や[*7]上・下[*8]の意味的な制約が厳しく、ここでいう＜均質空間＞とは無縁である。

＜均質空間＞の基本的なイメージとは、碁盤目状のモデュールにしたがい、ガラスや金属のうすい被膜でおおわれた、四角い箱のイメージである。

こうした意味での＜均質空間＞の建築をつくりだし、それに徹しきることのできたのは、数ある近代建築の巨匠のうちで、ミース・ファン・デル・ローエただ一人であった。

初期のミースは流動性の空間作品をいくつかつくってはいる。しかし、たとえば「れんがの別荘」の計画を描いているとき、ミースの頭のなかにあったのは、デカル

＊7　表としては座敷や客間、裏としては寝間や厨房など。

＊8　座る位置の上・下関係、さらに床の間のもつ象徴的位置づけなど。

ト的な座標空間の宇宙にちがいないことはさきにも述べた。ドースブルフらの〈時・空間〉的な作品（16）と、似ているようでいて、ドースブルフらが空間のダイナミズムに関心を集中させていたのにたいして、ミースはあくまで〈均質空間〉にとらわれていた。そのイメージが、四角い箱の建築形式として完全な結実をみるのは、つまり〈均質空間〉が定式化されるのは、イリノイ工科大学キャンパス（17）においてであった。そして、そこにいたる中間段階に「三つの庭をもつコートハウス」計画案（18）が位置づくとみてよいであろう。

　イリノイ工科大学キャンパスでは、敷地全体が方眼紙にみたてられ、そのうえに、いくつもの四角い箱が二四フィートのモデュールにしたがって整然と並べられている。一九三八年に始まる建設は二五年間にわたっており、初期の建物ではれんがの壁が用いられ、室内側に柱がとびだし内部空間の均質性をやや乱している感がある。しかし、最終期のクラウンホール（19）は、鉄とガラスのみの建築となっており、柱と方立は壁面の外にもうけられ、しかも屋根は柱でささえられた大梁からつり下げられているため、室内にはなに一つとして邪魔するもののない、すみずみまで完全なる格子状の床が実現し、〈均質空間〉の典型がここで完成している。

　この時期以降のミースの建築は、すべて鉄とガラスの規則的な箱に徹することになるのである。代表的なものとして、住宅ではファンズワース邸[*9]がよく知られている。高層住宅にはレイクショア・ドライブ・アパート（20）、オフィスビルには前出のシーグラムビルがあり、これら高層の建築では、方眼は立面上にも高々とたちあげられる。

＊9　第1章23図参照。

16 メゾン・パリティキュリエール、1923（テオ・ファン・ドースブルフ＆コルネリウス・ファン・エーステレン）

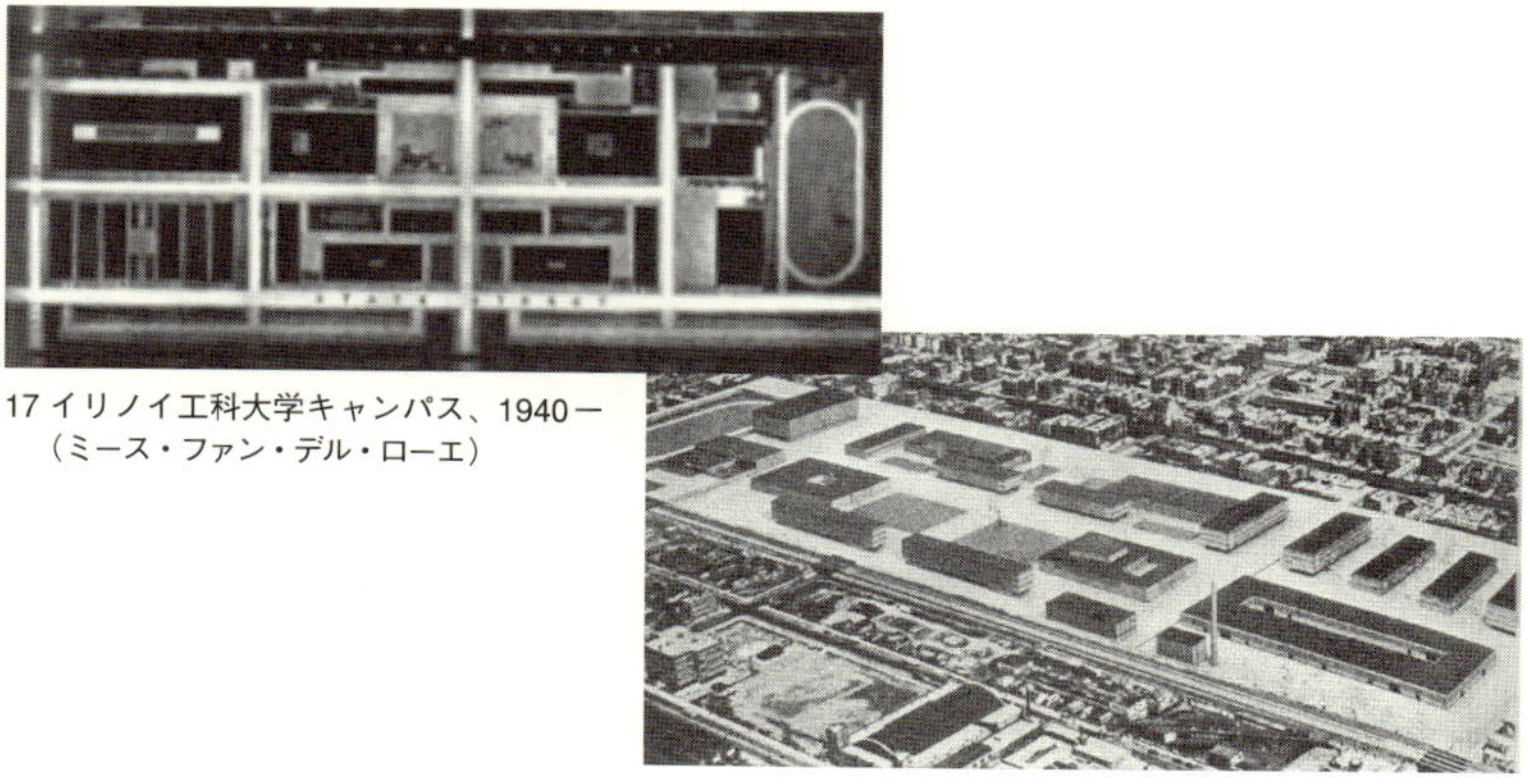

17 イリノイ工科大学キャンパス、1940ー（ミース・ファン・デル・ローエ）

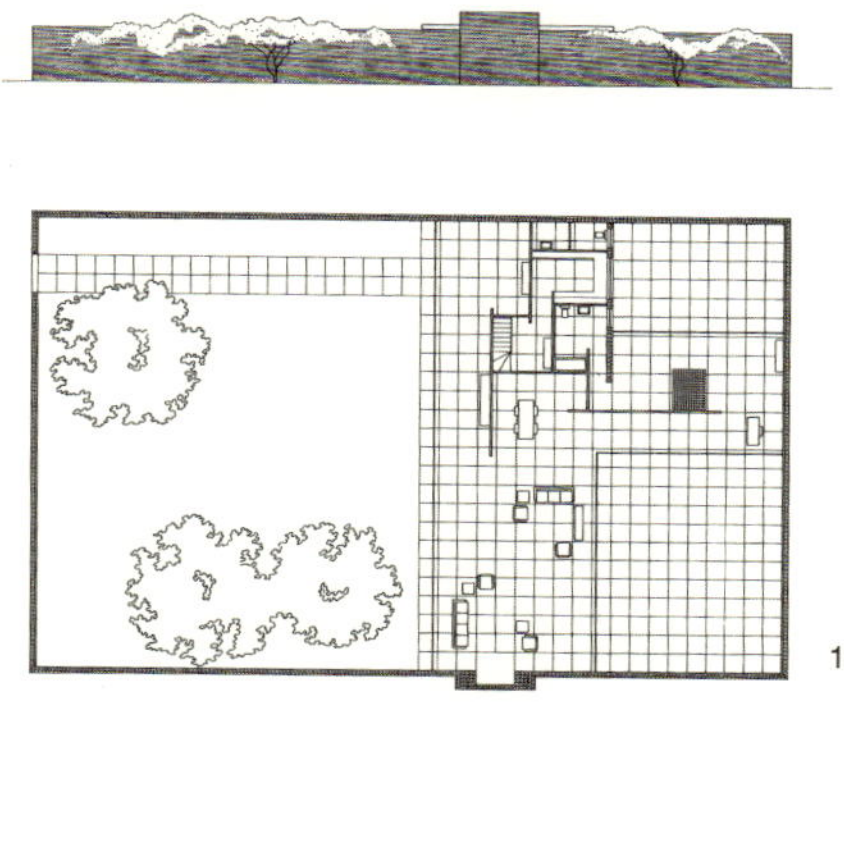

18 三つの庭をもつコートハウス計画案、1934（ミース・ファン・デル・ローエ）

a

b

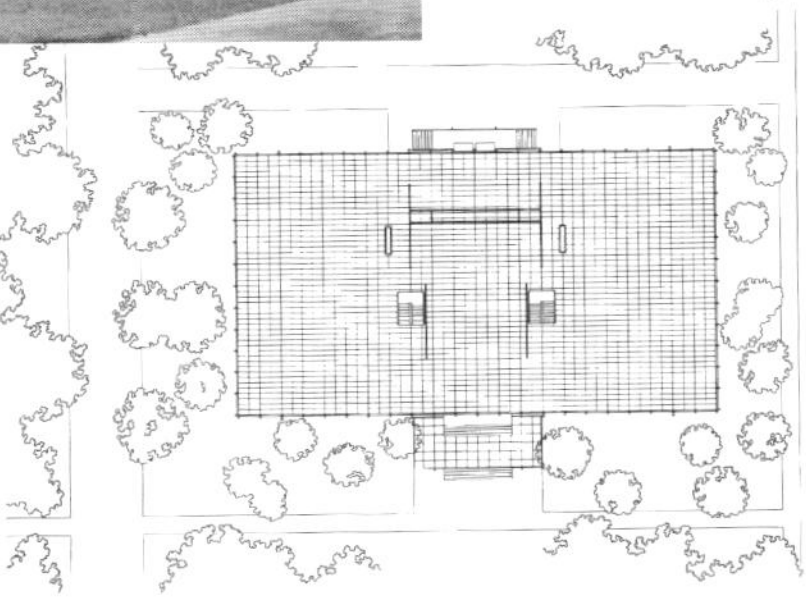

19 クラウン・ホール＝イリノイ工科大学建築学科棟、1956（ミース・ファン・デル・ローエ）
（a）正面外観
（b）1階平面図

a

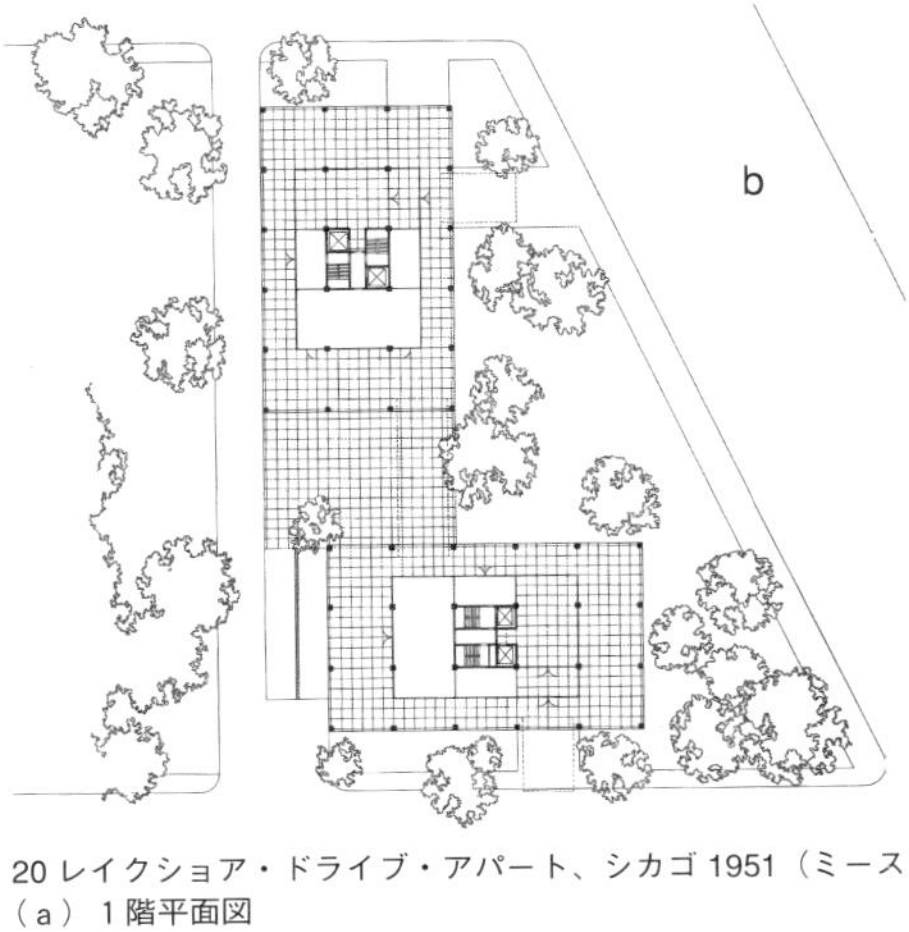

b

20 レイクショア・ドライブ・アパート、シカゴ 1951（ミース・ファン・デル・ローエ）
（a）1階平面図
（b）外観

抽象の非人間性

＜均質空間＞は、所在や、用途や、かかわる人間の特殊性のいっさいを抹消《まっしょう》しさる普遍性を一番の特徴としている。どこであれ、環境条件によらずなりたつのである。それは、デカルトの幾何学が普遍的であり、不変不動の絶対性をそなえていることにつうじている。

幾何学が場所や人によって変わらないのはあたりまえである。具体の世界を抽象することで、もともと普遍のものとしてつくられた思考の道具なのだからである。一方建築は世界に属し、世界そのものの要素を形成している。したがって、具体の世界の多様な要因とかかわらざるをえない。こうした位置づけの建築が、幾何学の支配のもとに入ることで、好ましからざる問題を生じたとしても不思議はあるまい。

近代建築[*10]が冷たく非人間的だという評価をうけることがあるのは、＜均質空間＞に内在する抽象に由来《ゆらい》するのである。抽象ということの意味は、伝統的な建築のあり方とまったく対立的なものとして理解すればよいのである。伝統的な建築は風土人情の産物である。風土人情とはいかにも古めいた言葉だが、あえてこれを使うのである。現代では、風土といっても、人情といっても、なにかむなしい感じをともなう。かつてはそうではなかった。人の生活は風土とともに、建築は、さらに人の心とともにあったのである。風土人情はまぎれもない現実であり、これから遊離した人生を想像するのはむずかしかったであろう。バナキュラー（地域性）という言葉はこのような文化状況をあらわしている。バナキュラーな建築（21）は、個々の環境とのかかわりにおいて、あるいは個々の人生とのかかわりにおいて、個別的で具体的である。伝統的

＊10　建築のモダニズム。一九二〇年代に始まるとされる新しい建築の総称。機能主義と新即物主義＝ノイエザハリヒカイト（非装飾で直線的）を特色とする。ヒッチコックらはこれをインターナショナル・スタイルとよんだ。

な建築とは、そのようなものであった。そして、その個別性を抹消し建築を風土人情とかかわりのないものにしてしまうのが、ここでいう抽象の意味である。

ガラスと金属の建築は、世界中どこにいこうとその装いを変えないし、四角四面の無表情なかまえを変えない。その無人称性は、工業と経済の原理にてらせばむしろ好ましいのである。しかし、生身の人間の生活の原理にてらしたときにはどうなのか。人間は知性の生きものであると同時に感情の生きものである。風土の中に棲息する動物の一種という一面すらもっている。その人間が、ふってわいたような抽象と、それほどうまく、おりあいをつけられるとはかぎるまい。あまりに冷淡な建築環境のなかで、とほうにくれる人間の姿は空想物語ではないのである。

近代建築への不満は、このような視点からもたらされるのがふつうである。そのとき、この不満への責任のいっさいを負わなくてはならないのは、〈均質空間〉に内在している抽象なのだ。

ミース・ファン・デル・ローエとほぼ同時代に生きて、〈均質空間〉の外側に立ちとおすことができたのは、アメリカ人のフランク・ロイド・ライトである。ライトはアメリカの建築をつくった。アメリカの風土とアメリカ人の魂と建築とを、つねに一つの視野におさめようと努めた。たとえばプレイリー・ハウス[*11]と総称される一連の住宅(22)は、アメリカの大草原にたつべくしてたてられた建築であって、世界中どこへもっていってもよいというようなものではなかった。これとミース風のグラスハウス(23)とを比較してみるなら、〈均質空間〉の抽象とはいかなるものか、そくざになっとくがいくだろう。

＊11　ライトは書いている「われわれ中西部の人間は、草原に住んでいる。草原にはそれ自体の美しさがあり、われわれはそれを認めて、この自然の美しさと静かなスカイライン、重々しくならないような煙突、シェルターになった張り出し、低いテラスと外に伸びた壁、奥まった庭。」[文1]

b

a

c

21 バナキュラー・アーキテクチュア
（a）アルジェリアの集落
（b）北京のコートハウス
（c）ボルネオのロングハウス
（d）白川郷の民家

d

a

c

b

22 プレイリー・ハウス（フランク・ロイド・ライト）
（a）ロビー邸、シカゴ 1909
（b）ウィリー邸、ミネソタ 1934
（c）アンソニー邸、イリノイ 1949

23 グラスハウス、コネティカット 1949
（フィリップ・ジョンソン）

抽象美

現代都市の非人間性の元凶《げんきょう》の一つが〈均質空間〉の抽象にあり、その生みの親はミース・ファン・デル・ローエであると書いてきた。すると三段論法の原則によって、ミースの建築は非人間的建築の親玉であるということになるのだろうか。

ミースの建築は、それがたつ土地の自然環境の特性を無視し、そこに住む人の生活の具体性をきりおとす。おもいでや嗜好《しこう》のような個人的感情とも無縁である。人が慰めや優しさを求めてすりよろうにも、そのすきをあたえてはくれない。そうした点での徹底ぶりは、たしかに、非人間的建築の親玉の資格を十分そなえているといえる。

それではミースの貢献とはなんだったのだろうか。一つには、〈均質空間〉の定式化を実現し、産業社会下の都市の繁栄に道をひらいたことをあげなくてはならない。世界の都市がライト風のビルで埋めつくされることなどありえないし、ル・コルビュジエ[*12]風でも想像しにくい。現実には、どこかしらミース風のビルで埋めつくされているのである。非人間的建築の親玉とみられる由縁《ゆえん》でもある。

それはそれとして、なぜそのような結果につながったのかを考えてみると、ミースの二番目の、そしてよりいっそう本質的な貢献の内容がみえてくる。

ミースは、技術と建築の厳密な関係を精神のレベルにまで高めることをもっとも重要であると考えていた。現代の技術の状況のもとでそれがやれたら、われわれは「現代のほんとうのシンボルとしての建築」をもつことになるとさえ述べている[*13]。そして現代の技術とは、職人の手仕事による技術ではなしに、完全に工業化された機械生産の技術である。ミースが追求したのは、それと建築との調和の問題であった。そして

＊12　ル・コルビュジエ（一八八七―一九六五）はスイス生まれのフランスの建築家。

＊13　ミースは一九五〇年の講演で次のように述べている。「建築は時代に依存するものである。それは時代の内的構造の結晶化であり、時代の形式の漸次展開してゆく姿である。これが技術と建築の非常に密接に関係している理由である。我々の本当の願いは、それらを結合することであり、いつの日か一方が他方の表現となるだろう、ということである。その時初めて、我々は、本当にその名に値するような建築を持つことになるだろう。すなわち、現代の本当のシンボルとしての建築を。」

＊14　ミースは一九六四年の文章で次のように記している。「今日においても、長い歴史においても、建築は面白いという形で導かれる事や、個人的な好

解はえられた。ひとたび解がえられてみれば、それが産業社会の実利的要請に合致することがあきらかとなり、砂に吸われる水のように世界の都市へとミースもどきの建築は浸透していく。これがミースの最初の貢献として述べたことの実態である。しかし、ミース自身の関心は、社会の実利とはなんの関係もない。ミースの関心のおもむくさきは、むしろ社会の精神である。ゴシック寺院が中世人の心のシンボルであったのと同じ意味で「時代の内面的構造の表現」へといたるために、[*14] ミースは工業化技術への求道《ぐどう》の道を歩んだのだ。

そこで次に問題になるのが「時代の内面的構造」ということになるが、ひらたくいえば、二〇世紀という時代を生きるわれわれが共通にもっている心の姿とでもいうことになろう。これを工業化技術との関係で追求するとすれば、産業社会を根底からささえているデカルト的な抽象精神へとたどりつくことになるのである。二〇世紀前半の芸術は、多かれ少なかれこの精神とかかわっている。キュビスム[*15]（24）における直線的・幾何学的描法は、まさにその無駄のない効率的な特質によって機械文明への適合性をあらわしている。シュプレマティスム[*16]（25）、デ・スティル（26）などの前衛美術も幾何学的抽象を特性としている。建築に関しても、初期のル・コルビュジエは幾何学こそが建築なのだと明言してはばからなかった。建築は、かんたんにいえば、幾何学的に形態をととのえることであった。ミースも同じように幾何学的抽象へとむかったが、彼の抽象志向は、形態の幾何学をこえて空間の幾何学へと深められ、時代の精神を〈均質空間〉のなかに固定することに成功した。その美しい空間の抽象美こそが、時代にたいするミースの第一の貢献である。

みで作られることは、少ないか、あるいは全くないと信じている。真の建築は常に客観的であり、我々の生きる時代の内面構造の表現である。」

*15　立体派。二〇世紀初頭にパリで起こった美術運動。ピカソとブラックにより創始された。画中に描いた対象をすべて幾何学的図形、すなわち立体（キューブ）に還元したことが命名の動機である。さまざまな視点を一つの画面に混在させるという特徴を持つ。

*16　絶対主義、至高主義。革命前後のソビエトで、マレーヴィッチの提唱した絵画理念を中心として起こった美術運動。芸術の目的は非対象的絵画の追求によって「描写のない純粋表現」に到達することとされた。

24 キュビスムの絵画
（a）カーンヴァイラーの肖像、
1910（パブロ・ピカソ）
（b）カルタ遊びをする人、
1913-14（パブロ・ピカソ）

a

b

b

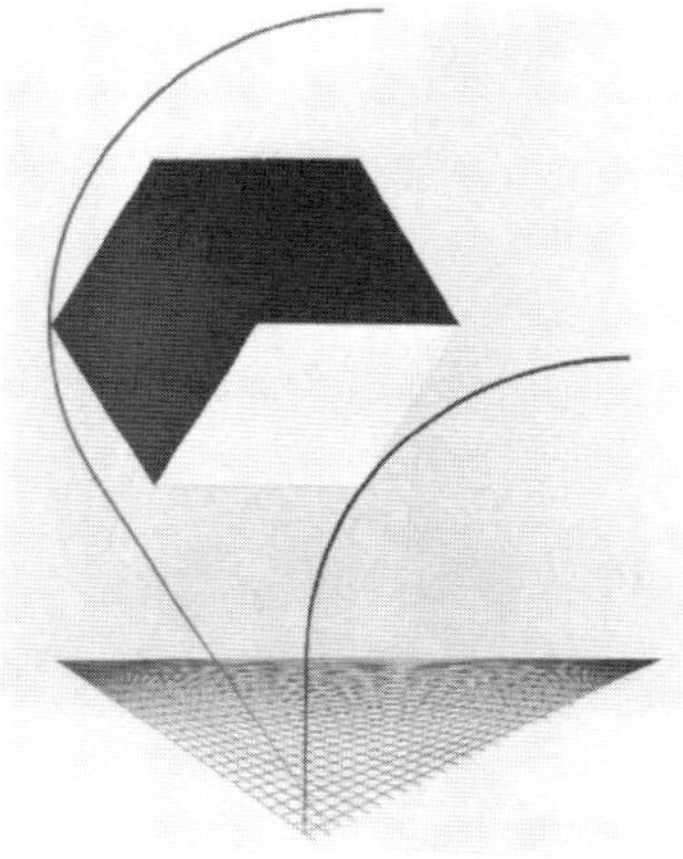

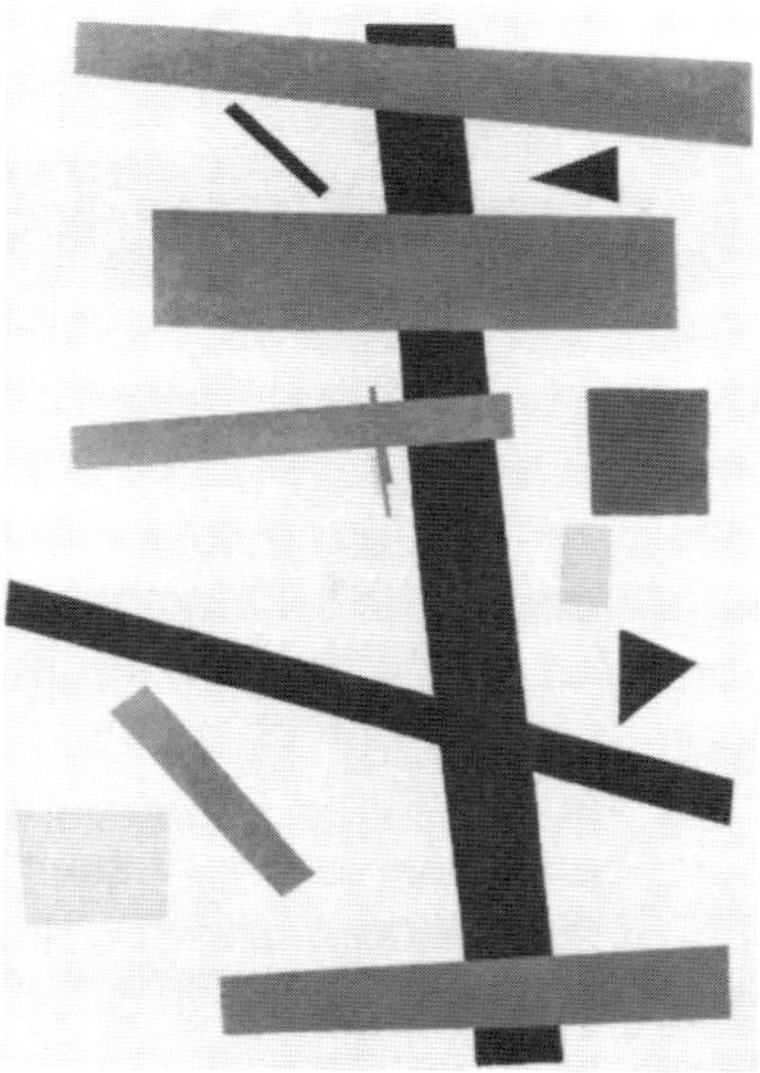

a

25 シュプレマティズムの絵画
（a）シュプレマティズムNo.50、
1915（カシミール・マレーヴィッチ）
（b）プロウン99のスケッチ、
1923（エリザール・リシツキー）

a

26 デ・ステイルの絵画
（a）コンポジションⅨ作品18（トランプをする人たち）、
1917（テオ・ファン・ドースブルフ）
（b）青、赤、黒、黄のコンポジション、1922（ピート・
モンドリアン）

b

平滑面と透明性

美しさへの感動をとおして時代を生きる精神のありようをかいまみさせるメディアとしての役わりこそが、ミース建築のほんとうの意味である。そのようにみたとき、ミース的〈均質空間〉が、単にグリッド状の無規定の空間というにとどまらず、抽象的な美しさをたたえた空間の、その感性への語りかけまでを含めてとらえるのでなければ、ほんとうに理解したことにならないことがわかるのである。

さきに、〈均質空間〉の定義として、「環境的均質」と「機能的均質」の二つをあげたが、これは〈均質空間〉の実利的側面を述べたのである。ここで、〈均質空間〉のもう一つの特性として、美学的側面のあることをあらためて明記しよう。オフィスビルから語りはじめた〈均質空間〉の物語が、とうとうここまで、つまりミース・ファン・デル・ローエの建築の本質にまでたどりついたという訳である。

オフィスビルの〈均質空間〉がいつでも心をうつような抽象美をそなえているとはかぎらない。美学的には退屈なものや装飾でおおいつくされたものすらある。しかし一方で、ミースが語りかけた〈均質空間〉のメディアとしての機能が、現代建築の表現のなかで、〈均質空間〉の実利面とは無関係に生かされる場合があるのである。たとえば、すでに第一章でみたレム・コールハースのプロジェクト[*17]におけるガラスの箱はこれにあたる。

こうして、ミースの〈均質空間〉は、実利面と美学面の二つの方向に分裂したかたちで、現代になお生きつづけているとみることができる。

それでは、その美学面を特徴づける具体的は要因はなにかというと、平滑面と透明

*17　第1章12図参照。

性の二つに要約できると思う。ミース流の平滑面と透明性は、それだけで時代の感性を刺激する。しかし、常にではない。多くが形式主義に流されるなかで、そういう力を発揮する場合があるのである。デザインの妙味に属する領域がここにもある。ミース風建築形態とはべつに、平滑面と透明性の二つの要因によって、美学的に〈均質空間〉を共有する建築は少なくない。

じつは、このことは、近代建築全般にゆきわたる特徴でもあったのである。近代建築の抽象は幾何学の抽象につうじていたから、素材の物質感を抹消《まっしょう》し、幾何学でいうところの厚みのない抽象的な面の構成をつくりだすことに関心が注がれていた。（10）〜（13）に見たように、近代建築が一様に白い平滑な壁面とガラス面によって構成されているのは、そのことのあかしである。壁面の物質感を殺し、ヒッチコックのいうヴォリュームとして建築を表現したかった訳である。[*18] そのことを、徹底したかたちで完結することのできたのはミースだったが、その傾向のあらわれとしてなら、たとえばグロピウスのバウハウスの校舎（27）は、はるかに早い時期にこのことを達成している。

ル・コルビュジエがペサックの集合住宅（28）で用いた手法は、ソリッドを平滑面の構成へと分割してしまう詩的な手法の一種であった。その事情を、ラスムッセンは次のように伝えている。

「たとえば明るい灰色と空色が角で出会うように、異なった色で側面を塗り分け、構造の厚さをいささかも暗示しなければ、容積のないいくつかの色彩面しかみられません。箱と容積の重さは、魔法のように消えてしまいます。[文5]」

＊18　近代建築は美学的〈均質空間〉の概念をミースと共有していた。ヒッチコックは、その側面に注目してインターナショナル・スタイルと名付けたのである。そしてそれが単に実利面の〈均質空間〉や形態の形式主義がはびこる結果へと至ったとき、幻滅を味わうことになった。

a

27 デッサウ・バウハウス校舎、1925（ワルター・グロピウス）
（a）外観
（b）模型鳥瞰

b

a

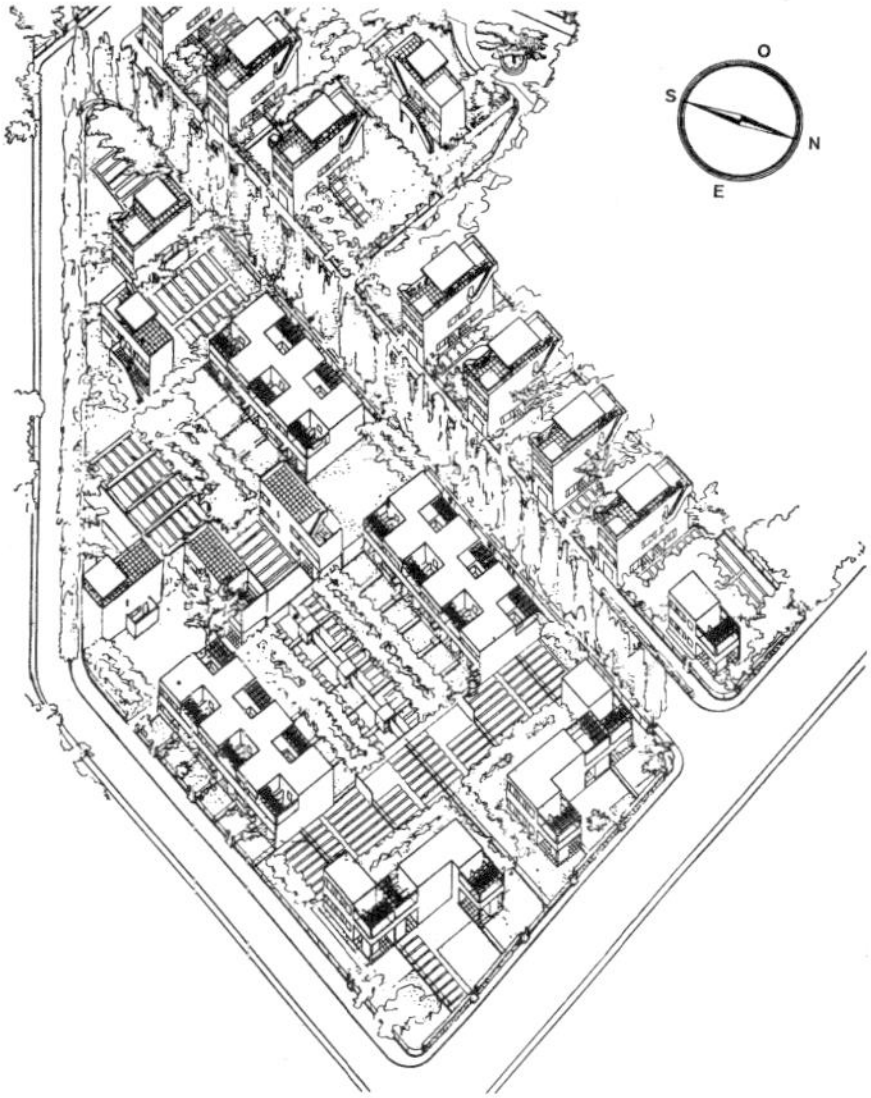

28 ペサック集合住宅、ボルドー 1921（ル・コルビュジエ）
（a）団地全景
（b）建物外観

b

〈均質空間〉の現代

ミースの〈均質空間〉を、さきに述べたように二つの側面に分けて考えるなら、それぞれの側面が建築家の作品のうちにとり込まれるという例は、今日でもいくらでもみられる。

実利的側面については、「オフィスビルの展開」としていくつかの例をすでに示した。これにつけ加えていうなら、たとえば、人工照明が進歩した今日の美術館で、展示のフレキシビリティへの要請から〈均質空間〉に依存するケースは少なくない。ポンピドー・センター（29）はその典型的な例である。ルイス・カーン[*19]は、性格をもつ空間＝ルーム[*20]の考え方で近代建築批判の先頭にたった建築家の一人だが、初期の作品のイェール大学アート・ギャラリー（30）では、やはりフレキシビリティの観点から〈均質空間〉を採用している。しかし、〈均質空間〉をつくりながらも、カーンがルームの建築家であることは、その天井伏図（31）をみれば一目瞭然《いちもくりょうぜん》とする。床はコンクリートの一種のワッフルスラブで、見あげると三角形の凹みが整然と並んでいる。スラブは三つの部分に分けられているが、その各々の部分が両側に柱の列をもっていて構造的に独立している。こういうことはふつうはやらない。ふつうは中央のコアの部分に構造耐力を集中させて、両側の空間をこれに従属させるところだ。コアを中心とする一つの構造にまとめてしまうのである。それにたいしてカーンは、完全なフレキシビリティを有する〈均質空間〉のルームを三つ、独立に並べる方法をとったのである。出世作となったリチャーズ医学研究所（32）においても、サーブド・スペース[*21]の内部はミース的なたたずまいをとどめる徹底した〈均質空間〉となっている。しか

＊19　ルイス・I・カーン（一九〇一―一九七四）はロシア生まれのアメリカの建築家。

＊20　ルームとはカーンによれば精神的な性格をたたえる空間である。詳しくは第4章4・3参照。

＊21　カーンは、設備をおさめるサーバント・スペースと人が活動するサーブド・スペースを区別した。サーバント・スペースが分離されるだけに、サーブド・スペースは〈均質空間〉としての徹底を図れる。

しここでも、空間は正方形のルームへと、より明瞭に分節化されている。

美学的側面についていえば、さらに事例は多い。国内からいくつか例を拾おう。

磯崎新の場合、〈均質空間〉はある時期きわめて意図的・操作的に設計手法のなかにもち込まれた。群馬県立近代美術館（33）について磯崎は次のように書いた。

「…（前略）…それは、立方体の枠が正方形に分割され、すべての面が正方形でおおわれていくことから生まれる、ある種の均質性あるいは透明性に対して、それにあらがい、不透明化し、もしくは曖昧性を生じさせることによって、その場独自の意味を発生させるものだ。[文6]」

〈均質空間〉が周知のものとして、いわば自家薬籠中《じかやくろう》のものとしてあつかわれ、新しいなにものかに挑戦するための素材として生かされているのである。[*22] つくばセンター・ビルディング（34）では、その傾向はさらに手のこんだものになっていく。[*23]

谷口吉生は一般に平滑性の傾向の作家だが、なかでも豊田市美術館[*24]はその点で徹底した作品であり、第1章ですでに紹介している。ここでは、葛西臨海公園レストハウス（35）に注目しておくべきであろう。それは比較的小さなガラスの箱である。この規模のガラスの建築は構造材によって内部が繁雑《はんざつ》になりがち（36）なのだが、むくの鋼材のマリオンに構造を兼ねさせることによって、かつてありえなかったほどの透明度の高い箱を実現している。しかしこの美しいミース風の箱は、実用的意味での〈均質空間〉をめざすのではない。この建築のがんらいの目的は、海を眺めるための小高い床をつくり、くつろぎながら展望する場所を提供することにある。したがって水際の地形に密接にかかわっており、とうぜん〈場所〉としての性格が強い。[*25]

＊22　〈均質空間〉をなんらかの操作の対象として意図的に扱うことを通して、他の方法ではなしがたいなにか新しい感覚を表出しようとしているということ。

＊23　ルドゥーやパラディオのモチーフとの混在。

＊24　第1章20図参照。

＊25　第4章4・8参照。

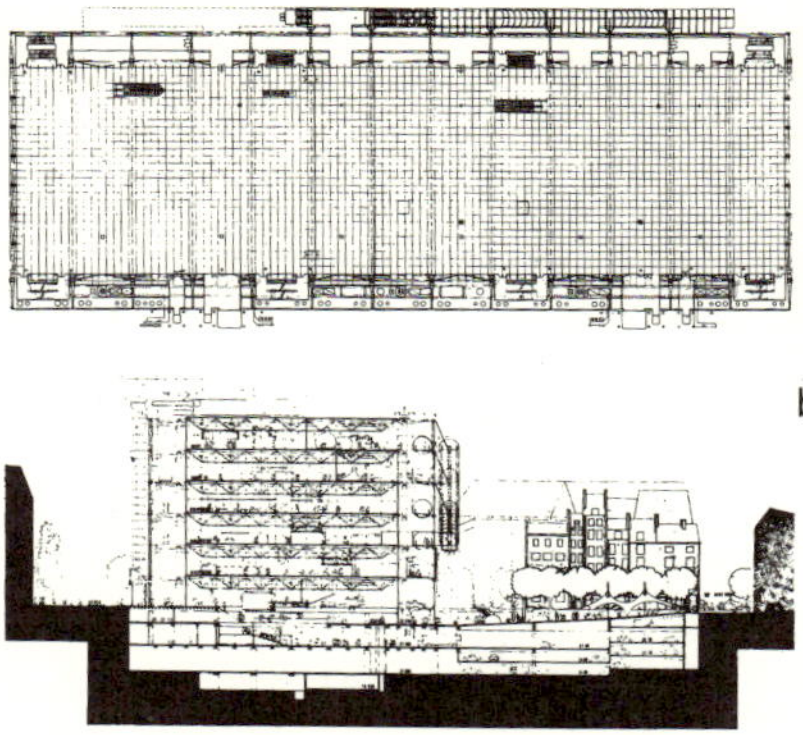

b

a

29 ポンピドー・センター、パリ 1977（レンゾ・ピアノ）
（a）外観
（b）平面図と断面図

30 イエール大学アート・ギャラリー、ニューヘブン 1953（ルイス・カーン）

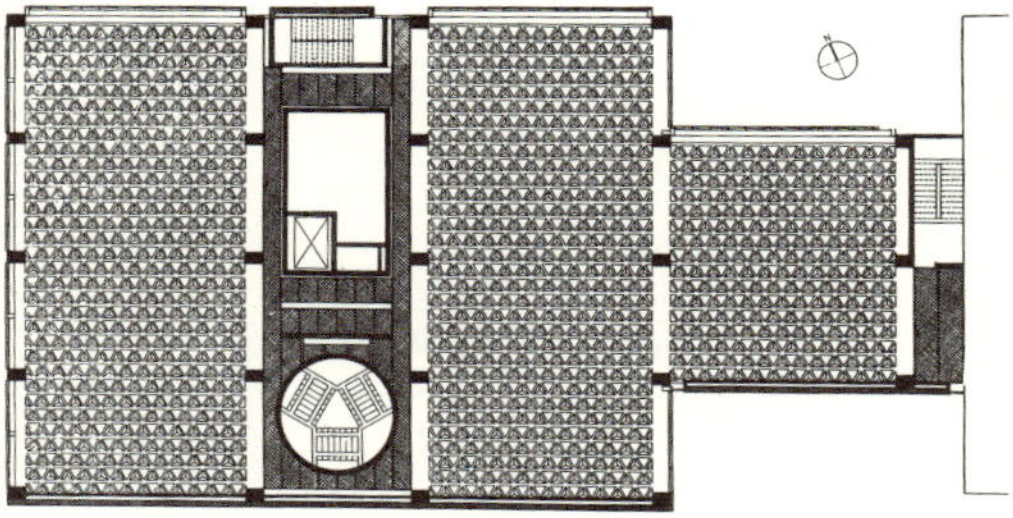

31 イエール大学アート・ギャラリーの天井伏図

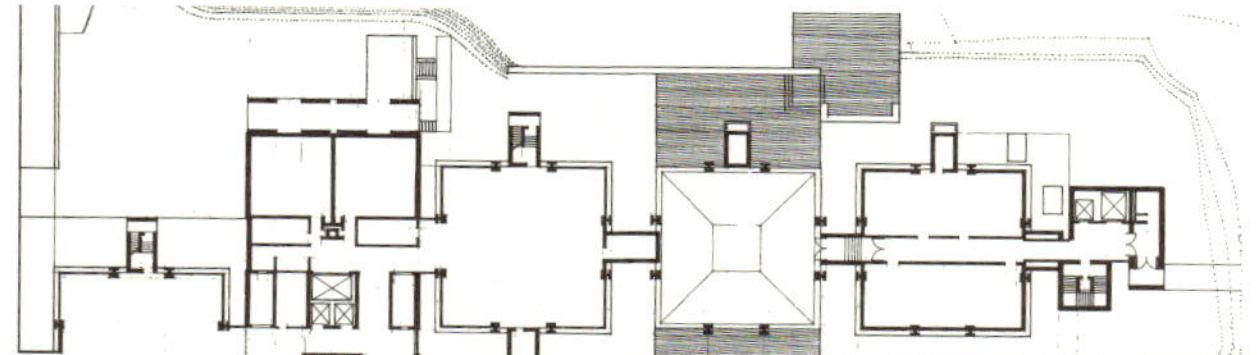

a

b

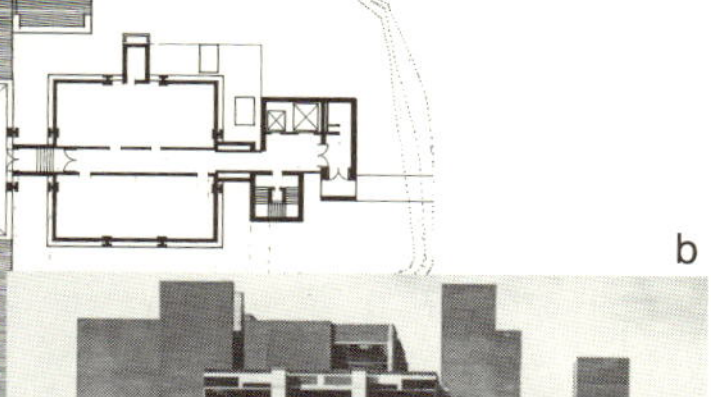

32 リチャーズ医学研究所、フィラデルフィア 1961（ルイス・カーン）
（a）基準階平面図
（b）外観

34 つくばセンタービル、つくば 1983（磯崎新）

33 群馬県立美術館、高崎 1974（磯崎新）

b

a

35 葛西臨海公園展望広場レストハウス、東京 1995（谷口吉生）
（a）外観
（b）内部

36 岡崎市美術博物館、1996（栗生明）

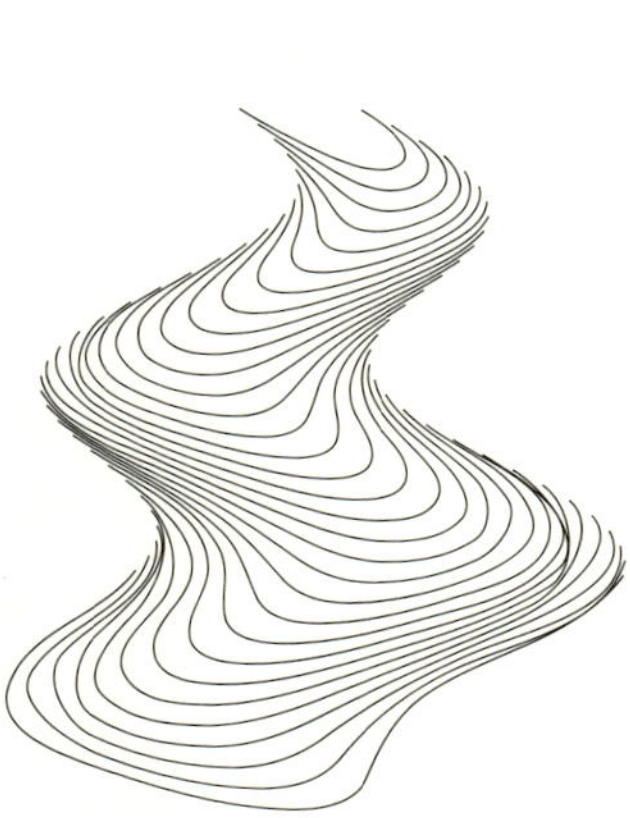

第3章 〈時・空間〉

〈時・空間〉は時間と動きを加味した空間の形式である。動きに応じるダイナミックな空間変化、あるいは流動する空間感覚への好みは、世紀初頭に始まり、一様とはいえないさまざまのバリエーションをとりながら、つねに二〇世紀建築の底流をなしてきた。今日、それは、はげしく先鋭的な新しい展開をみせつつある。

＜時・空間＞の科学的理念

時・空間（space–time）という言葉は、本来、相対性理論によって提唱された物理的宇宙をあらわす新しい幾何学のために用いられた言葉である。その概念は、偉大な数学者ヘルマン・ミンコフスキーによって生みだされた。

アインシュタインが特殊相対性理論を一九〇五年に発表したとき、新しい宇宙の記述に適した幾何学は存在しなかった。これまでの物理学では、空間と時間はまったく別々のものと考えられていたから、幾何学は空間のみを記述するに十分であれば、それでよかった。ところが、相対性理論では（詳細はわれわれの理解をこえるが）時間と空間はわかちがたく密接に交錯《こうさく》していなければならない。ヘルマン・ミンコフスキーは、そのような相対性理論の定式化に本質的な役わりをはたす数学を発展させたのである。

ヘルマン・ミンコフスキーの独創的な考えは、空間と時間とを二つの別々の量としてでなく、時・空間（space–time）とよばれる一つの四次元の連続体として記述することだった。

こうして、時間でもなく空間でもなく、空間であると同時に時間でもあるような時・空間の概念が、科学の世界においてつくりだされた。ヘルマン・ミンコフスキーはこの概念を一九〇七年の著書『空間と時間』で提唱している。これはしばしばミンコフスキー空間あるいはミンコフスキーの宇宙とよばれる。

ミンコフスキーの宇宙は、ふつうの空間の三次元と違って四次元である。つまり、一つの「ここ」あるいは一つの「いま」を完全に定めるためには、四つの資料が必要とされる。三つの空間座標と一つの時間の読みとである。したがって、「ここ」と「いま」とは分離不可能なのである。ミンコフスキーの宇宙では、一つの点の時間的変化が一つの曲線として表記される。つまり、空間内の点と時間は関係づけられて表記され、一つの点をきめることは一つの時間をきめることにもならざるをえないのである。そうなると、「いま」と「ここ」とを別々に考えることは不可能になる。「いま、ここ」が存在するだけである。

しかし、注意を要するのは、ミンコフスキー空間の出現によって、われわれの日常生活に直接の変化や影響があらわれることはないということである。相対性理論が具体的に効用を発揮するのは、光速が問題になるような天文学的尺度の世界においてのみである。建築家がかかわる人間居住の尺度の世界においては無視してかまわない問題なのである。そこではあいかわらず、ユークリッド幾何学が十分に有効である。建築家は、従来の原則にしたがって家をたてていて、科学的には少しもかまわなかったのである。しかし、芸術家と建築家は、そのことに満足はしなかった。これには、空間概念の時代的同時性の問題が関係していると思われる。

ともあれ、科学の世界に時・空間の概念が（建築の世界における〈時・空間〉と同じという訳ではないが）あらわれた。しかし、この高度の空間概念をもって科学の問題をすべて扱うことにしてしまうのは、科学の実用的効率をあまりにもそこなうことになって現実的ではない。そこでアインシュタインは、一種の棲《す》み分けの考えにたって、地球上の個別の場所、均質な幾何空間、そして時・空間を、それぞれの適性におうじたケースへとふり分けた訳である[*1]。

＊1　第1章＊8参照。

二〇世紀初頭、芸術の〈時・空間〉

芸術に四次元の考えが最初に導入されたのはキュビスムにおいてである。キュビスムは一九〇七年ブラックとピカソによって始められた革新的な芸術運動である。そのころ、アインシュタインは特殊相対性理論を発表し（一九〇五）、哲学の分野ではベルグソンが「創造的進化」を著《あらわ》し（一九〇七）、持続《じぞく》[*2]についての考えをあきらかにしていた。それぞれの分野における革命的ともいえるこれらの現象は、相互になんの連絡もなく、とつぜん生じたことである。時代の潜在的な精神のようなものが、分野を異《こと》にする鋭敏な感性を通路として、期せずして同時にあらわれでたとでも考えるよりしかたない。

キュビストの絵画の特徴は、いろいろな視点からの像を一枚のキャンバスのうえに同時に描くことである。この手法は、当初、直観的な美術的感覚として生まれたのであり、この絵画空間のあり方がキュビスト自身によって四次元と命名されるのは、一九一二年になってからのことである。ヘルマン・ミンコフスキーの用語から借用したものであるのはあきらかである。当時、四次元という言葉は、画家や詩人たちの間でさかんに用いられるようになっていた。ただ、その意味あいはいささか不明瞭なままであり、ヘルマン・ミンコフスキーの明確な定義とはかけはなれていた。共通するのは時間である。芸術家たちは、造形のなかに時間をもち込むことにやっきとなっていたのである。

建築における〈時・空間〉の概念に道をひらいたのは、デ・ステイルの中心人物テオ・ファン・ドースブルフである。[*3]彼は、空間と時間の統一によって、建築の外観は

＊2　ベルグソン（一八五九―一九四一）はフランスの哲学者。意識を、多様な現象が重なり合いながら流動していく変化の過程と考え、この流れを「持続」と呼び、量的連続としての物理的時間と区別した。「持続」は「いま、ここ」における空間的経験と不可分の時間ともいえる。生きている時間である。

＊3　〈時・空間〉的建築の実施の時期の早さはアメリカにおけるフランク・ロイド・ライトが抜きんでているが、ライトが〈時・空間〉の概念を意識するようになるのは後になって、キュビスムやデ・ステイルの影響によると思われる。

まったく新しい造形的な姿をもつことになるだろうと書いた。[文1]

イタリアでは、未来派が運動感の表現に邁進《まいしん》していた。アントニオ・サンテリア[*4]は多様な建築形態の連続として動的な空間感覚を未来都市のドローイングのうちに表現した。（1）

ロシアのシュプレマティズム（至高主義）は一九一三年にカシミール・マレーヴィッチによって創始された。マレーヴィッチはもともとキュビストの画家である。キュビストの理念は、シュプレマティズムの絵画的平面[*5]をへて、三次元的な表現へとしだいに発展、変形されていく（2）。もう一人の重要なシュプレマティストはエリザール・リシツキーである。彼は、物理的形態は空間におけるその運動によってデザインされるべきであると語っている。（3）（4）

ロシアにはもう一つの注目すべき動きがあった。構成主義である。この名称は一九一三年にタトリンによってつくりだされた。タトリンの最も有名な作品は、第三インターナショナルのモニュメントのためのデザイン（5）である。マレーヴィッチはタトリンをロシアにおける空間的キュビスムの創始者とよんだ。一方、ナウム・ガボとアントワーヌ・ペブスナーの兄弟は、立体造形の世界でもう一つの構成主義活動をすすめていた（6）（7）。彼らによる一九二〇年の宣言のなかには次のような一節がある。「われわれは新しい要素として時間をとり入れようと思う。……真の動きが、単にイリュージョンを与えるためではなく、動的（キネティック）なリズムの適用を可能ならしめるために利用されるのでなくてはならない。[文2]」

この美術理論はモホリ＝ナギの動く金属構造（8）のうちに遺憾《いかん》なく実現された。

＊4　イタリア未来派に属し、二八歳で没した夭折の天才建築家。未来都市に関する多くのスケッチと論文を残した。
＊5　第2章25図参照。

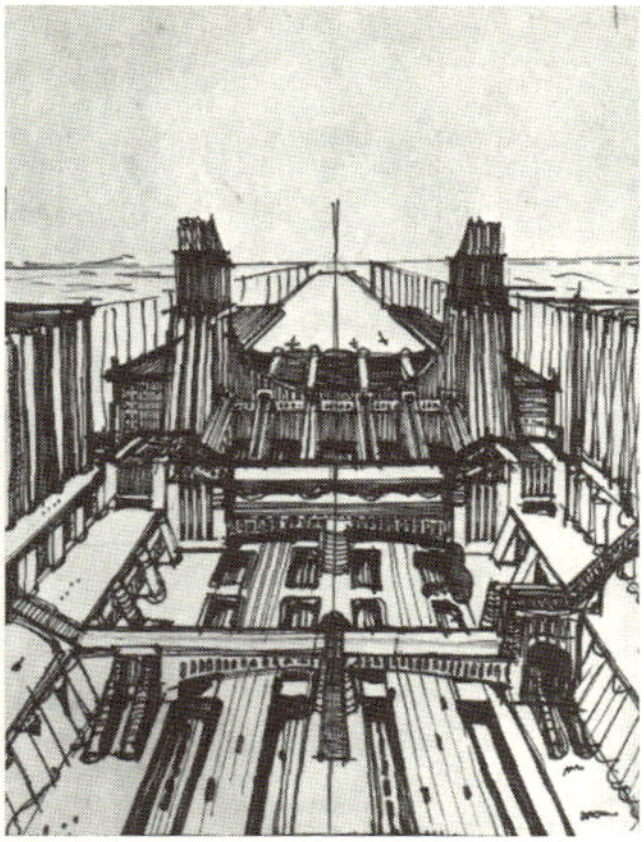

1 新しい都市の計画、1914（アントニオ・サンテリア）

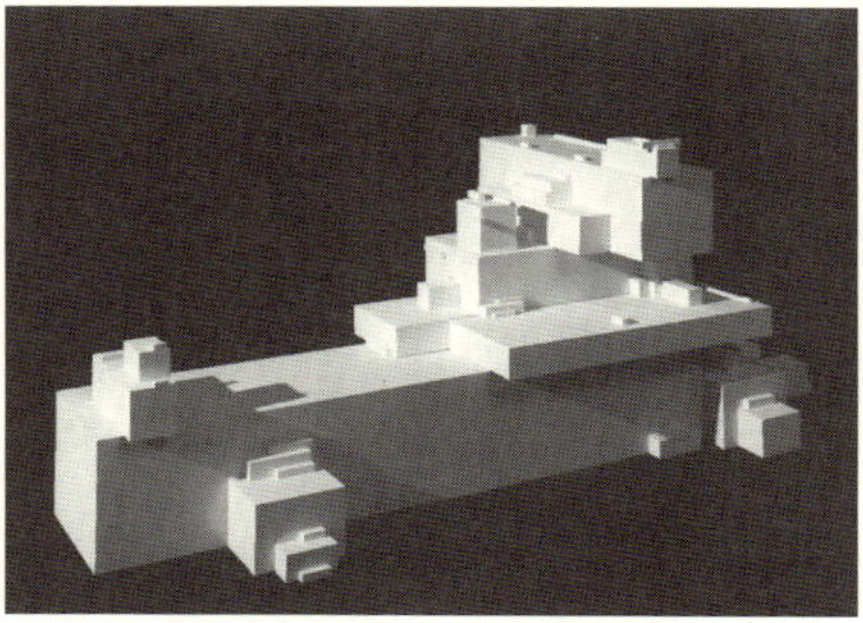

2 作品「アルファ」、1923（カシミール・マレーヴィッチ）

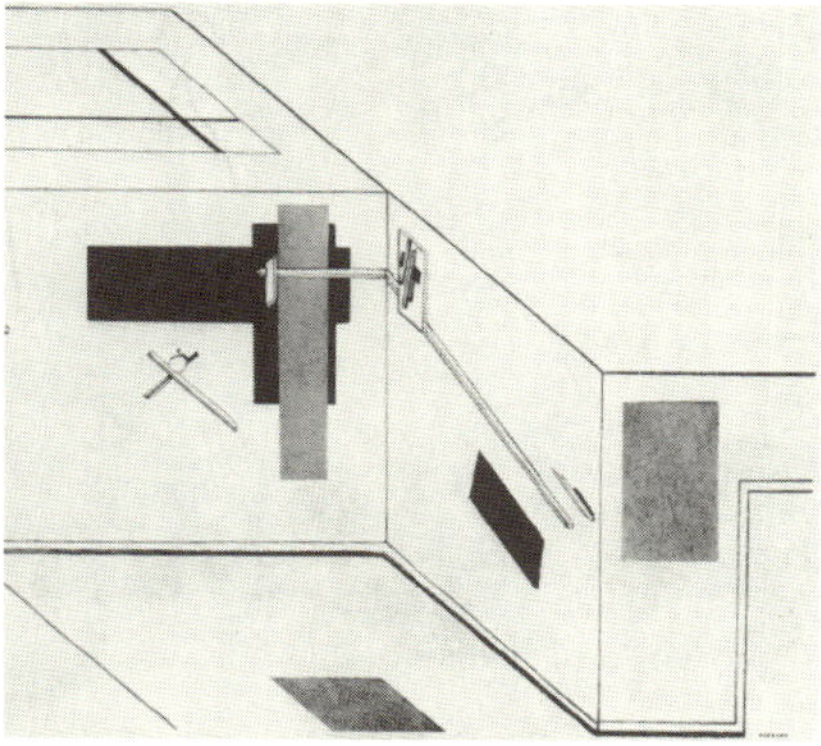

3 プロウン・ルーム、ベルリン芸術展 1923（エリザール・リシツキー）

4 レーニンの演説台、1924（エリザール・リシツキー）

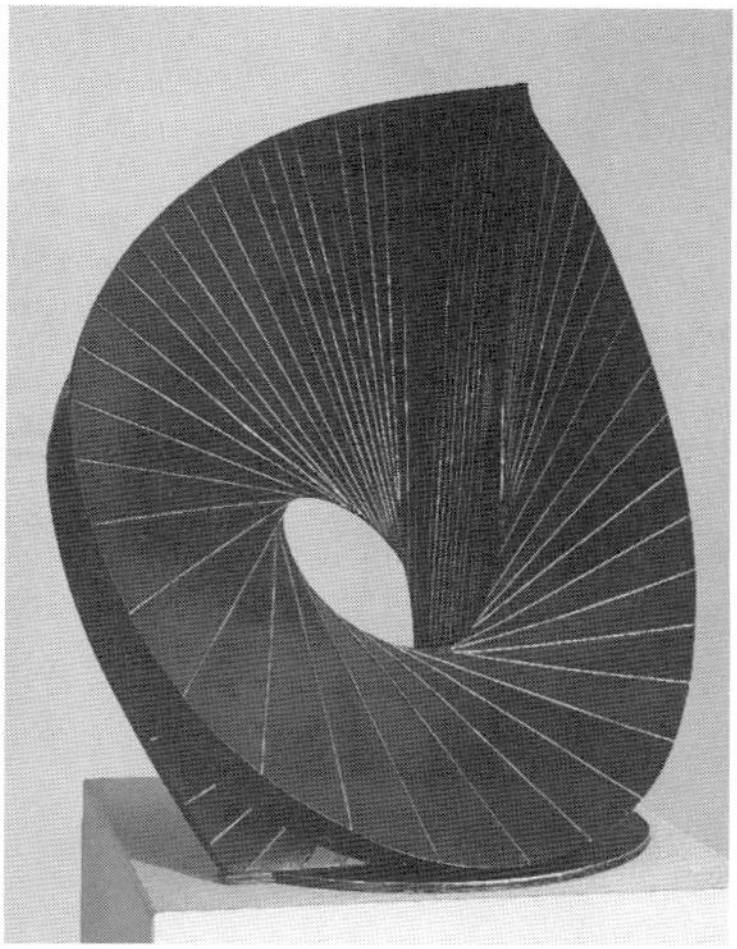

6 展開可能な面、1938（アントワーヌ・ペブスナー）

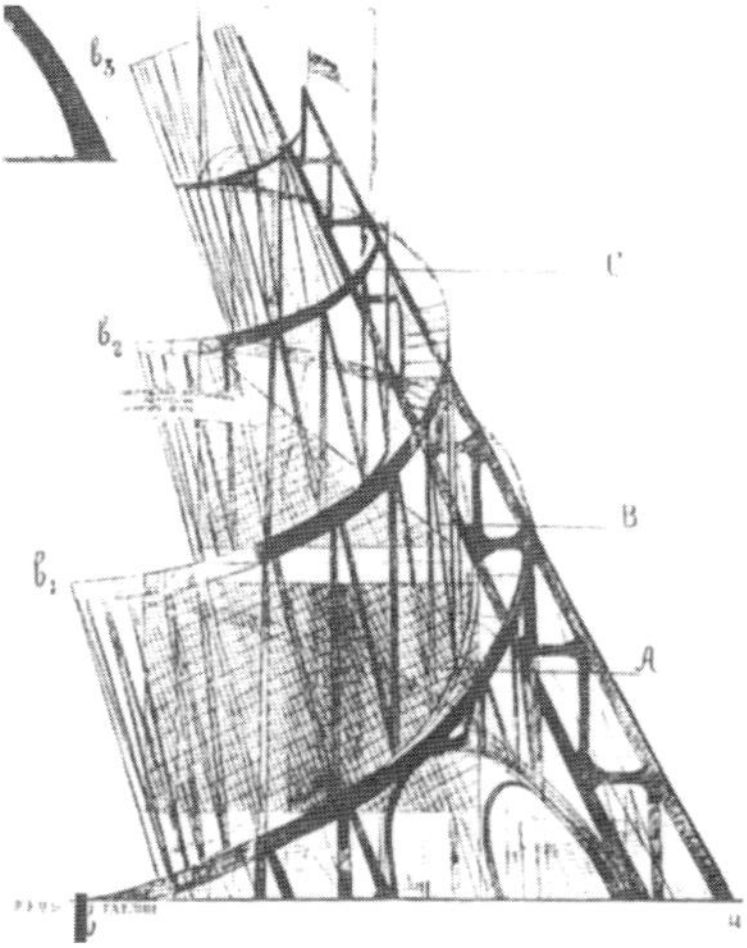

5 第三インターナショナル・モニュメント計画案、1919-20（ウラジミール・タトリン）

7 ビーエンコルフ百貨店のための構成、1954-57（ナウム・ガボ）

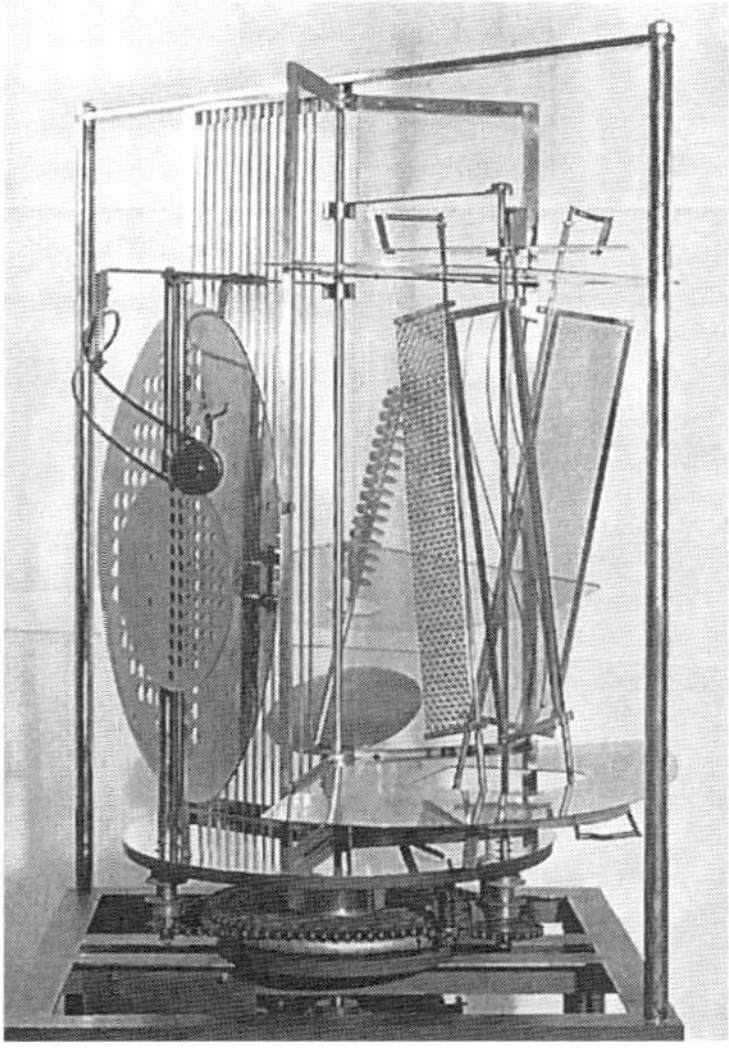

8 光・空間調節器、1923-30（モホリ＝ナギ）

デ・ステイルとシュレーダー邸

モホリ＝ナギの動く金属構造では、作品の形の特定は、時間を特定することによってのみ可能となる。その意味で、ミンコフスキー的空間概念の忠実な再構成ともいえるだろう。しかし、実際の運動の導入は造形芸術における一般的手法とはなりにくいし、建築においてはほとんど不可能といってよい[*6]。

対象のがわの変化がむずかしいとなれば、時間の導入のために残された方法は、見るがわが変化すること、つまり視点の移動である。初期キュビストがさまざまな視点からの形態を同時に描きこむ方法をとったのは、結果的に、時・空間の感覚を絵画的に表現する方法を提起していたのである。平面に視点の移動をもちこむ方法はほかにない。これによって、美学的経験の「持続[*2]」を平面上に表現しようとしたのである。こうしたキュビスムの手法は、しだいに立体造形へと影響を広げてゆく。

絵画から出発したドースブルフが、三次元空間への時間の導入に気づくのは、一九二三年のころであったといわれている。そして、いくつかの住宅のためのモデルをエーステレンとの共同で製作した[*7]。一九二四年の文章のなかでは次のように明確に述べている。「新しい建築は非立方体的なものであり、シンメトリーも反復もなく、相互に異なる部分同士の高度に均衡した関係であり、正面性がなく、あらゆる方向において時間＝空間が拡散される効果をもっている[文1]」。正面性のないこと、拡散的であることは、視点を固定しないことを意味し、変化の持続（変化を体験すること）のなかに表現の意味をみだそうとしたのである。

そして同年、デ・ステイルのいまに残る記念碑がリートフェルトによって実現され

＊6　日本の伝統建築は例外といえる。障子や襖は動く壁と見なせるからである。

＊7　第2章16図参照。ドゥースブルフらの作成したモデルは一九二三年にパリで開かれたデ・ステイル展に出品され、コルビュジエをはじめとするパリの若い建築家にセンセーショナルな衝撃を与えた。

る。シュレーダー邸[*8]（9）である。それにさきだつ一九一七年、家具職人から出発したリートフェルトは有名なレッド&ブルー・チェア（10）をすでに作成していた。シュレーダー邸は、少なくともその外観において、ドースブルフのカウンターコンストラクション[*9]のイメージを遺憾《いかん》なく実現している。面部材と線部材とが垂直と水平に相互に依存することなく空中に浮くかのように配置され、その配置はどこからみてもアシンメトリーであり、各部材は三原色と無彩色に塗り分けられている。このことはデ・ステイルの造形原則に忠実にしたがうものである。しかし、内部はいささかおもむきを異にしている。もちろん部屋のかどを開け放つ有名な窓が内から外への連続性をつくりだすのに成功している点を見落とすことはできないが、基本的に内部は四角い箱のままである。ここでの〈時・空間〉的なみどころは、可動間仕切りによる空間の伸縮自在性にある。スライディング・ウォールの伝統をもつ日本人の目からすればなんの変哲もないが、西欧の目には驚くべき動く建築と映ったにちがいない。完成後ただちにヨーロッパ各国の建築雑誌に紹介され、センセーションをまき起こした。現在ではデ・ステイルを代表する建築としてだけでなく、二〇世紀建築のモニュメントの一つにさえなっている。

ところで、デ・ステイルの活動を考えるとき、ライトの影響を無視する訳にはゆかない。ライトの建築は一九一〇年のドイツにおける作品集出版によってヨーロッパに紹介された。デ・ステイルはその衝撃から出発したといってもよいくらいにライトとの関係はふかい。それは水平・垂直にのびる線の交差と、開放的で流動する空間に明瞭にあらわれている。

＊8　第1章9図参照。

＊9　第1章19図参照。一九二三年に開催されたデ・ステイル展に出品された住宅の図面や模型とともに、「カウンター・コンストラクション」と題する図が含まれていた。それは建物の外壁と一部内壁が浮遊する状態をアクソノメトリー図法で描いたものである。〈時・空間〉の概念的表現と受け取れる。

9 シュレーダー邸、ユトレヒト 1924
（ヘリット・リートフェルト）
（a）外観
（b）可動間仕切りを開いた状態と閉じた状態の平面図
（c）リビング・ダイニングをのぞむ

a

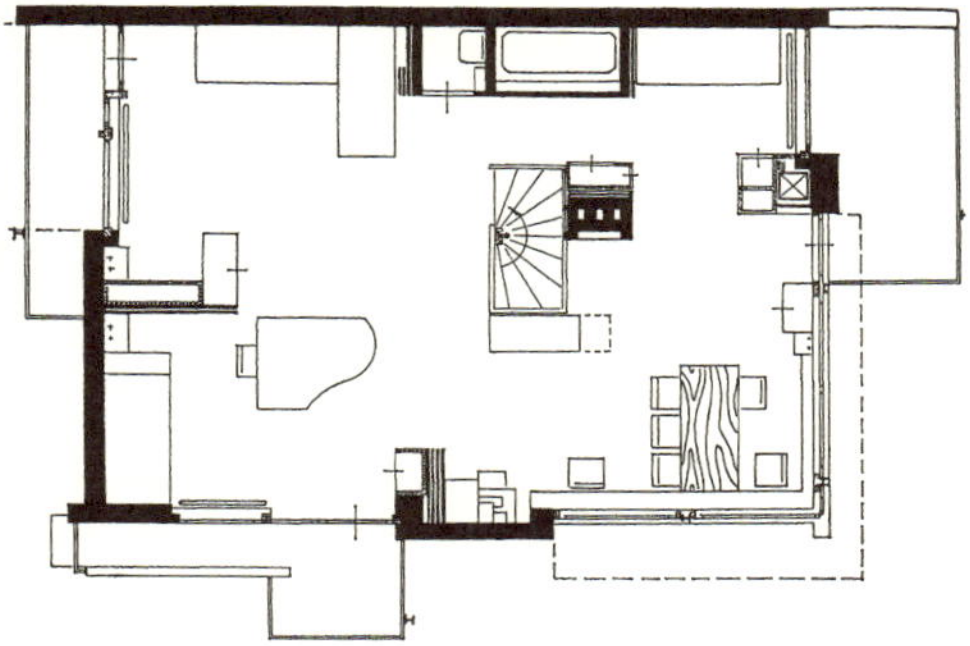

b

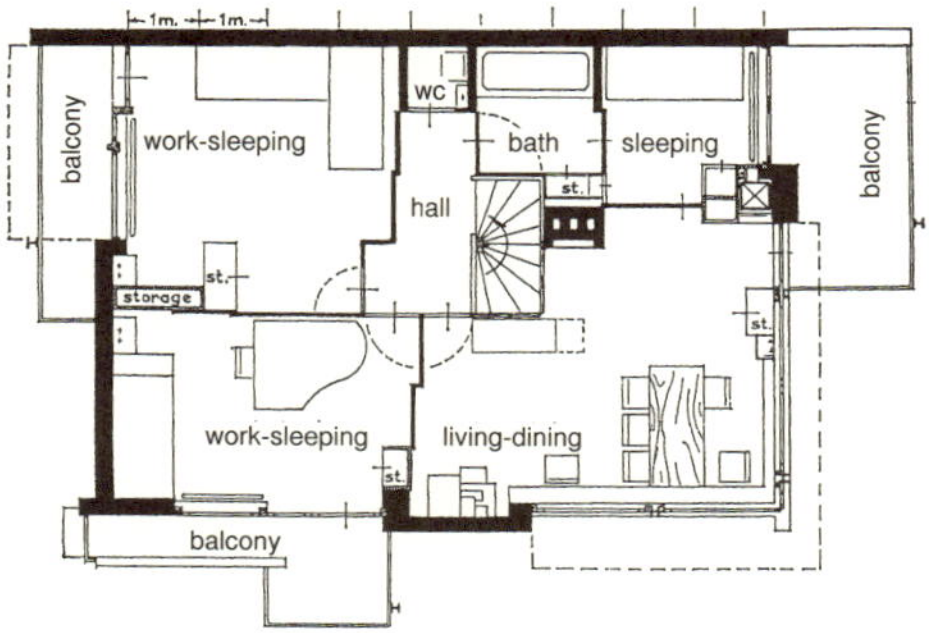

C

10 赤と青の椅子、1918-23（ヘリット・リートフェルト）

ライトの空間の流動性

フランク・ロイド・ライトは、いくつもの側面から注目しなければならない建築家だが、ここでみるのは、彼自身が流動性（コンティニュイティ）とよぶ空間の性格についてである。ライトの建築は有機的建築というよび方で知られている。有機的建築の意味するところは、あまりにも深く複雑なものである。流動性は有機的建築がなりたつための一つの重要な側面といえる。

ライトは、流動性はキャンティレバーの技術的実現によってもたらされたと述べている。単にガラスの透明性によってではない（ガラスの生みだす内外の透過性が〈時・空間〉的な流動性の唯一《ゆいいつ》の理由ではない）。キャンティレバーによって、壁は自由になり、屋根は長くつきだすことができるようになったことに由来するというのである。このことから、流動性はライトのもう一つの用語である「深さの次元」（奥行き）とふかくかかわることがあきらかとなる。「深さの次元」を、ライトは三次元の真のあり方であるとする。深さの方向に流動するのでなかったら、建築的な三次元とはいえないというのである。こうした観点から、近代建築ののっぺりとしたファサードを痛烈に批判している。

ライトはタリアセンとよばれる事務所をかねた寺子屋組織で若い建築家の教育にもあたっていたが、そこで生徒たちは、「箱の破壊《はかい》」についてくりかえし聞かされたそうである。ふつう建築は四すみのある箱に開口部の穴をあける。それにたいしてライトは四すみの壁をとりさってしまう。とりさった部分につきだしたスラブはキャンティレバーである。このようにしてすみが建物からとり払われたとき、一体なにが起こるだろうか。まず感じられるのは、箱の感覚が消えうせる。そこには連続する空間の新しい感覚、つまり流動性が生じる。壁はといえば、もはや囲むものではなく、内部と外部の間に立てられたスクリーン[＊10]となり、内部と外部は呼応しあう（11）。

ライトの住宅建築では、すみが無くなるのは平面図においてばかりではない。立面図においても箱状のすみはなくて、キャンティレバーの庇《ひさし》が水平につきだし、その下には深い空隙が包み込まれているのである。スクリーン状の壁とのびやかな庇のくみあわせは、かたくなな箱を破壊し、自由に流動する空間の深さの方向をつよく印象づける構成をつくりだしている。

ライトの流動性は高さの方向にも展開する。たとえば、レベルのちがう床が交差する部分を吹抜けにすることによってつくりだされる。（12）では、それが住宅空間の魅力の焦点になっている。大空間の周囲に多層のテラスがつきだすような恰好で高さ方向の流動性がつくりでされる場合もある（13）。

流動性あるいは「深さの次元」というコンセプトからうみだされたライトの建築の形態は、まさに建築の革命である。二〇世紀の初頭も初頭、代表作のロビー邸がつくられたのは一九〇九年のことである（ヨーロッパの近代建築活動は一九二〇年代以降である）。年代的にはキュビスムと同じ時期に、遠くへだたるアメリカで、孤独な一人の建築家が、ヘルマン・ミンコフスキーの時・空間という言葉も知らずに、直感に導かれるまま完全な〈時・空間〉の建築をつくりあげていたのである。そしてその影響は今日におよんでいる。（14）は一九九九年のアメリカ建築家協会賞受賞作品の一つだが、あきらかにライト的〈時・空間〉の建築である。

＊10　ヒッチコックは書いている。ライトは「閉じた塊（block）によるというよりは三次元の中に自由に存在する面（plain）によって建築デザインを構想した最初の人物であった。ワーグナー、ベーレンス、そしてペレーが伝統的建築の堅固な量塊性を軽くしたのに対し、ライトはそれを破壊したのである」[文3]

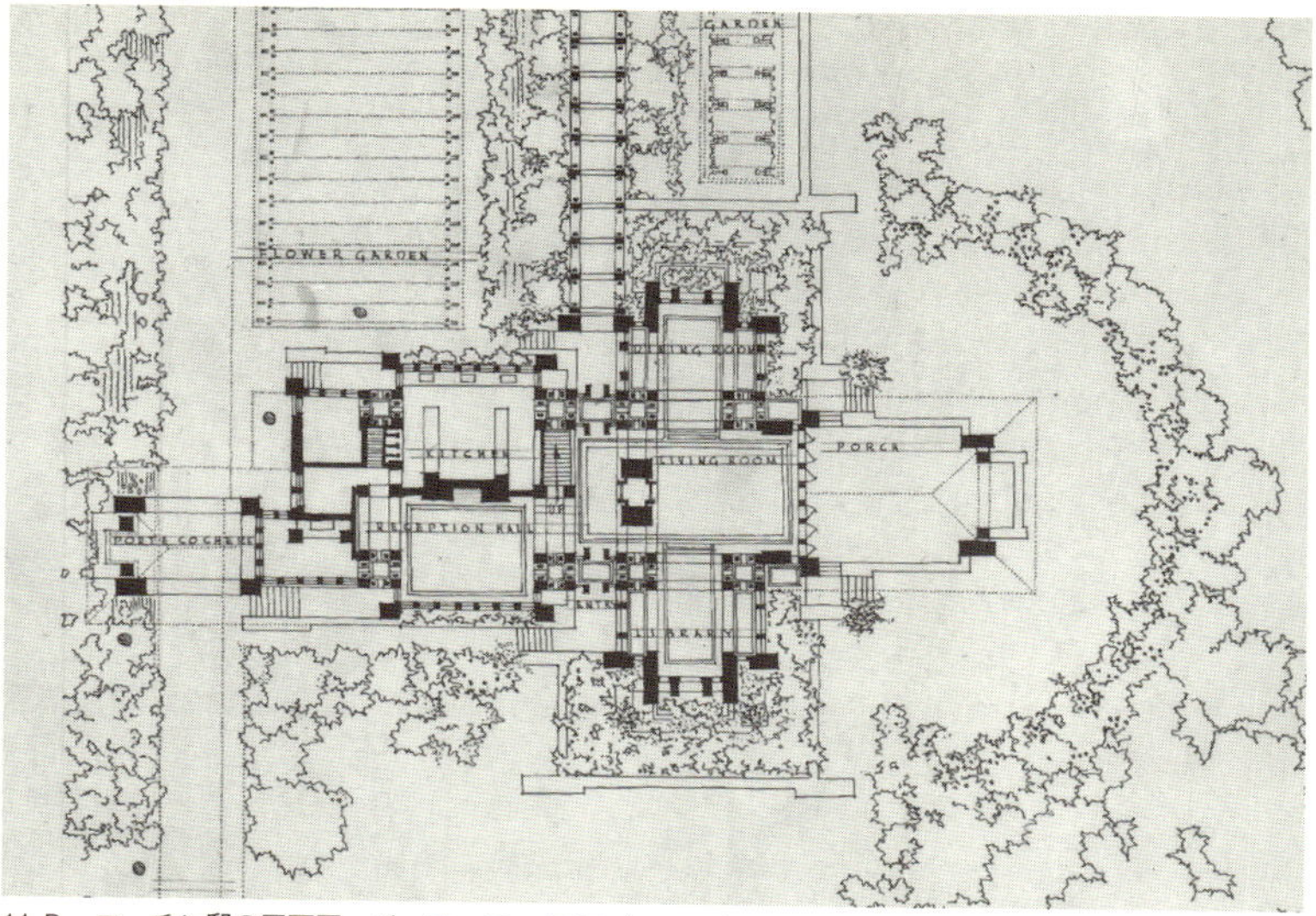

11 D．マーチン邸の平面図、バッファロー 1904（フロンク・ロイド・ライト）

12 タリアセンのリビングルーム、ウィスコンシン 1925（フロンク・ロイド・ライト） 2階への吹抜けがある

13 ジョンソン・ワックス社のオフィス内部

14 ノメンタナ邸、1999（スコギン・エラム＆ブレイ）

ル・コルビュジエに見る〈時・空間〉

ドイツでフランク・ロイド・ライトの作品集が出版されるやセンセーションをよび起こし、デ・ステイルなどヨーロッパの建築にその影響は広がっていく。しかし、デ・ステイルがヨーロッパの抽象概念にふかく浸透されていたのにたいして、ライトは抽象とは無縁なところで、土着の生活のためのシェルターを、真実と自由のアメリカ的精神にもとづいて、ひたすら追求していたのだった。

そのころル・コルビュジエは、デ・ステイルのような交錯《こうさく》する立体とはちがった独自の方法で、〈時・空間〉的建築の創造を開始していた。ル・コルビュジエの活動の特徴は、一九一四年に描かれたドミノ・システム[*11]（15）によって説明できる。いままでいう無梁板ラーメン構造である。このような鉄筋コンクリートの軽快な架構と自由に配置される内壁とによって、フランク・ロイド・ライトのオープン・プランニング[*12]に似たものを実現しようとしていたのである。有名なル・コルビュジエの五原則、①ピロティ、②独立する内壁による自由なプラン、③自由なファサード、④水平連続窓、⑤屋上庭園は、そのことと関係している。

いくつかの試験的な作品をへて、ガルシュの家やサヴォワ邸のような重要な作品がうみだされた。ガルシュの家（16）は五原則がすべてみたされた最初の作品であるといわれている。と同時に、ル・コルビュジエ的〈時・空間〉がはじめて明確に姿をあらわした作品でもある。

だが、その正面ファサードをみると、あまりにも平坦な、深さというものをまったく感じさせないモダニズムのそれである。つまり、幾何学的な四角い箱なのである。

＊11　ル・コルビュジエが考案した柱とスラブからなる鉄筋コンクリート造の構造骨組。多様な機能と美的充足を考慮して生まれた構想。

＊12　閉ざされた部屋を廊下でつなぐのではなく、一つの大きなフロアに壁やスクリーンを自由に配置することによって連続的な空間のうちに機能分化を実現するプランニングの手法。

ル・コルビュジエもやはりヨーロッパの抽象主義を共有する作家である。とりわけ当時は、ピューリズム[*13]の名においてむしろ抽象主義を代表する建築家の一人であった。ドミノ・システムそのものが、いってみれば立体格子のようなものであり、〈均質空間〉のための舞台装置の一つである。ここにカーテンウォールをとりつければ、インターナショナル・スタイルの平滑面がうまれて、なんの不思議もないのである。ライトはこの建築を評して「平らな胸をした」とからかい、ル・コルビュジエをはげしく攻撃している。

しかし、この平坦なファサードをひとたび通りぬければ、思いがけなくも、高度に組織化された奥行きの深い空間が開けるのである。曲線を多様した自由な内壁によってリズミカルに展開する連続的な平面。二層分を吹抜け、さらに屋上までぬけてゆく丈《たけ》の高いテラスにむかって、多様な仕方で開かれていく縦《たて》方向への奥行き。平らな胸の裏には、このように流動する空間が隠されていたのである。これを「深さの次元」と呼ぶか。ライトなら否《いな》というかもしれない。にもかかわらず、これが〈時・空間〉の一つのきわだったあり方であることを否定するのは難しい。幾何学的純粋形態のうちに流動する複雑な空間をおさめる――これがル・コルビュジエのやり方である。

サヴォワ邸ではこのことはもっと明瞭である。宙に浮くようにピロティにささえられた四角い箱の、その内がわにふみこんでみれば、中央の斜路を中心として三次元的に流動するダイナミックな空間をみだすであろう。ピロティからはじまる斜路は居間とテラスの広がる二階に達し、さらに屋上庭園にむかって、大空へとひらける視界のなかを進むのである（17）。

＊13　若い画家であったル・コルビュジエとオザンファンは一九一八年に自分たちの画法をピューリズム（純粋主義）と名づけた。

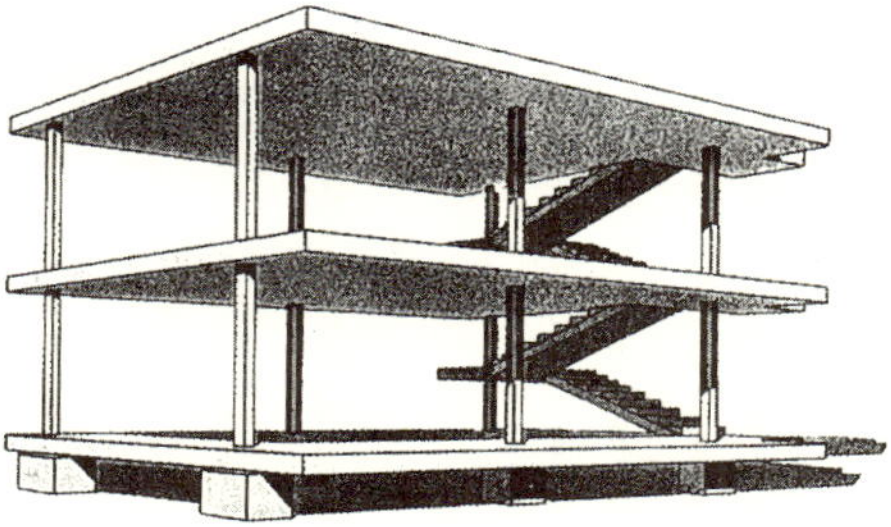

15 ドミノ・システム、1914（ル・コルビュジエ）

b

a

16 ガルシュの家（シュタイン邸）、1928（ル・コルビュジエ）
（a） 入口側外観
（b） 庭園側外観
（c） 2階平面図
（d） 4階平面図

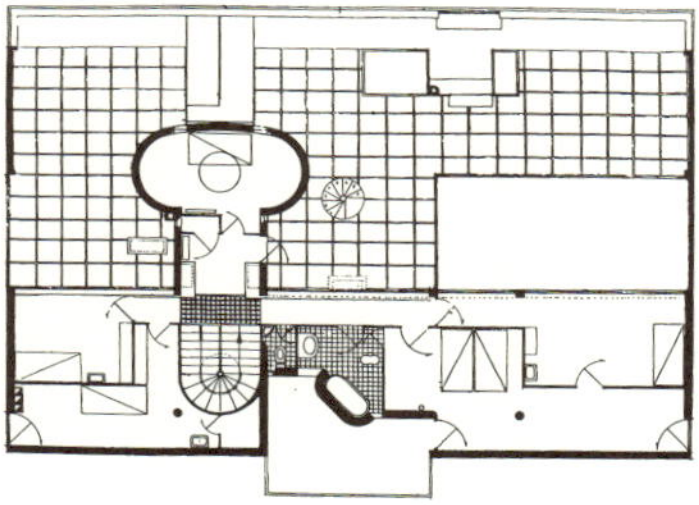

d

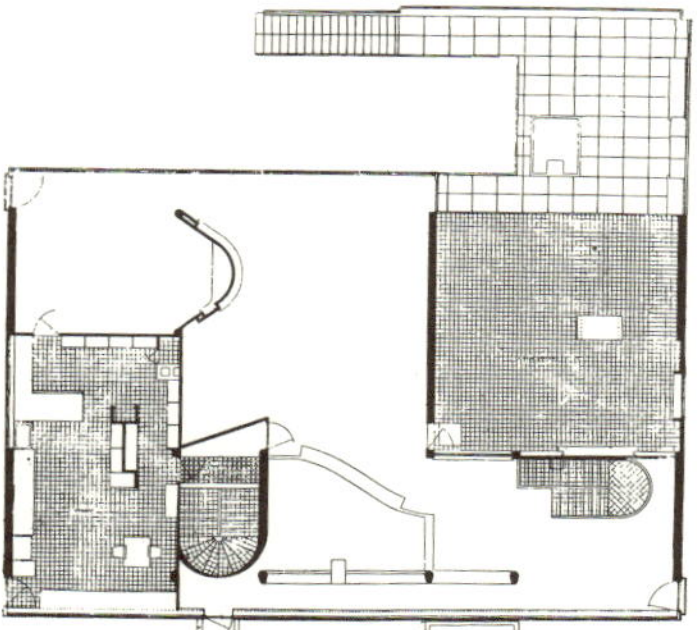

c

b

a

17 サヴォワ邸、ポワシー 1931（ル・コルビュジエ）
（a）外観
（b） 2階テラス
（c）断面図
（d） 1階から2階への斜路
（e） 2階から屋上への斜路

c

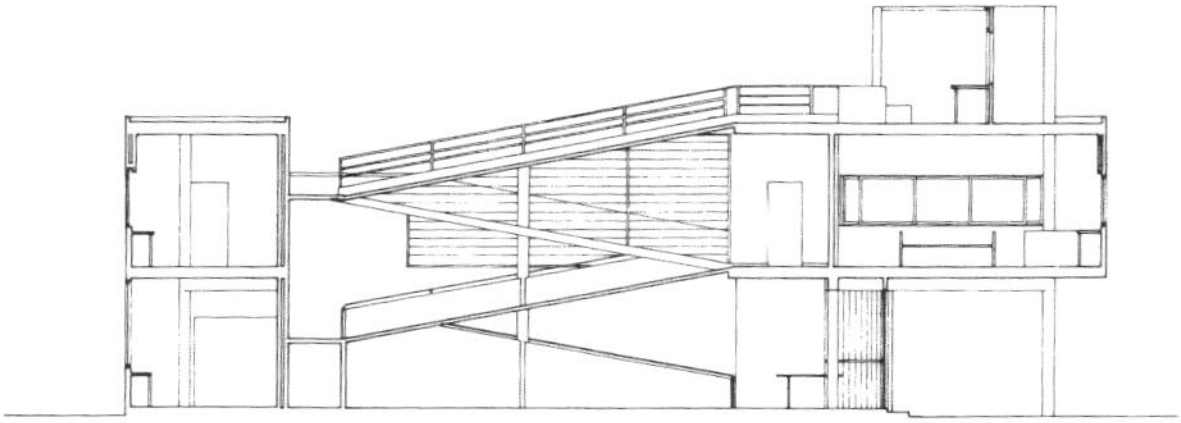

e

d

動的な性格のイリュージョン

建築における〈時・空間〉の表現の方法はこれまでみてきたところによれば二種類である。その一つは外からみたときの形のあり方である。建築が正面性のつよい形をもつ場合、視点は固定され変化にとぼしく時間は静止したように感じられる（18）。逆に量塊がダイナミックに交錯《こうさく》しあうとき、おのずと人は周囲を歩きまわる動きへとさそわれ、千変万化する情景の体験をとおして、流れゆく「いま、ここ」の融合を味わう（19）。シュプレマティズムと構成主義はこの方向につよい関心を傾けてきた。[*14]

その二つ目は、ギーディオンが空間の相互貫入というい方で説明したときに考えていたものにほかならない。内部と外部のつながりが、流動性を感じさせる空間のあり方である。ミースのガラスの箱には、量塊的な動きはないが、内部と外部の流動感は感じられる（20）。

デ・ステイルとフランク・ロイド・ライトの建築は一つ目と二つ目の性格を同時にあわせもつ建築である。ダイナミックな量塊的関係として形づくられる外観の造形と、内と外を流動する空間とが、たがいに強調しあい、わかちがたく一体化している。ライトは、新しい美学は「……流動性（コンティニュイティ）として建物の中に入ってきた。それは造形性として戸外へ出ていった」[文4]と書いている。一方、ル・コルビュジエの場合は、この一体化が、ピューリズムの厳正《げんせい》な幾何学のうちに封じ込められている。そのことは前節で述べた。

以上が、これまでみてきた二つの方法である。三番目として「動く建築」を加えてもよいが、まあ、例外としておいた方が無難《ぶなん》だろう。[*15] しかしたまには興味ぶかい例が

＊14　本章図2～8を参照。

＊15　リートフェルトのシュレーダー邸には有名な可動間仕切り壁があるし、ほかにも類似のものはあると思われるが、壁の移動で空間に変化をもたらすシステムなら、わが国にははるかに洗練された手法の伝統があり、いわば常識に属するのでここでは触れない。

ある。それについては後にみよう。ところで、一つ目にせよ二つ目にせよ、〈時・空間〉的な変化と動きを人は感じることになるが、建物そのものはミンコフスキーの宇宙へとさまよいでることはなく、あいかわらずユークリッド幾何学の世界に静止したままである。存在するのは、人の動きにともなう変化の感覚だけである。日常的な空間世界のうちに、ミンコフスキーの意味での時・空間は存在しえない。となれば、ここであつかっている〈時・空間〉は、建築によって生じる一種のイリュージョン(幻影)ということになるだろう。ひらたくいえば時・空間的な感じである。

そう考えると、キュビスムの絵画と〈時・空間〉の建築との距離はぐっと近いものになってくる。時間をあつかうのに、絵画では無理があってちょっとうそっぽく、じっさいに動きまわれる建築の方が有利であると、そんな感じがあったとしても、それは相対的なことにすぎない。イリュージョンという意味では同じなのだ。デュシャン[*16]の「階段を降りていくヌード」(21)のように、動きそのものをトレースするイメージも、同様のイリュージョンの効果をつくりだすものである。

〈均質空間〉と〈場所〉はイリュージョンではない。〈均質空間〉は近代的な等質性の表現であるし、〈場所〉は人間が生きるための基盤そのものである。時間あるいは四次元を、うごき、変化するものとして建築に具体化することができないために、〈時・空間〉だけは、イリュージョンでしかありえないのである。ピラネージ(一八世紀)いらいの四次元のイリュージョンに、われわれはなぜ引きつけられるのだろうか。おそらく、その問題は現代へとひき継がれている。最近の建築の一部の傾向は、その問題のあらわれという観点から理解することができるであろう。

＊16 マルセル・デュシャン(一八八七—一九六八)はフランスの美術家。数少ない作品とおびただしいメモを残したが、既成の芸術概念を否定する姿勢が現代美術に大きな影響を与えた。

18 タージ・マハール、インド、1643

19 新しい都市の計画、1914（アントニオ・サンテリア）

20 ファンズワース邸の内部、
1950（ミース・ファン・デル・ローエ）

21階段を降りる裸体NO. 2、1912（マルセル・デュシャン）

〈時・空間〉の新しい世代1

〈時・空間〉の空間形式は、今日の建築において、あたりまえのように、一種のきまり文句として生きつづけている。それはもういちいち指摘するのが繁雑《はんざつ》なほどであり、この空間形式を設計にもち込むことにうたがいを差しはさむものは誰もいない。逆にいうとそれは、〈時・空間〉が先進的な建築のテーマではなくなったことを示しているのかもしれない。実際、インターナショナル・スタイルとシアム的[*17]合理主義を批判しつつたちあがった、一九五〇年代以降の建築家が関心をそそいだ空間形式は、〈時・空間〉であるよりは〈場所〉であった。[*18]

しかし、〈時・空間〉は、〈時・空間〉というよび名を用いることなく、おそらくはそのよび名を古めいたものと感じ、したがって、みずからを別のものと自認しながら、ふたたび現代の建築のなかに姿をあらわし始めているようにみえる。たとえばデコンストラクティヴィズム[*19]がそれである。

〈時・空間〉の背後には、指数関数的にふくれあがる都市的状況のダイナミズムというものが、おそらく直接的な影響としてあるのである。サンテリアのスケッチ[*20]と宣言[*21]とは、その率直な表明である。このことには、これまでみてきた建築とミンコフスキー的なものとの並行関係を損なうものはなにもない。逆に、ヘルマン・ミンコフスキーの数学的直観に、都市的現実の体験が影響していたと考えることさえできなくはない。数学と芸術における時代の同時性をいうのならば、現代という時代がまさしく都市的な時代なのだからである。

建築における〈時・空間〉は、現実感覚的には都市的状況、そしてその数学的表現

＊17　CIAM＝近代建築国際会議。一九二八年に発足。コルビュジエら近代建築の開拓者が集まり、二〇世紀前半の建築を方向付けた。一九五六年に若い世代の造反によって解散した。

＊18　ヴァン・アイクやルイス・カーンにより主張された。第4章参照。

＊19　第1章＊16参照。

＊20　本章1図、19図参照。

＊21　未来派建築宣言（一九一四）より抜粋「……あたかも、運動の原動力であるわれわれが、近代の機械的な手段を使いながら、そしてまた、近代生活の喧噪と迅速の中にいながら、しかも四、五世紀または八世紀前にその当時の要求のためにつくられた街に住むことが出来る。とでもいうかのように。」「未来派の都市を発見し、建設しなければならない—それは、巨大な、そうぞうしい造船所にも似て、どの都市をとってみても、すば

とも考えられるミンコフスキーの宇宙、こうしたもののイリュージョンを、三次元空間のなかにつくりあげるこころみであったのだ。このように考えると、ピラネージでは予感であり、〈時・空間〉の世代（フランク・ロイド・ライトやデ・ステイル）ではおもむろの始動であったものが、ここにいたって都市的状況の爆発に触発され、もはや〈時・空間〉世代をさえ退屈と感じ、奔馬《ほんば》のように猛《たけ》り狂い始めたのが、いわゆるデコンストラクティヴィズムではないか。

ダニエル・リベスキンド*22の都市計画のプロジェクト（22）は、既存の市街地をタイフーンのごとき動きのなかにひきずり込もうとするかのようである。数々のドローイング（23）は、サンテリアのスケッチと比較できる新しい都市的状況の表現とみえなくもない。それはもう、空間の相互貫入というようなお行儀のよいコンセプトで語れる種類のものではない。時間の概念が、歩行リズムの時間から、疾走《しっそう》する時間へと変わってしまったかのようである。ザ・ピーク*23やスティール・クラウド*24の衝撃もほとんど同質のものである。形態はゆがめられ、先鋭化され、重力の支配をぬけだそうとする宇宙時代の人間の叫びが、そのまま凍りついたかのようである。

コープ・ヒムメルブラウ*25の新しい作品（24）では、平面の完全な矩形《くけい》とは裏腹に、外形はいっさいの箱の存在を否定している。垂直の面は（構造の安定化より）非垂直面との対比物として、非構造的、分裂症的状況に加担している。圧観は不定形のガラスの泡に包まれたアトリウムである。この不安定な形は、周囲の落ち着いた街並に対して刺激的な快感をつくりだしている。内部をみると、ここにはさまざまな量塊が浮遊し、レム・コールハース*26の国立図書館計画案を思い起こさせるものがある。

やく、動きやすく、ダイナミックなものでなければならない。」

*22 ダニエル・リベルキンド（一九四六―）はポーランド生まれの建築家。

*23 第1章10図参照。

*24 第1章11図参照。

*25 一九六八年ウィーンにウルフ・ブリックスとヘルムート・シュヴィッツィンスキーによって設立。デコンストラクティヴィズムを代表するグループとして知られる。

*26 第1章12図参照。

22 ポツダム・スクエア・コンペ応募案、1991（ダニエル・リベスキンド）

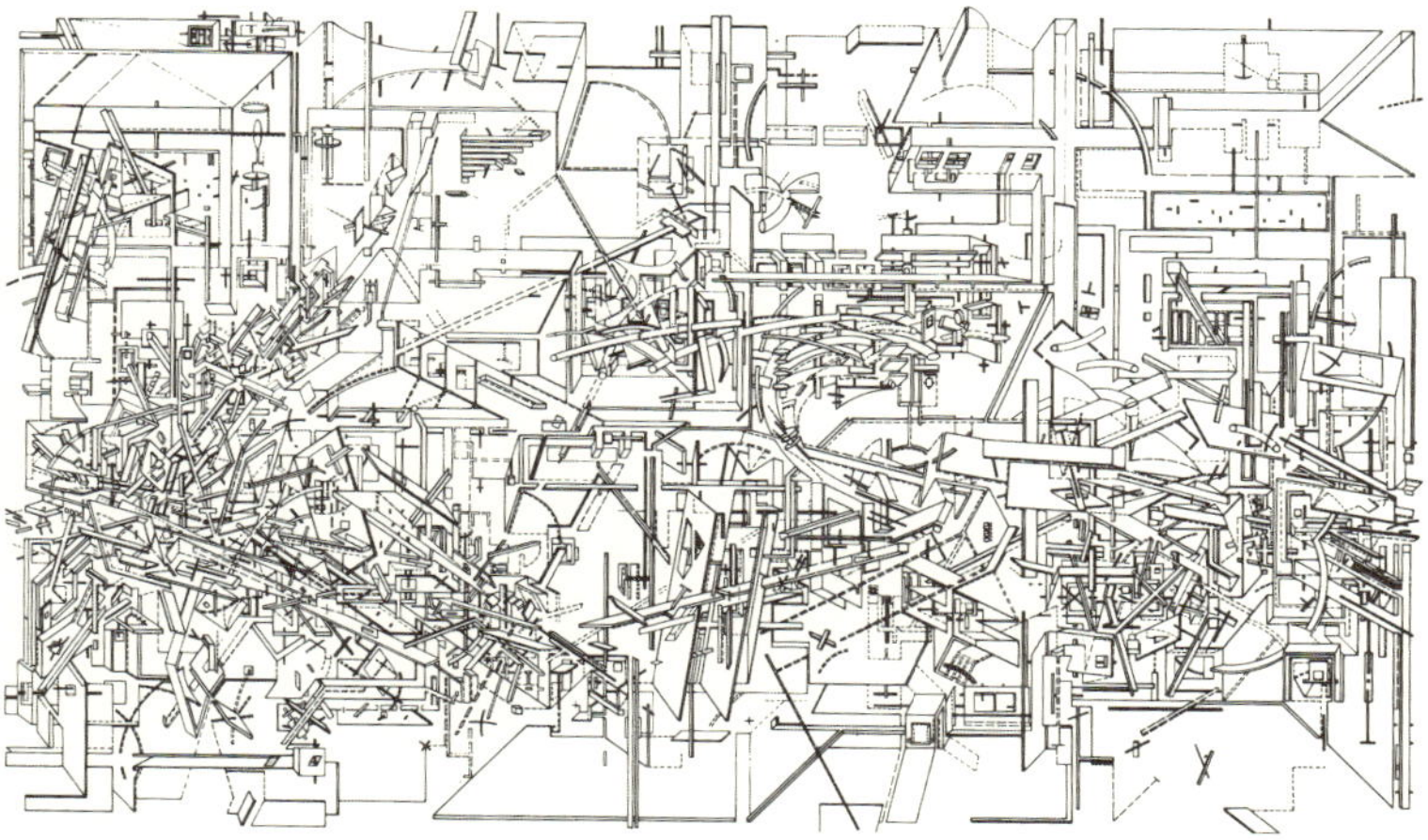

23 ダンス・サウンズ、1979（ダニエル・リベスキンド）

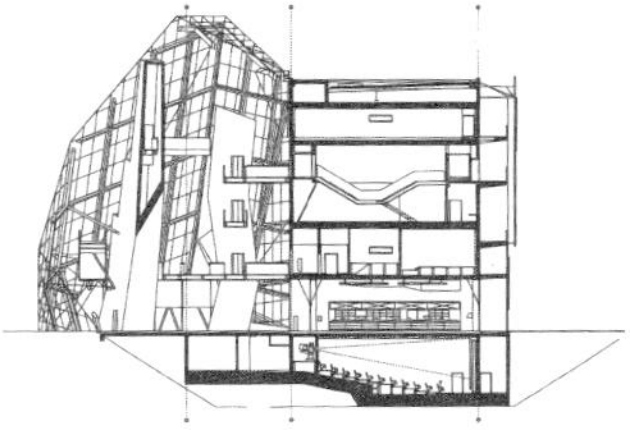

b

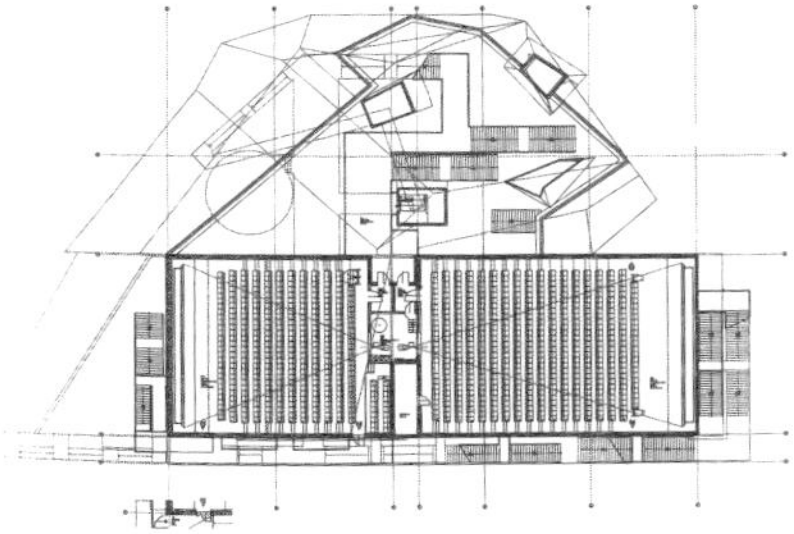

24 UFAシネマ・コンプレクス、ドレスデン 1993（コープ・ヒンメルブラウ）
（a）外観
（b）平面図と断面図
（c）アトリウム外観
（d）アトリウム内部

d

c

〈時・空間〉の新しい世代2

異様な量塊の建築家、フランク・ゲーリー[*27]に触れておきたい。ふたつの意味で、新しい〈時・空間〉的状況をつくりだしていると思われるからである。

フランク・ゲーリーはさまざまな要素的量塊を粘土細工のように自在にあつかい、結果として正面も側面もない、寄せ集められた積み木のような不整形の量塊をつくるのである。ここには、さきにみたような重力に反抗する激しい動きはみじんもない。しかし時間とのかかわりはあきらかに認められる。いってみれば、ねじ曲げられたシュプレマティスム[*28]だ。シュプレマティスムとねじ曲げの組合せが逆説的であるなら、その逆説こそがフランク・ゲーリーの造形の秘密である。うごきはふたたび緩《ゆる》やかになった。しかし、それにともなう形態変化の意外性は、（〈時・空間〉の世代とくらべて）いくそう倍にも増幅されている。そうしたやり方で、時・空間のイリュージョンは強化されているのである。これが、フランク・ゲーリーにおける〈時・空間〉の一つの側面である。ここではヴィトラ家具美術館（25）を示しておこう。

この美術館の内部に足をふみ入れると、もうひとつの〈時・空間〉的状況があきらかとなる。そこにはもちろん空間があるが、不可思議な方法でゆがめられ、ゆがめられながら連続する空間には、始まりも終りもなく、方向性や焦点というものもなく、ただ心おどる流動性のイリュージョンだけがあるのである。

レム・コールハースの新しい作品「ボルドーの家」（26）は、建築そのものの即物的な動きが空間の本質をなすという、きわめて稀《まれ》な例である。空間論的な意味でこれに匹敵《ひってき》しえるのは、日本の伝統建築のスライディング・ウォール・システムくらいの

＊27　フランク・ゲーリー（一九二九―）はカナダ生まれの建築家。ロサンゼルスに事務所を持ちアメリカを中心に活動。

＊28　シュプレマティスムについては第2章＊16、25図および本章3・2図参照。

ものだろう。
この豪邸は、自動車事故で身障者となった車椅子の主人の動きを中心に構成されている。その意味では、三層に重ねられた、それぞれがバリアフリーの床と、その間をいききするジャッキ式の家庭用エレベーターからなる、きわめて単純なシステムにすぎない。このシステムが、驚くべき建築的な状況を生みだしている。バリアフリーの徹底のためか、それともミース的空間を受けつごうとする建築家の意志のゆえか、この三層の建築物には、柱というものがほとんどみとめられない。なぜそんなことが可能となったか。このトリッキーな技術の正体をみきわめる楽しみは、読者のためにとっておこう。考えてみてほしい。

ここでのテーマは、なんといっても、うごく床と空間とにかかわる視点でなくてはならない。うごく床、つまりエレベーターは、三×三・五メートルの主人自身の「部屋」である。この「部屋」はうすぐらいエレベーター・シャフトにおさめられているのではない。この「部屋」と各フロアをしきるのは、一階から三階までとおしの一枚の壁であり、その壁には主人が必要とする本や芸術品や、そして一階ではワインセラー内のワインまでもがおさめられている。

「部屋」が上下するにともない、家の中には吹抜けが生じたり、あるいは吹抜けがふさがれたりする。すなわち、「部屋」が一つのフロアにとまってそのフロアに接続しているときと、別のフロアにあるときとで、フロアのプランとその動きはちがってくる。コールハース自身は、「エレベーターが動くたびに家の構成は変化する。この機械が家の中心なのである」[文6]と書いている。これはイリュージョンではない。

a

25 ヴィトラ家具美術館、1989（フランク・ゲーリー）
（a）外観
（b）内部

b

26 ボルドーの家、1999（レム・コールハース）
（a）外観
（b）断面図
（c）平面図
（d）吹抜けになった可動書斎部分

a

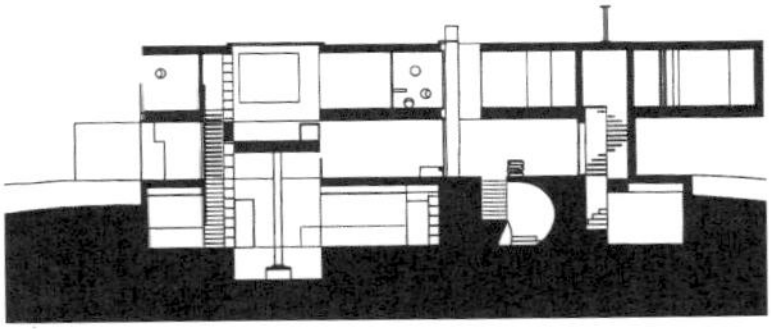
b

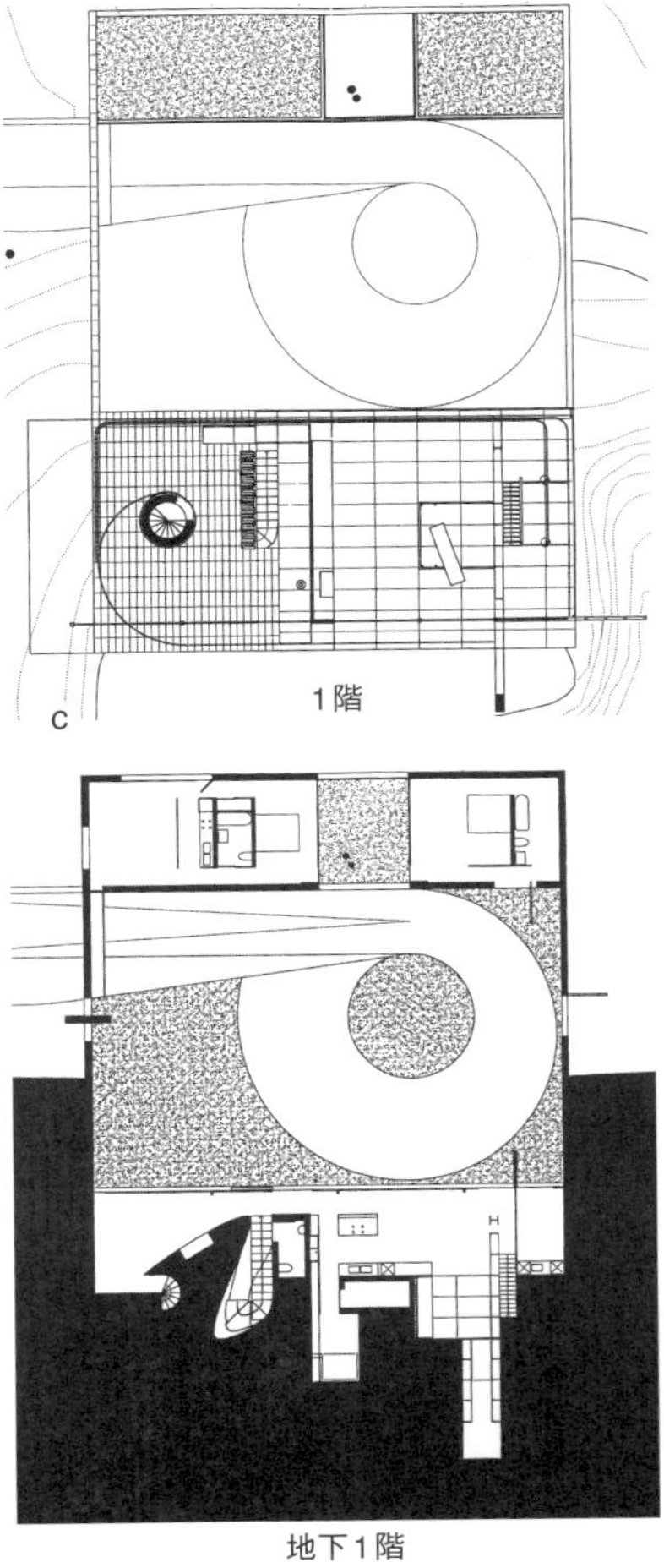

c

d

第4章 〈場所〉

〈場所〉は〈均質空間〉の対極をなす形式である。なぜなら〈場所〉は性格をそなえ、それによって心理的にほかから区別される空間だから。

〈均質空間〉が人を不安と退屈へとさそいがちなのに対して、〈場所〉は安心とやすらぎと精神的な喜びをもたらす。あまりに〈均質空間〉に片寄りすぎたと思われた世紀半ば、〈場所〉の再生によって建築はあらたな息吹をとり戻した。

閉じた宇宙

〈均質空間〉は、「いま」という限定、「ここ」という限定とは無関係に、はてしなく均質に広がる空間のイメージである。〈時・空間〉は、「いま」という時間の限定を空間体験と一体化し融合させようとする芸術家の必死なこころみから生まれた、現代に特有の動的空間のイメージである。それにたいして〈場所〉は、「ここ」に限定されている空間のイメージである。人はいつでも「ここ」を感じながら、あるいは感じられないことに不安をおぼえながら生きている。だから、〈場所〉は人にとってもっともなじみの空間イメージといえるかもしれない。

古代ギリシャの人びとや中世の人びとは、宇宙というものを、その境界にそって太陽がのぼってしずむ、まるいドーム状に閉ざされていると信じていた。一番外側のもっとも大きな「ここ」という場所を、そこにみとめていたのである。コペルニクスの地動説があらわれたあとでさえも、宇宙に関する有限の場所としてのイメージが損なわれることはなかった（1）。事情が変わるのは、デカルトとニュートンが天空を切り裂いて無限へと拡散させたときである[*1]。そのとき、近代という新しい時代が始まるのである。

ところで、古代ギリシャにおける空間についての考え方には、プラトンとアリストテレスの対立があった。プラトンにあっては、宇宙は火・土・水・空気によって満たされた充実体であり、空間は空気と同じものであるとされた。プラトン的宇宙の理念は、それら四つの成分の美しい幾何学的プロポーション（比例関係）からなる構成的全体像と考えられ、この考え方の建築への影響は、パルテノン神殿からルネサンスを

＊1　ニュートン力学はデカルトのカルテシアン空間にもとづくものであり、その後の時代の様相を一変させた。

＊2　古典主義と呼ばれる傾向で、安定した秩序、完成された表現、節度ある調和などを特色とする。

へて二〇世紀のモダニズムへとおよんでいる。[*2]（2）

一方、アリストテレスは空間についての新しい考え、つまり場所（トポス）の理論を展開した。アリストテレスの場所とは、ベルグソン[*3]によれば、「物体を取り囲むものであり、宝石が指輪の台にはめ込まれてあるように、物質は場所のなかに包み込まれて保たれているのである」[文1]。くわしいことはともかく、限定的な空間、それも大きさによって限定されるだけでなく、性質によっても規定される空間のイメージが提起された。その建築的なあらわれの初期における典型を、われわれはパンテオン[*4]の内部空間にみることができる。そこにはめ込まれた宝石は、いうまでもなく、閉ざされた天空そのものである。パンテオンのなかで人は宇宙を感じ、本来いるべき「ここ」の安心をえていたのだと思われる。

古代の建築は、未開の人びとの草ぶきの小屋でさえも天空のモデルであった（3）。子宮に包まれた胎児の平穏を思ってほしい（4）。これが人間にとっての最も原初の宇宙である。人間はいつでも自分のいるべき場所に包まれてあることを求める。かつての人びとは、それを閉じた天空のイメージに求めたのだ。子宮と天空とは比喩的には同じものである。建築の内部空間はその中間にあって、したがって、どちらとも同じものだ。空間についてのこのような考え方が、アリストテレスの場所の理論から可能となる。

天空が拡散し、均質な空間が世界をおおいはじめるとき、文明の進歩と同時に人間の不安が始まり、二〇世紀はその頂点をきわめる時代となった。場所の概念がふたたび復活しなければならない状況が生じてきたのだ。

＊3　ベルグソンについては第3章の＊2参照。
＊4　第1章3図参照。

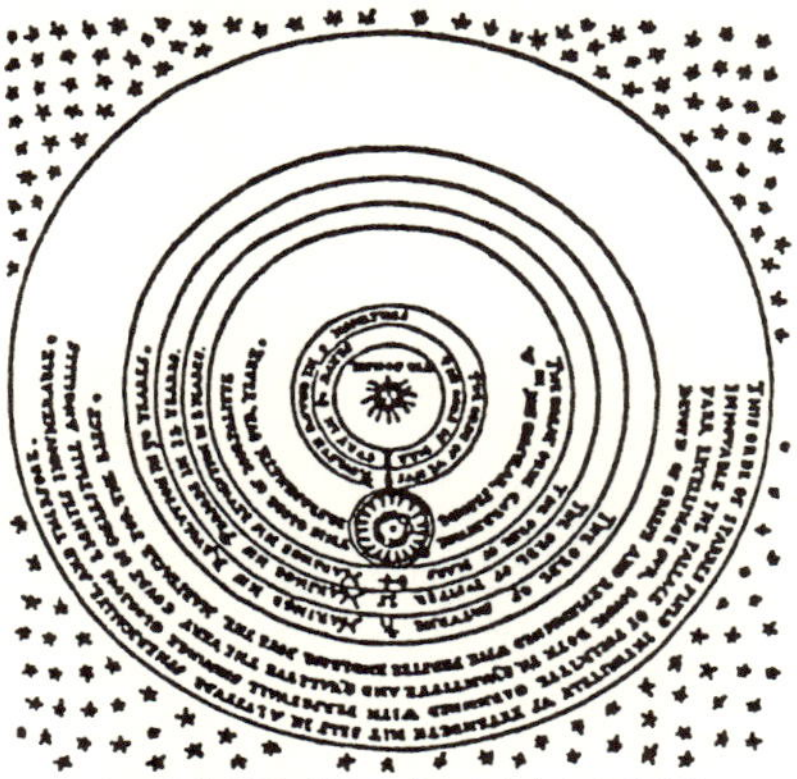

1 コペルニクスの宇宙図（「諸天球の完全無欠な記述」1576より）

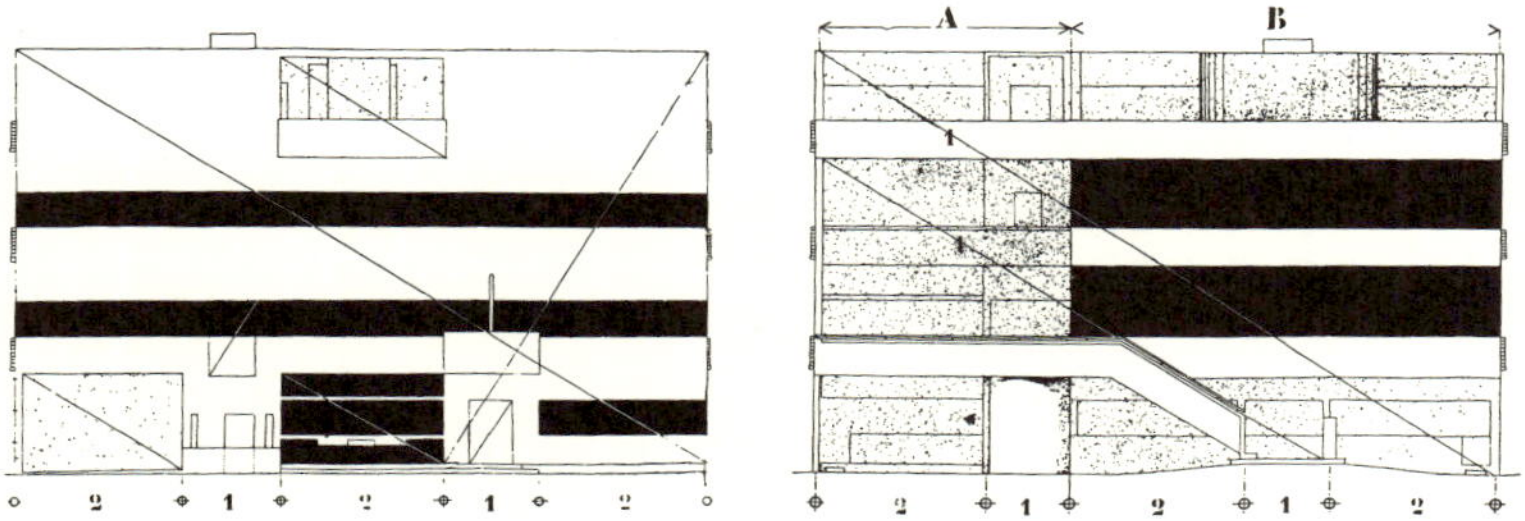

2 ガルシュの家（ル・コルビュジエ）のファサードにおける幾何学的秩序（コーリン・ロウによる）

3 ナイル上流ディンカ族の小屋（B.ルドフスキーによる）

a

b

4 幼児の胎内回帰的な遊び空間

反〈均質空間〉としての〈場所〉

一九二〇年代以降のヨーロッパ、とりわけドイツとフランスに大きな思想の波として起こった実存主義[*5]は、現代人の心のよるべなさを深くえぐって世界的なブームとなった。その場合の「心のよるべなさ」とはなにか。よくあるたとえによれば、砂漠に放り出された不安と怖《おそ》れの状態である。都市砂漠という言葉もある。それは荒廃や無秩序をいうのではない。むしろ逆に、原稿用紙のます目のように整然とととのえられすぎた世界の不気味さをあらわす言葉である。そのなかで人は方向を失う。そうした頼りなさが現代人の心の状態だというのである。われわれの言葉では、〈均質空間〉の悲劇とでもいうことになろうか。〈場所〉からひき離されているのである。たとえば、高層アパートの一室を、存在の安定をえるための〈場所〉とはなかなか認識しにくい（だから戸建て住宅をもとめる人が多い）。ハイデッガー[*6]やバシュラール[*7]やボルノー[*8]といった思想家たちは、人間の存在根拠としての〈場所〉の再発見や再構築を、現代人の不安への対処として論じたのである。

ボルノーは、実存主義的状況ののりこえを彼自身の思想のめざすものとした。ボルノー思想のキーワードは被護性（護られている感じ、安心感）である。被護性を求めてボルノーは、ハイデッガーの「建てること」「住むこと」あるいはサン・テグジュペリの「城砦[*9]」の方向に、ひとつの道筋をみだしている。「住む」とは自分自身の空間を生き生きと所有する仕方であり、ハイデッガーではそのことが「生きること」と重ねあわされている。「建てること」と「城砦」とは、ほとんど並行関係にあり、身を守り安心をえるための囲いを砂漠にうちたてることを意味する。これらを深く意識

＊5　実存主義は一般にキルケゴール、ヤスパース、マルセル、ハイデッガー、サルトル、メルロ・ポンティらの哲学をいう。人間は孤独な単独者として自己自身の存在に自覚的に関わり、つねに決断を迫られている主体的存在であるとする。

＊6　マルチン・ハイデッガー（一八八九―一九七六）はドイツの哲学者。ボルノーらを通じて建築思想への影響も大きい。

＊7　ガストン・バシュラール（一八八四―一九六二）はフランスの哲学者、詩的イメージの研究を飛躍的に深化させた。

＊8　オットー・フリードリヒ・ボルノー（一九〇三―　）はドイツの哲学者。実存哲学の超克を図る立場から希望の哲学を主張した。その場合の根拠は場所である。

＊9　サン・テグジュペリはフランスの作家。「城砦」の中で次のように記述している。「私

しつつ、ボルノーは次のように書く。

「安らぎのない永遠に駆り立てられた旅人である人間は、旅の半ばで歩みを止めて自分のために『わが家』を建てることを学ばなければならない。[文3]」

安らぎのない永遠が強いるのは、均質な時間と空間の不安である。「わが家」を建てるというのは、〈場所〉をえることのすすめである。

近代人の不安は、結局は、閉じた宇宙が無限へと拡散したことに由来《ゆらい》するのであるから、近代という時代に幕をおろして新しい時代に向かって一歩を踏み出すために、人はふたたび〈場所〉をえることを学ばなければならないと、ボルノーはすすめるのである。

このすすめが建築の世界で明瞭なかたちで受けとめられるのは、一九五〇年代以降のモダニズム批判においてである。宣言は、アルド・ヴァン・アイク[*10]とルイス・カーンによって発せられた。ちなみにヴァン・アイクは、人間的な「場所」を絶対的な空間から区別しつつ次のように書いた。空間が場所になるための条件は失われている。すべてはつくることから始めなさい。それを場所に、それぞれの家と都市を一群の場所にしなさい。家は小さな都市で、都市は大きな家なのだ。[文4]

当時のヴァン・アイクの作品としては、ゾンズベック公園の彫刻館（5）、子どもの家（6）、プロテスタント教会計画案（7）などが知られており、〈均質空間〉への反抗の模索《もさく》の様子がみてとれる。最近ではESTEC[*11]の建物（8）がある。

カーンは性格的な空間としての〈場所〉をルームとよんで、その後の建築界にもっとも大きな影響を残した。

は都市の建設者である。私はこの地に、わが城砦の礎を築こうと決意した。私は歩みゆく隊商を繋ぎ止めた。それは風の中の種子を運び去る。だが私は、それら西洋杉を神の栄光のために繁らせんとして、風に抗い、種子を地に埋める。」「なぜなら、私はまず住まうものだからだ。おお、城砦よ、私の住まいよ、私はおまえを砂の意図から護るだろう。[文2]」

＊10 アルド・ヴァン・アイク（一九一八― ）はオランダの建築家。

＊11 European Centre for Space Research and Technology.（スペースリサーチおよびテクノロジーのヨーロッパセンター）オランダ、一九八九完成

5 ゾンズベック公園の彫刻館、オランダ
1966（アルド・ヴァン・アイク）

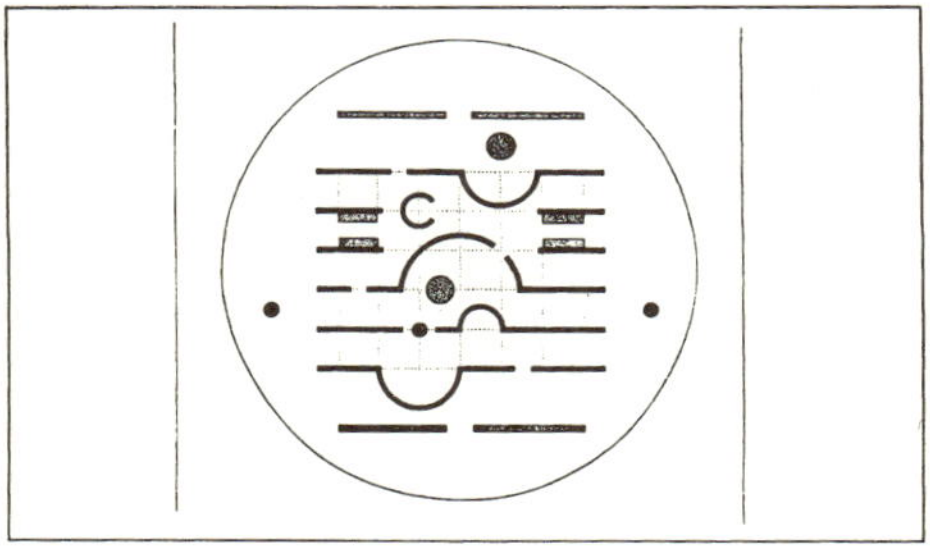

6 子供の家、オランダ 1960（アルド・ヴァン・アイク）
（a）全景
（b）プレイグランド
（c）断面図

a

b

c

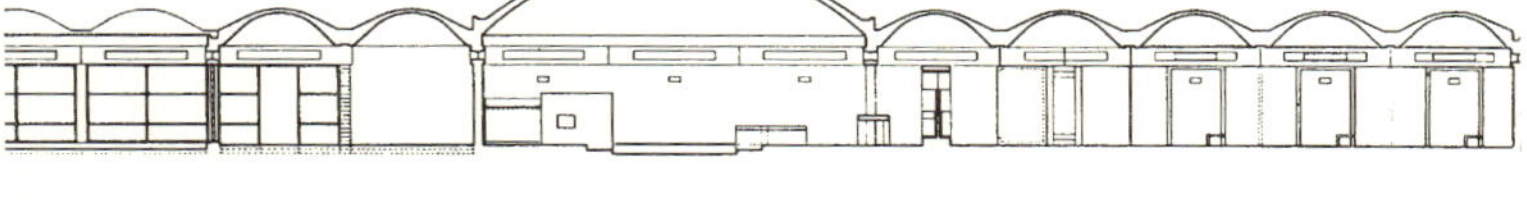

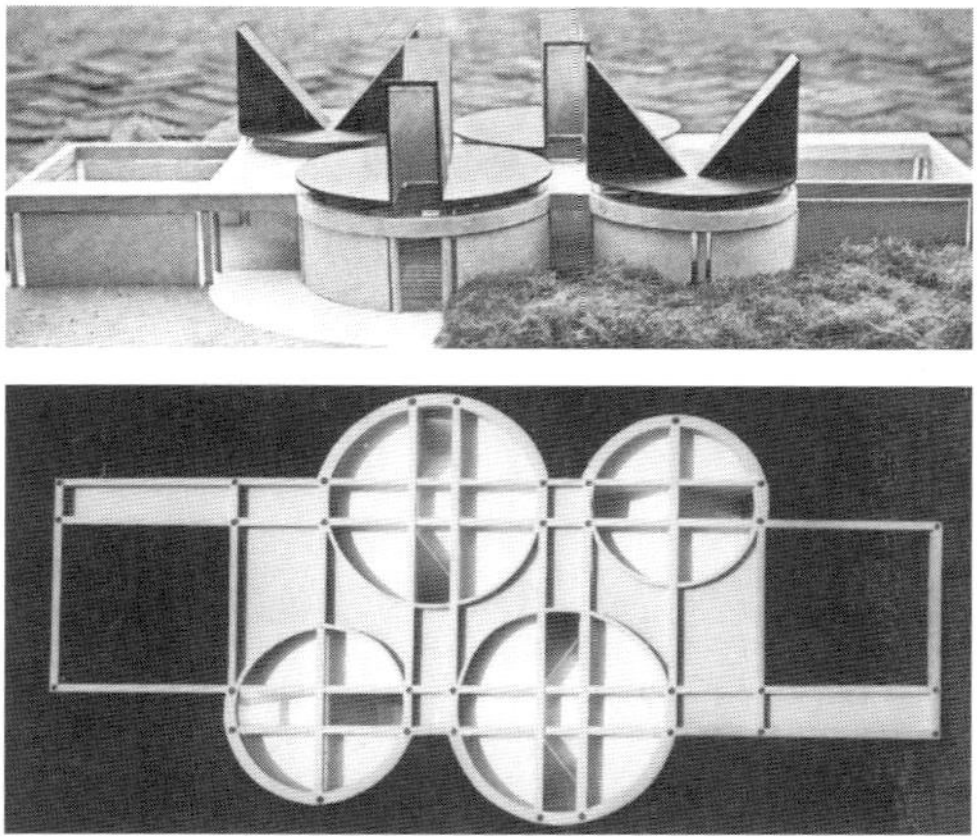

7 プロテスタント教会計画案、1964（アルド・ヴァン・アイク）

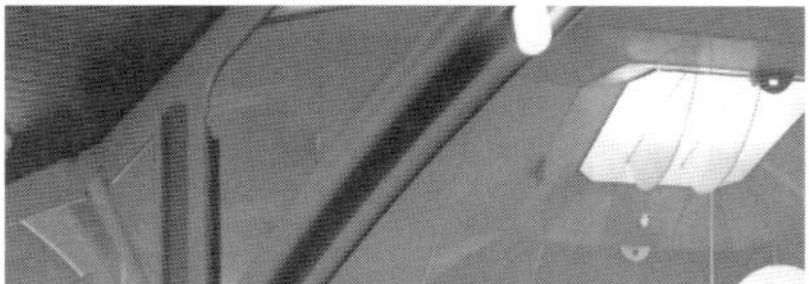

b

a

8 ESTEC（スペースリサーチおよびテクノロジーのヨーロッパセンター）、オランダ 1989（アルド・ヴァン・アイク）
（a）全景
（b）内部
（c）断面図

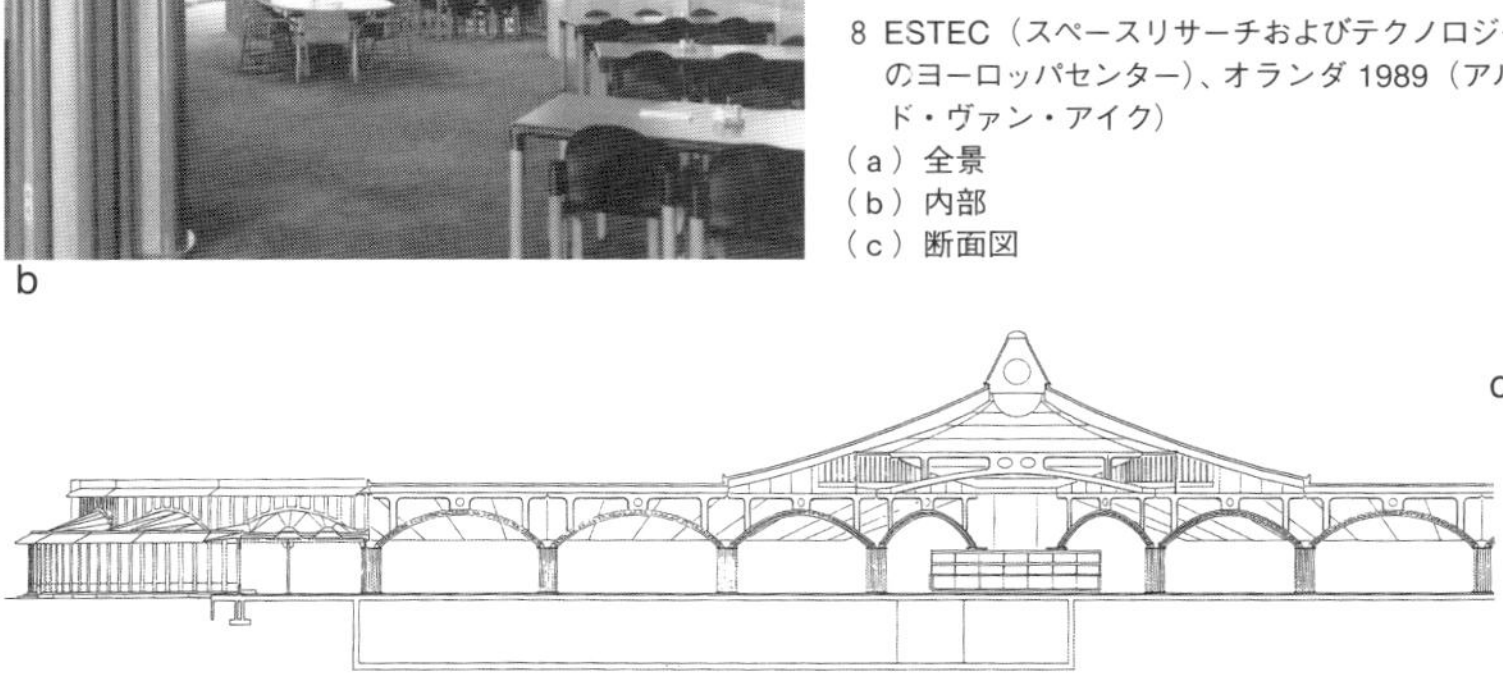

c

カーンのルーム

ルイス・カーンの建築のめだった特徴は、いくつもの独立の空間をくみ合わせて全体にしていく分節的な空間のつくり方にある。〈均質空間〉に多かれ少なかれ影響されたそれまでの箱型の建築には、まったくなかった新しい傾向である。こうした方法の背後には、ルイス・カーンの深い考えが隠されている。

「ルームをつくることから建築は生じる」[*12]とルイス・カーンはいう。ここでルームとは、ふつうの意味で部屋を意味するのではない。もちろん部屋だってかまわないが街路や広場だってルームでありえる。重要なのは精神が仲立ちをする空間であることだ。たんに物理的な広がりではない。「ルームは心の場所である」。だから、共同的な心によって街路や広場はルームとなりえる。「天空は広場の屋根である」。そしてその延長において、つまり共同的な心によって、集会場や駅舎のような建物もルームとなりえる。

住み、働き、学ぶためにふさわしいルームがある。それは人間がなしたいと願うものを表現し、生活のしかたに秩序だった形式をあたえる。そしてまた、ルームは人の心に世界をもたらす。「小さなルームでは、人は大きなルームでと同じことを話さない。」「ふたりの間に交わされる思いはルームが異なれば異なったものになる」。ルームは心の場所である。そしてそれが心の場所であるために、ルイス・カーンは光に特別の役わりを感じている。「あなたのルームを訪れるのはどのような光でしょうか」。ときにはそれは暖炉の火が燃える光でもありえる。しかし、「自然光がなければルームとはいえない。自然光は一日の時間と、訪れる季節のムードをおしえ」てくれるの

*12 ルイス・カーンには同じことを繰り返し述べる傾向があった。この節での引用はさまざまな講演記録やメモの断片からとったものである。

である。

こんな風にルームを理解したうえでふたたび冒頭のカーンの言葉にもどろう。ルームは建築の始まりであり、建築はルームの集合体なのである。分節的なルイス・カーンの建築の背景には、このような独特の考え方が横たわっている。

ユダヤ・コミュニティ・センター浴場（9）はきわめて小さな建物だが、ルームを具体化する初期の作品として重要である。リチャーズ医学研究所[*13]では、人のための自由な空間と設備空間（サーバント・スペース）の分離[*14]による、独特の形態が話題をまいた。ファースト・ユニタリアン教会（10）において、ルイス・カーンはその後にひき継がれるルーム建築の手法を確立した。そして、大きなルームにおける美しい光の処理を実現し、「ルームの何が素晴らしいかといえば、開口部から差し込む光がそのルームの一部だということである」という考えを遺憾なく表現した。

ソーク・インスティテュートでは、天空を屋根としていただき、太平洋にむかって開かれた驚くべきコート（中庭）に注目しよう（11）。ルイス・カーンはコートについてこう語っている。「コートは、人との出会いの場であると同時に心が出会う場所である。……あなたはコートに現実の結びつき以上に、精神においてより一層結びつけられるのである」。美しい住宅、ノーマン・フィッシャー邸（12）は、小さなルームの例である。リビング棟と寝室棟が分離され、前者は小川に並行に、後者は朝日にむかって配置された。フィリップ・エクスター・アカデミー図書館（13）では、ホールの大きなルームと読書のための小さなルームがそれぞれ印象的な〈場所〉として入念にデザインされた。

＊13　第2章32図参照。

＊14　ルイス・カーンは人が生活するための空間とそれを支えるサーバントとしての空間を分離することを設計方法の一つとしていた。それを明確に示した最初の作品がリチャーズ医学研究所である。

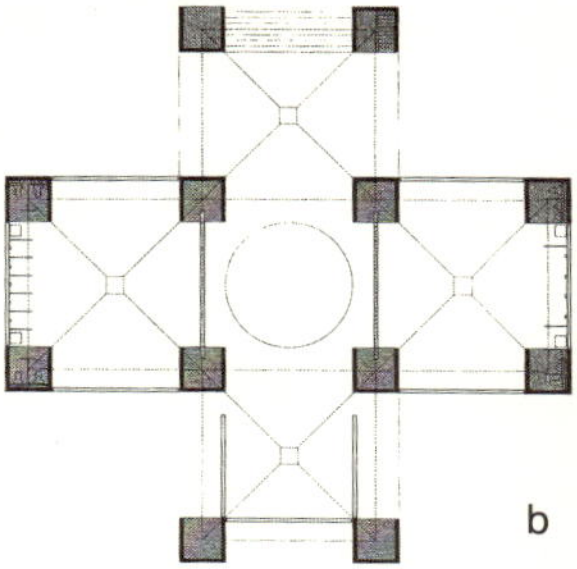

b

a

9 ユダヤ・コミュニティ・センター浴場、ニュージャージー 1959（ルイス・カーン）
（a）外観
（b）平面図

b

a

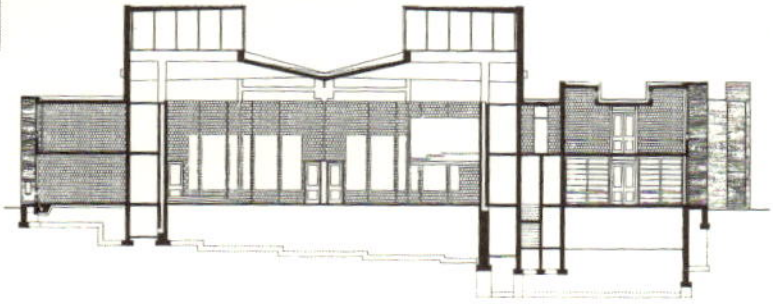

c

10 ファースト・ユニタリアン教会、ロチェスター 1963（ルイス・カーン）
（a）外観
（b）集会室内部
（c）断面図

b

a

11 ソーク・インスティテュートのコート、ラヨラ 1965（ルイス・カーン）
（a）一筋の水路が太平洋を臨む方向に流れる。床はトラバーチン。
（b）海側から見る。水路が流れ落ちる滝がある。

b

a

12 フィッシャー邸、ペンシルバニア 1960（ルイス・カーン）
（a）外観
（b）居間のコーナー・ウィンドウ　左側に暖炉がある

a

13 フィリップ・エクスター・アカデミー図書館、エクセター 1972（ルイス・カーン）
（a）外観
（b）中央ホール　入り口を見おろす
（c）周縁部にとられた読書コーナー

c

b

おもしろい〈場所〉

モダニズムの建築は、ミース風であるにしろデ・ステイル風であるにしろ、なにか観念的なものへの接近をめざしている。昔ならば、建築空間が観念的であるのは宗教建築くらいのもので、生活のための建物は人間に基礎をおいていたものだ。つきなみであり、あたりまえであり、親しみ深いものだった。

ルイス・カーンの教え子の中から、現代建築にこうした人間くささをとり入れることを主張する建築家たちがあらわれた。ロバート・ヴェンチューリ[*15]とチャールス・ムーア[*16]である。ルイス・カーンはたしかに近代建築を変え、空間の性格というものを明確にし〈場所〉の建築を創りだしたけれども、それでもルイス・カーンの建築はあまりにおごそかにとぎ澄まされていて、あたりまえではないと、彼らは感じたようである。彼らにとって建築が〈場所〉的であるのはもはや当然のことであった。そのうえで、建築はもっとあたりまえで、もっと親しみやすく、もっとおもしろくあるべきだと考えたのである。おもしろいというのは芸術的に程度が低いことではない。ヴェンチューリとムーアはまぎれもなく秀れた芸術家だ。彼らが求めたのは親しみやすさをともなう詩なのである。

ヴェンチューリは、有名な著作の冒頭に「私は建築における多様性と対立性とを好む」[文5]と書いている。いろいろの要素が混ざりあい相互に対立関係にある方が刺激的で好ましいというのである。この考えはモダニズムの純粋主義（ピューリズム）とまっこうから対立するものであり、その後のポスト・モダニズムの原点となった。しかしヴェンチューリはただ形の奇抜さを狙ったわけではなかった。端的《たんてき》にいえば人間的な

＊15　ロバート・ヴェンチューリ（一九二五―　）はアメリカの建築家。一九六四年ヴェンチューリ・アンド・ローチ事務所を開設。

＊16　チャールス・ムーア（一九二五―一九九三）はアメリカの建築家。

ものにたち返ろうとしたのである。高尚と卑俗、記憶と夢想、厳粛さと軽薄さ、貴重なものとつまらないもの、古いものと新しいもの、そうしたさまざまの矛盾と対立をない混ぜにしたのが人間というものの現実であり、その本来の姿をすなおに、しかも刺激的にあらわす建築（ヴェンチューリは「ひとひねりした建築」といういい方をしている）が、人間が住むにふさわしい〈場所〉となると考えるのである。ここではコロラドの山荘（14）の場合を示しておく。三角屋根が住宅の親しみやすさを表現している。しかし、大きすぎる半円窓や、きのこのようにもみえる形姿の全体からは、ふつうのようでいてふつうでないもの、つまり「ひとひねり」のおもしろさがかもされている。

ムーアの建築はさらに自由であり、ときには異様にさえ感じられる。しかし根底にある思いはヴェンチューリと共通しており人間固有の要求や願望にふかい関心を示している。そして建築を人間中心の〈場所〉として成功させることに関心をはらう。その目的のためにムーアはエディキュラ（小さな祠《ほこら》）による空間構成法を発明した。それはあずまやのようなものであり、これを建築の内部に点々と配置するのである。公園のあずまやの安らぎを求めて人々はそこに集まる。この関係を建築の中にもち込むのである。そうして〈場所〉の複合体としての内部空間をつくりあげる。しかし外観には傾斜屋根をもつ家らしい家の姿がみられるだけだ。その構成法は一九六二年のジョブソン邸（15）ですでにあらわれ、オリンダのムーア邸（16）では四本柱のエディキュラが二つおかれ、ジョンソン邸（17）では八角形になり、ニューヘヴンにある自邸（18）では階を貫く三つの筒状のエディキュラになった。[文6]

14 コロラドの山荘、1975（ロバート・ヴェンチューリ）
（a）全景
（b）立面図

b

a

a

15 ジョブソン邸、カリフォルニア 1962（チャールズ・ムーア）
（a）外観
（b）アイソメトリック図

b
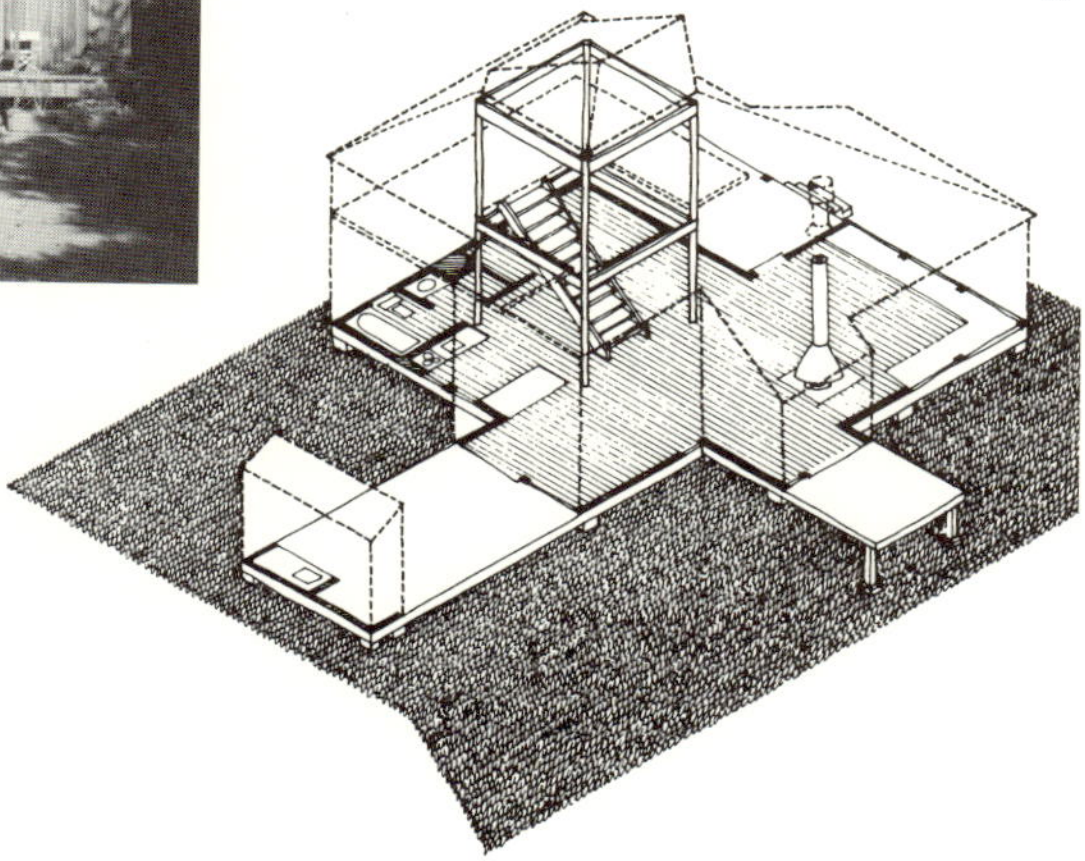

a

b

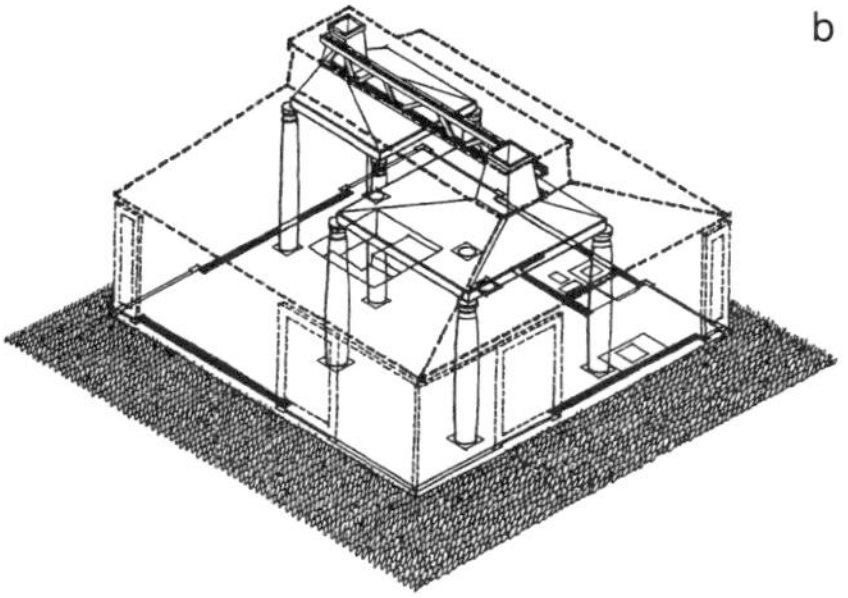

c

16 オリンダのムーア邸、1962（チャールズ・ムーア）
（a）外観
（b）アイソメトリック図
（c）浴場のエディキュラ

b

a

17 ジョンソン邸、カリフォルニア 1966（チャールズ・ムーア）
（a）平面図
（b）居間

b

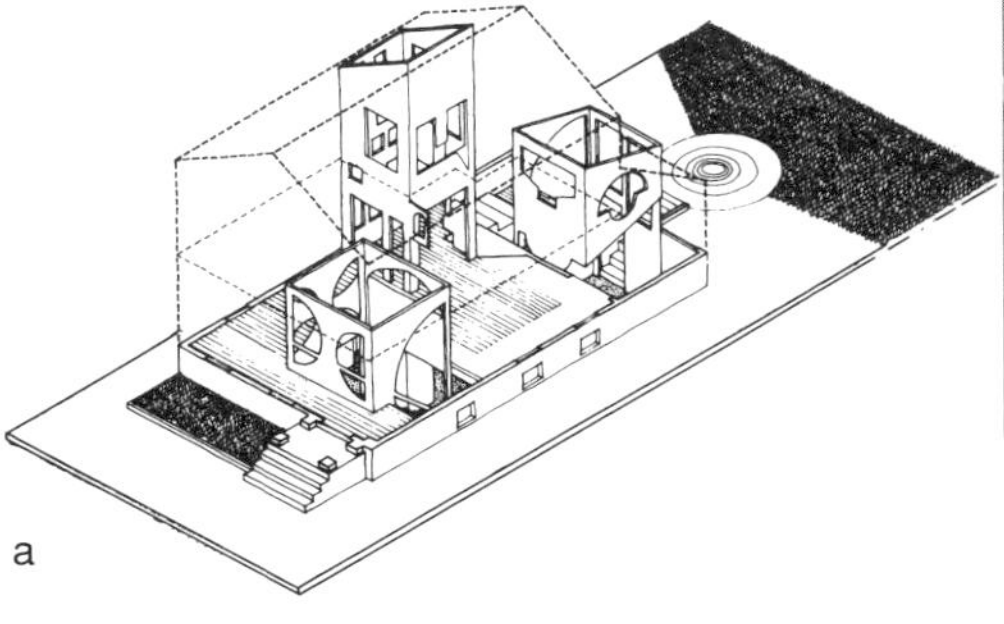

a

18 ニューヘヴンのムーア邸、1966
（a）アイソメトリック図
（b）内部

部屋と領域

　ルイス・カーンよりも以前の世代の近代建築の巨匠たちの中では、唯一《ゆいいつ》フランク・ロイド・ライトが、問題意識の中心部に〈場所〉を（〈場所〉もというべきか）すえることのできた建築家である。それではカーンの建築は、ライトの建築の影響下にあったり、あるいはどこか似ているところがあるだろうか。ほとんどそれはみとめられない。[*17] ルイス・カーンはルームという魔法の箱を作った。つまり〈場所〉を箱の中に閉ざした。一方、フランク・ロイド・ライトは箱を壊《こわ》したのである。[*18]

　ライトの住宅建築は、有名なオープンプランによって特色づけられており、けっして閉鎖的ではない。箱は壊されているのである。そのなかで、ライトはどのようにして〈場所〉をえることができたのだろうか。そのことを理解するために、ここでは「領域」という考え方を導入したい。

　ルームという語には空洞のニュアンスがともなう。覆われ囲われているのである。これとは別に、〈場所〉のうちには、目に見える境界をともなわないものがある。たとえば、ある種の動物にみられるなわ張りは、目には見えないなんらかの方法ではっきりと境界づけられている。境界をこえるとなにか感じが変わるのであろう。似たことを、我々は街のなかで経験する。銀座の繁華街から日比谷を抜けて霞ヶ関に入ればあきらかに〈場所〉が変わったと感じる。しかし、壁があるわけでもなし、はっきりとした境界は存在しない。ここで「領域」と呼びたいのは、このような意味での〈場所〉である。

　ライトの空間は、壁の囲いとしては開放的だが、領域としての分節化がさまざまに

＊17　ユニティ教会（ライト）とファースト・ユニタリアン教会（カーン）の類似に注目する人があるかもしれないが本質的な類似とはいえない。

＊18　第3章3・4参照

なされた空間である。まず、注目すべきは、かならず、中心をなす〈場所〉が一つの領域として存在していることである。その領域は、暖炉を囲むかたちで形成される。ライトは「どっしりとした組積壁の奥で燃えるあの炎を見ていると、実に心が安まる思いがする」[文7]と語っている。この安らぎの〈場所〉こそが、ライトにとって、すまいの核心をなすものである。ライトの住宅で暖炉のそばに座れば、人は、文字どおりあたたかい空間体験にひたる（19）。こうした中心の力によって、ライトの空間は開放的でありながら、そこにしっかりと根をおろした安定感を獲得する。この安定感はミース・ファン・デル・ローエやル・コルビュジエのオープンプランにはみられないものである。

暖炉まわりのほかにも、さまざまな領域を見出せる。食事にふさわしい領域もある一方、団らんにふさわしい領域がある。また、単なるすみっこにすぎない領域もある（20）。それらは視覚的には連続した空間でありながら心理的には分節化されている。ライトはそのためにさまざまの手法を用いている。たとえば、居間と食堂の床だかを変えている場合もある。マーチン邸（21）では、中央に居間をはさんで、書斎と食堂が正面に面しているが、それぞれの空間は柱で仕切られているだけなので図面[*19]上は一つの大きな部屋のようにしかみえない。ロビー邸[*20]では居間と食堂は、中央の暖炉で、細長い大きな部屋の右と左に分けられているにすぎない（22）。タリアセンの食堂は居間の一隅とみえながら、その部分だけひときわ天井が高く、天窓からの光を受けて儀式的に整えられた異質な空間になっている。その脇の暖炉の部分は逆に天井が低く静かな団らんにふさわしい落ち着きをそなえている。[*21]

＊19　第3章11図参照。
＊20　第1章8図参照。
＊21　第3章12図参照。左側の正面が食卓、右寄りが暖炉。

19 タリアセンの居間　ライトの右にノイトラと土浦亀城夫妻がいる

20 タリアセン・ウェストの居間の一隅

21 D.マーチン邸の居間からダイニングをのぞむ、バッファロー 1904（フランク・ロイド・ライト）

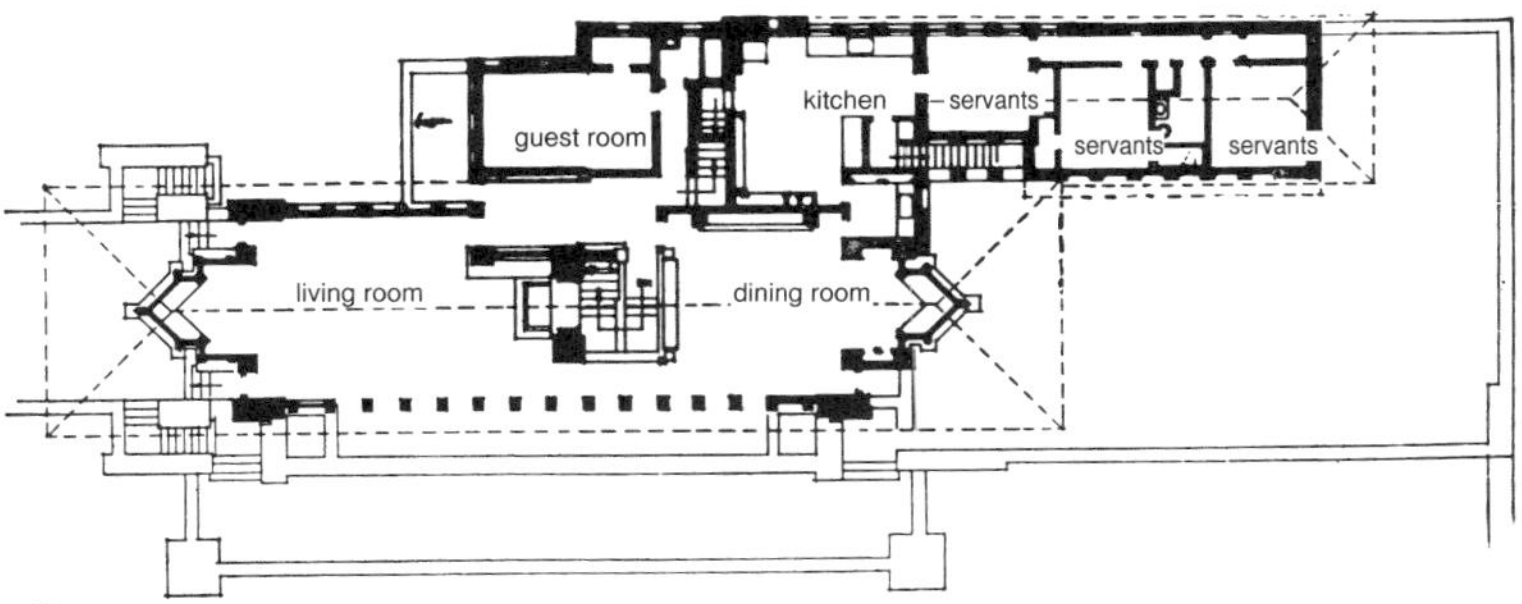

a

22 ロビー邸、シカゴ 1909
（フランク・ロイド・ライト）
（a） 2階平面図
（b）リビング・ルーム

b

ゲニウス・ロキ

カウフマンの所有する広大な森林を歩きまわりながら、ライトはカウフマンに「君はどこに座りたいのかね」とたずねたそうである。カウフマンは眼下に滝と谷をみわたせる大きな岩を指さした。その岩が、有名な落水荘（カウフマン邸[*22]）の中心である暖炉の炉床となった（23）。なんとも感動的な話しである。

この逸話は、ライトの建築におけるもう一つの〈場所〉の側面をあからさまにしている。それは、建物がたつまさにその土地との関係から生まれる。土地には二つとして同じ条件のものはない。高台の土地は見晴らしがよく、谷あいの土地はおちつきがえられやすい。こうした土地のそなえる性格を生かすも殺すも、建築するものの手にかかっている。ライトは、建物をたてることで、その土地の良さをひきだし、その特性をますます鮮明にすることにたけた建築家であった。

ゲニウス・ロキという言葉がある。古代ローマ人の信仰によれば、あらゆる存在はそれ固有のゲニウスつまり守護霊をもつという。場所もやはり守護霊をもつ。彼らにとって、彼らが生活するその場所の守護霊（ゲニウス・ロキ）とおりあうことはだいじなことであった。[文8] この考えは現代にもつながる。ライトの建築はゲニウス・ロキとうまくおりあい、協力関係をうちたてることでそれをさらに強化する。落水荘は、もっともよい場所に位置する岩に中心をすえて、テラスをバランスよく張りだし、それとの関係で滝と谷の美しさを劇的なものにしている。

シーランチ・コンドミニアム（24）は、カリフォルニアの海をのぞむ海岸段丘の最前線に立つセカンドハウス群である。建築家のチャールズ・ムーアと景観デザイナー

＊22 第5章17図参照。

のローレンス・ハルプリンは、土地の特徴と、年間をとおしての気象変動を明確に記述し、これにもとづいて建築形態のアウトラインを定めていった。この土地は、落水荘のロケーションとはまったく異なるとはいえ、違った意味で個性豊かな性格をそなえている。ゲニウス・ロキは海からの北北西の強い風に乗って、固い岩肌をなでながらやってくるかのようである。これとのおりあいをつけるためには、建物は、岩肌そのものの一部になってしまうよりほかにない。こうしてコンドミニアムは、段丘にしがみつくようにして建つことになった。ななめの屋根のシルエットと、凹凸はげしい壁のあらあらしいテクスチュア。建物の写真の視覚的刺激からさえ、風のうなりと海鳴りの底ぶかい音が聞こえてくるように感じられはしないか。ゲニウス・ロキは強調され、自然の〈場所〉と人間の協同作業が、ここでもやはり、詩的な興奮をつくりあげることに成功している。一方で、風から守られた優しく静かな中庭をつくることも忘れてはいない。

ラルフ・アースキン[*23]は、かつて北極都市の計画を作成した（25）。雪と氷の南斜面に浅いボール状に形成されるこの都市は、住居によって構成される厚い壁で城壁のようにとり囲み、北極の寒気に背をむけ、敵対的にこの土地のゲニウス・ロキとおりあいをつけている。その一方で、ボール状の内がわにはできるかぎりの太陽熱をとり込むことができる。この手法は、のちにバイカルのスラム再開発で実地に活用されることになる（26）。壁の外で風が吹きあれ木が曲がっているときでも内がわでは木に花が咲いている。アースキンは、すすけたスラムに新しいゲニウス・ロキを招きよせ、土地を生まれ変わらせた訳である。

＊23　第1章＊31参照。

23 落水荘（カウフマン邸）の暖炉の炉床となって床にむき出しになっている岩

24 シーランチ・コンドミニアム、カリフォルニア 1965（チャールズ・ムーア）
（a）遠景
（b）配置図
（c）中庭

c

a

b

25 北極都市の計画、1958（ラルフ・アースキン）

26 バイカルのスラム再開発、イギリス 1969-1981（ラルフ・アースキン）
（a）配置図　黒い部分が都市壁となる高層住宅
（b）高層住宅の北側の壁面
（c）高層住宅の南側の壁面

b

a

c

象徴空間としての〈場所〉

さきにも述べたように、古代の空間は天空のモデルであった。中世寺院はキリスト教世界を生きる人々の神の国への憧れをあらわしていた。いずれの場合も、現実をこえた世界との交歓《こうかん》のための〈場所〉であった。そうした空間のあり方というものは、すでに過去のはなしであって、現代のわれわれには無縁なことだろうか。たしかに宗教ということをいうならば、人間が宗教を生の中心にすえる生き方に決別《けつべつ》してすでに久しい。しかし、もっと広く考えるなら、現実を抜けだしなにか未知なものに向って広がる人間の心の世界がわれわれと無縁となってしまうことなど、金輪際《こんりんざい》ありえないことである。[*24]

そうした心の世界、それを夢や憧れあるいは感動とよんでもよいが、そういった精神的で本質的なものを、人は表現し味わうことをとおして、人生のはりや緊張へとつなげることができるのだし、社会的には精神文化が花開くのである。建築の空間が、もっぱらこうした意図によってつくられる一面がいつの時代にもある。宗教が重要な時代には、宗教的空間のなかにその結実《けつじつ》をみるのである。一方、たとえば日本の茶室は宗教的建築ではないが、それでも、その質素で身のおきどころもないほどの狭さのなかに宇宙をもたらす、そうした精神的営みのためにつくられた空間である(27)。ここでの「精神的営み」を象徴という言葉でいいあらわしてもよい。象徴とは、とらえがたいなにかを代理するなにかでおきかえる作用をいう。茶室は、宇宙の全体あるいは全自然界あるいは無限を象徴する空間であった。しかし、それもかつての話にすぎない。このような意味深い〈場所〉を現代において存在させることははたして可能

＊24　ただし現代という時代の心の世界はかつての時代のように象徴として表現にのせることはできない。＊26、27参照。

なのか。この問題に挑戦した建築家は篠原一男であった。

日本の一九六〇年代といえば、高度経済成長にわき、人々の心は物質へ物質へとむかっていた時代である。建築界は合理性を求め、消費社会に迎合《げいごう》したメタボリズム[*25]が活躍した時代でもあった。そうした流れに背をむけるかたちで、篠原一男は「非合理的なもの」「永遠なるもの」を求めて小さな住宅作品をこつこつとつくり始めた。

当時の篠原一男の作品にはいわゆる日本的雰囲気がつよい。しかし、日本的というとふつうは開放的な空間でありがちだが、篠原はそれを閉ざした。内部空間を発見したといってもよい。象徴性を意図したルームを、いわば開発したのである。

象徴性の〈場所〉としての篠原一男の最初の印象的な作品は「から傘の家」(28)である。一六坪強の小さな家だが全体がただ一つの空間として表現され、その空間がある想いによってふくらむように感じられる。篠原一男によればそれは「生きるということ」への想いである。「花山の北の家」(29)と「花山の南の家」(30)では、日本の民家の空間を、そのままというのではなしに高度の抽象化をとおして美しく再生させた。「鈴庄さんの家」(31)では自然との関係がテーマにとり込まれる。「高い天井と壁そして床の白によってつくられる空間が西の海と東の山の斜面からの光によって刻々と変化をしていく。光と影の立体がここでは私の主題であった」。

ところで、抽象度はますます高まるとはいえ、このころまでの篠原一男の空間は、なんといっても「日本的なるもの」をただよわせている。日本的な感性の象徴化である。その後篠原一男はその地点から離れていくと同時に、象徴的な空間そのものから離れていく。

＊25　メタボリズムは一九六〇年代にわが国で起こった建築思潮。都市や建築を変化するダイナミックな過程ととらえ、機能的要素の変化にともなって機械部品のように取り替え可能なシステムとしての建築を主張した。菊竹清訓、黒川紀章らが中心。

27 茶室「如庵」の内部

a

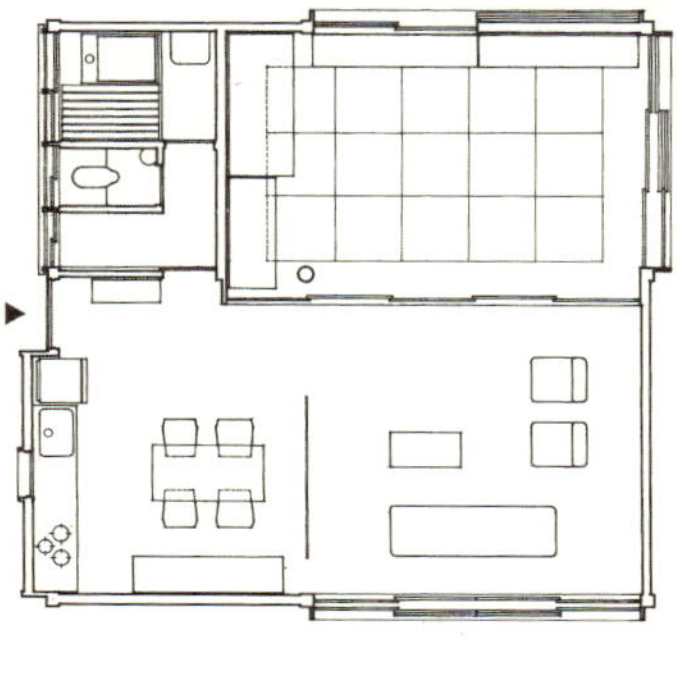

b

28 から傘の家、東京 1961（篠原一男）
（a）居間から畳の間を見る
（b）平面図

a

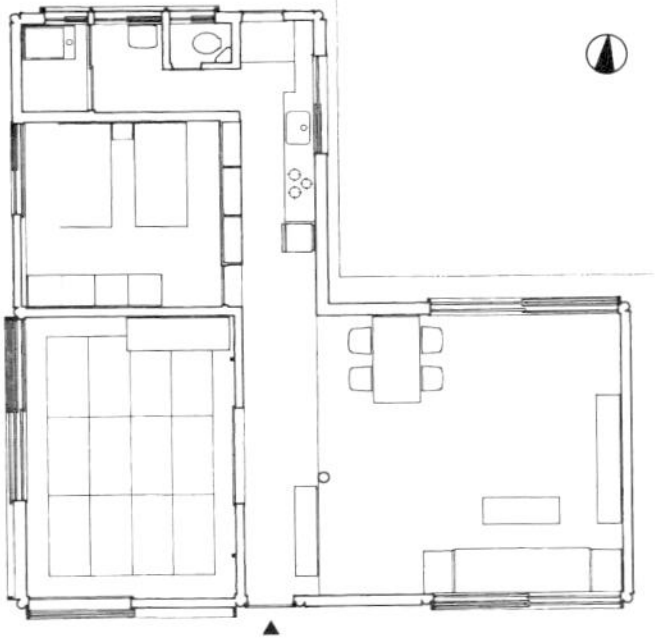

29 花山北の家平面図、神戸 1965（篠原一男）

b

30 花山南の家、神戸 1965
（篠原一男）
（a）平面図
（b）リビンク・ダイニング

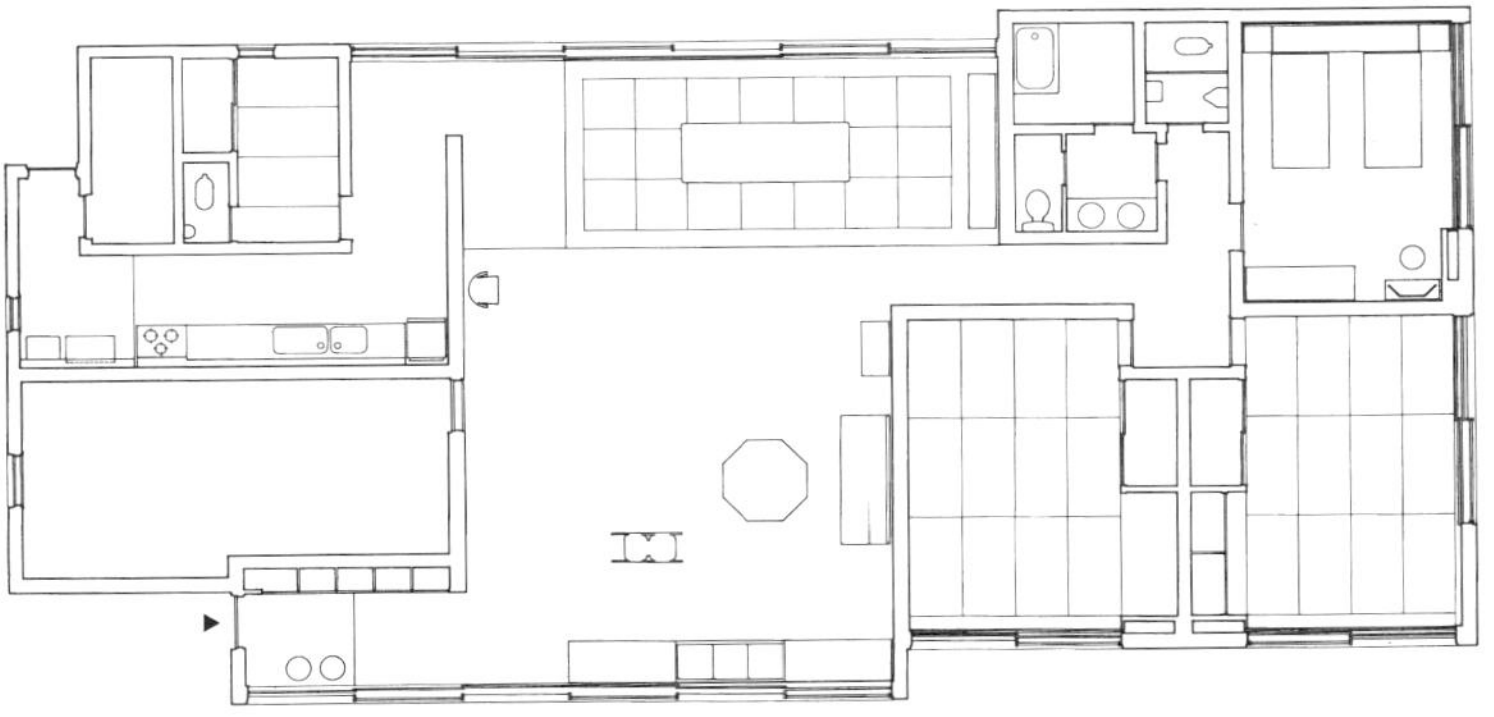

31 鈴庄さんの家平面図、葉山 1968（篠原一男）

いろいろの〈場所〉

篠原一男はなぜ象徴を離れたのか。それは、この時代に内在する生きた意味を象徴としてとらえようとするこころみそのものにはじめから無理があったのだと思える。[*26] 象徴を離れた篠原一男は、意味生成のメカニズムの方向へすすむ[*27]（32）。本書は空間の意味論を目的とするものではないので、この問題にこれ以上触れることはひかえるが、意味深い象徴の作用によって時代に君臨する〈場所〉の建築というものが、かつてはありえたことだけを言っておく。

ここであらためて、〈場所〉とはなにかという定義をはっきりさせておきたい。ノルベルグ・シュルツはこう書いている。場所とは、「物質的な実体、形状、テクスチュア、色彩を持つ具体的な物からつくりあげられた、ひとつの全体を意味している。こうした物たちが一緒に集まって『環境的性格』を決定するのであり、これが場所の本質なのである」[文8]。〈場所〉は性格をもつ空間である。性格をもつとは感覚に響くということだから、幾何学的抽象空間ではありえず、物質のさまざまな具体性をともなうのである。性格の中には意味深い象徴もとうぜん含まれてはいる。しかし、なにもそれほど堅苦しいことをいわなくとも、一つのまとまりとして感覚にうったえる具体性があるなら定義の条件はみたされる訳である。

ナポリの下町を訪れる人は、いかにも陽気で生活感あふれる街を経験することになる。合理主義の都市計画がうしなった人間くささという性格がここにはある。自然の中の集落、たとえばスイスの山あいの集落から感じるものは、同じ人間くささであっても、また違った性格のものである。ローマの街には、歴史の重みがずっしりと肌身

＊26　唯一の意味によって時代を代表させるような支配的な意味の存在しないのが現代であるから。

＊27　既存の唯一の意味にねらいを定めて表現しようとするのではなく、意味が生み出されてくるメカニズムとして芸術を理解する方向。なにか明確でない意味構造を通じて感動へと誘い込まれるような〈場所〉のあり方。35図の主に内部空間に注目されたい。

を圧迫するような、なにか重苦しさの性格がある。これらはいずれも〈場所〉である。意味ぶかい〈場所〉である。生きるということをせつせつと感じさせる〈場所〉である。

建築というものは、こうして自然発生的に人間が蓄積してきた性格を、どこかで抽象し、建築技術の用語におきかえた〈場所〉であるといえるかもしれない。そう考えると、たとえばライトの空間とアメリカの開拓魂との関係もなっとくしやすい。ライトは根っからのアメリカの男であった。同じように篠原一男は日本人であった。だから、篠原一男が象徴の言葉にこだわりつつ建築にむかったとき、彼が美しい空間のなかに封じることのできたのは、結局は「日本的なるもの」という伝統的性格でしかなかった。それは美しいが、未来にむかう日本人の心の指針となりえない。

これからの問題は、現代という困難な時代の意味を、〈場所〉の性格としてどのように形式化できるかということであろう。それへの解答をここで述べることはできないが、たとえば篠原一男は、東京工業大学百周年記念館において新しい〈場所〉形成のこころみを示した[*27]（33）。葛西臨海公園レストハウスが[*28]〈均質空間〉の美学をたくみに借用しつつも、海を見るための〈場所〉の提示であることはすでに触れた[*29]。海浜というロケーションと透明なケースの対比からは、〈場所〉形成のための新しい感性が匂ってくる。ベンチューリは図面のない家の復元というミステリヤスな依頼にこたえて、記号としての〈場所〉のあり方を提示した[*30]（34）。チャールズ・ムーアのエディキュラは〈場所〉づくりの装置である（35）。〈場所〉の装置、ここにも一つ新しさへのヒントがありそうである。

＊28　第2章35図参照

＊29　第2章2・8参照。

＊30　ベンチューリはフランクリン・コートに古い邸宅に似せたステンレス鋼のオープン・フレームの構造物を建て、ベンジャミン・フランクリンを記念する庭園の、場所的性格を構築した。記念館は地下にある。

32 上原通りの住宅、東京 1976（篠原一男）

a

c

b

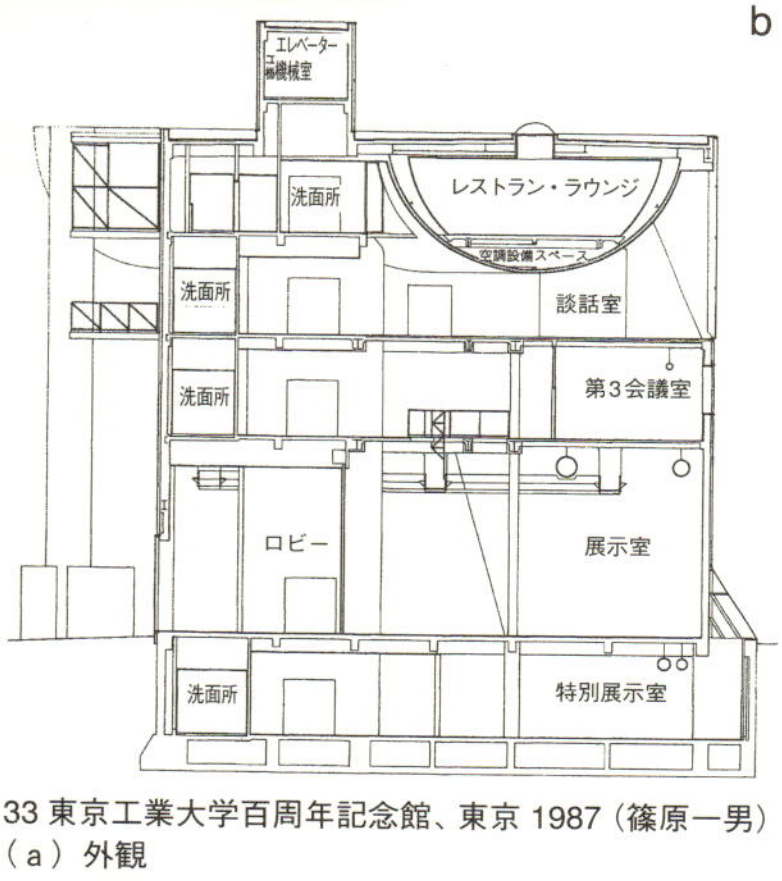

33 東京工業大学百周年記念館、東京 1987（篠原一男）
（a） 外観
（b） 断面図
（c） 談話室

b

a

34 フランクリン・コート、フィラデルフィア 1972
（ロバート・ヴェンチューリ）
（a）全景 地下にフランクリン邸の跡と記念博物館がある
（b）模型

35 シーランチ・コンドミニアムにおけるエディキュラ

∧場所∨の構造

建築の∧場所∨が成立するためには、多かれ少なかれなにか物的なものの制御がいる。まずは屋根という「覆い」と、壁という「囲い」から始まるのがふつうである。「覆い」と「囲い」によって「護られた感じ」という∧場所∨の基本的な性格が生まれる。しかし「護られた感じ」のなかにも、「覆い」と「囲い」の仕方と開放の度合によって、「閉じ込められた感じ」から「流動感」までの性格の幅が生じる。ルイス・カーンでは前者に近く、フランク・ロイド・ライトは後者に近い。このように∧場所∨を性格づける物的なかまえを、ここでは∧場所∨の構造とよぶことにする。「覆い」と「囲い」はその基本だといえる。

わが国の伝統建築が大きな屋根の「覆い」と高床に依存することはよく知られている。ウッツォン[*31]はこれを独特の∧場所∨の構造化手法としてとらえた（36）。シドニーのオペラハウスはここからの発想の展開だといわれている。（37）天空に開いた「囲い」について西欧諸国は広場と中庭の歴史をもつ。ウッツォンはキンゴーの集合住宅（38）で二つの伝統を組合せて、プライベートな∧場所∨とコミュニティの∧場所∨をたくみに融合させた。

「囲い」の構造は口の字型ばかりに限らない。コの字型の例としてアアルトの自邸の庭を示そう（39）。一の字型を「囲い」というのも妙だが、落着きの∧場所∨をえるにはこれでけっこう有効な場合がある（40）。ル・コルビュジエの両親の家の、穴のある塀は、ただ落ち着きの∧場所∨というだけでなく、詩的な感興をもたらす一の字型構造の例である。（41）

＊31　ヨルン・ウッツォン（一九一八―　）はデンマークの建築家。一九五七年、シドニー・オペラハウスの国際コンペに勝ち世界の建築家となった。

〈場所〉の構造のうちには空間に方向をあたえる「進転」性のものがある。長い壁や塀はそれに沿って人の歩みを誘う。(42)ではすべてを壁によってかくされた導入路が右手におれ曲るや、突然目の前に水庭の展望がせいせいとして広がる。

目立つものやシンボリックなものは空間の中で「目標」の位置をかちとり、それだけで視線と歩行を方向づけ、空間を構造化する。たとえば、独立壁の配置で空間を流動化したミース・ファン・デル・ローエのバルセロナ・パビリオン[*32]には、一本のはっきりとした軸が存在している。それは池の中の彫像という「目標」にむかって壁のすきまをつき抜けていく(43)。キリスト教会の内部空間は「目標」と「進転」の組合せによる場合が多い。祭壇が「目標」で列柱が「進転」である(44)。現代の建築では、これほど儀式性の強い構造がふさわしいケースはまれであろう。あまりに古典的な固さに落ちいりやすいからだ。しかし、その効果をいくぶんはぐらかす工夫があれば、おもしろく使える場合もある。たとえばオルセイ美術館(45)では中央に明確な軸が通るが、その構造は左右へと広がる空間の曖昧さによってはぐらかされ、大きな全体の中で心おどる役割を演じているように感じられる。

「中心」はもっとも印象的な「目標」だといえる。サン・ピエトロ[*33]の前広場(46)の中央に立つオベリスクの求心性の力は、ベルニーニ[*34]のコロネードの「囲い」によっていちだんと強められている。ライトの住宅における暖炉の意味は、大聖堂の尖塔《せんとう》や広場のオベリスクに匹敵《ひってき》する象徴的な「中心」である。その「中心」のゆえにライトの空間は求心的であり、同時に遠心的にのび広がる。この二方向性の対立が、ライトの空間の緊張感のみなもとである。

＊32　第2章14図参照。
＊33　サン・ピエトロはローマのヴァチカンにあるルネサンスの大聖堂。
＊34　ジョバンニ・ロレンツォ・ベルニーニ(一五九八—一六八〇)はナポリ生まれ、イタリア・バロック最大の彫刻家・建築家。

a

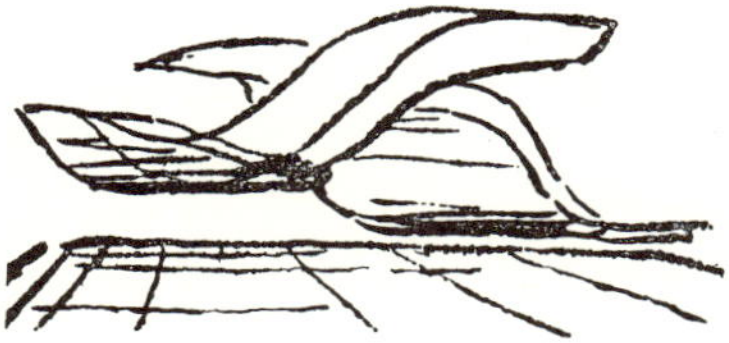

36 ヨルン・ウッツォンによる日本の建築のスケッチ

b

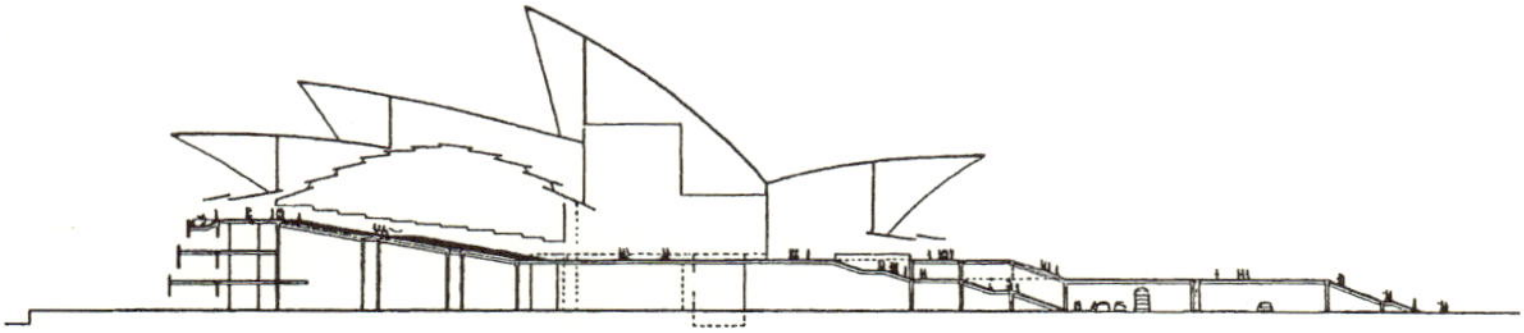

c

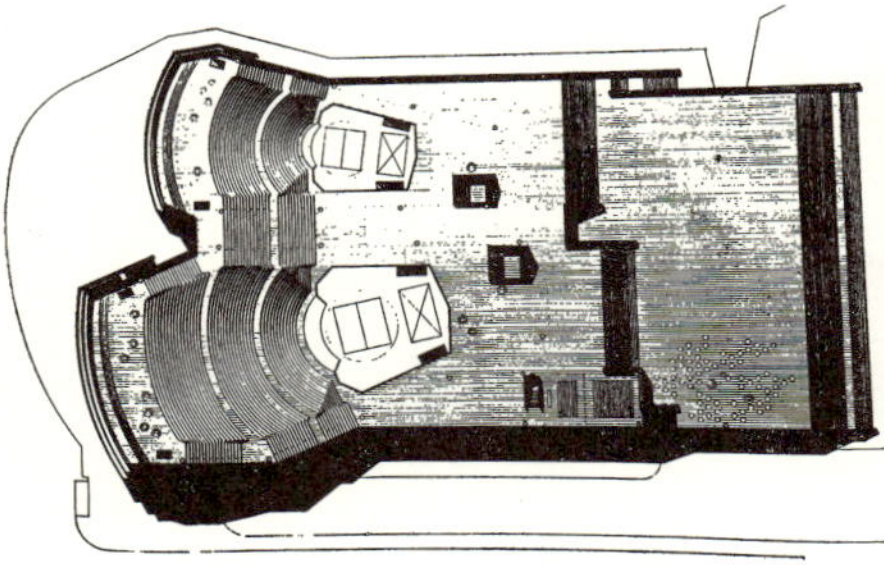

d

37 シドニー・オペラハウス、1970
（ヨルン・ウッツォン）
（a）ヴォールト屋根の最初のスケッチ
（b）帆のようなシェル・ヴォールトの断面
（c）オペラハウスの基壇　この上に帆のような屋根が舞う
（d）全景

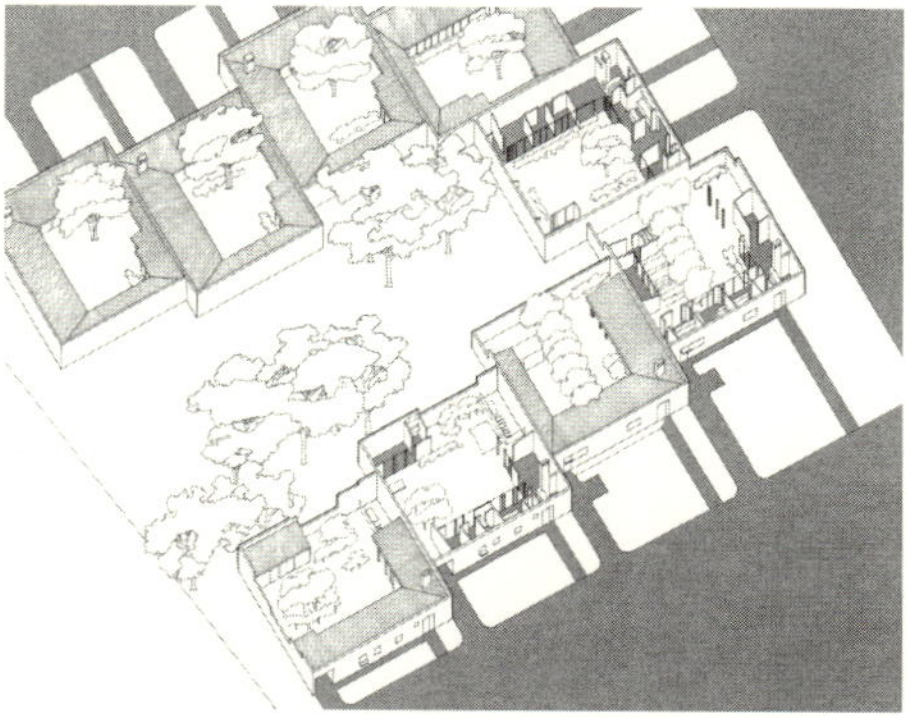

38 キンゴーの集合住宅、1962（ヨルン・ウッツォン）

a

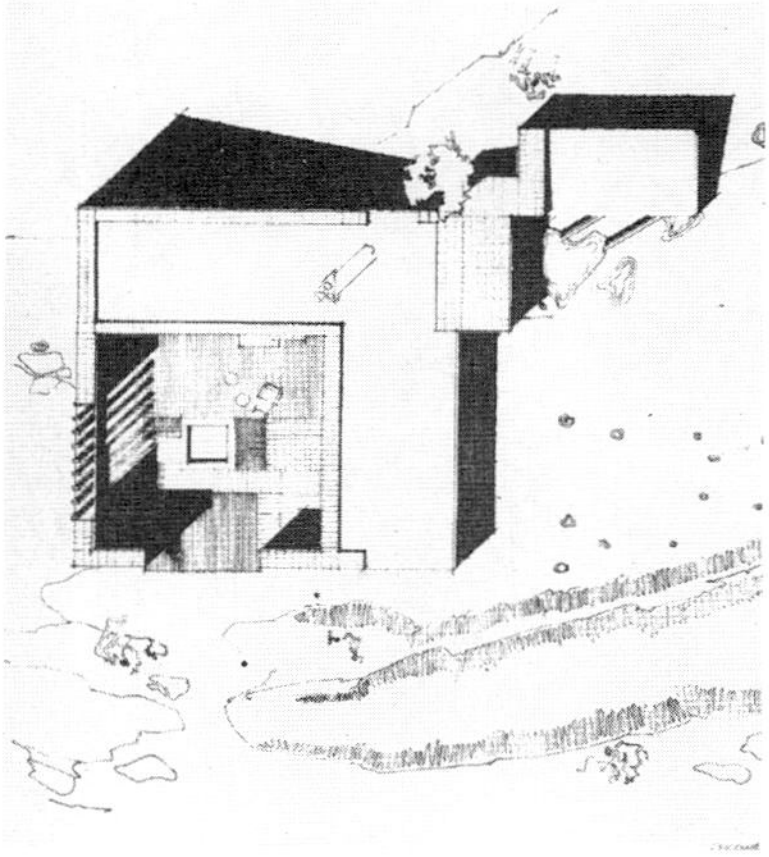

b

39 アアルトの夏の家、ムーラッツァロ
1954（アルヴァ・アアルト）
（a）配置図
（b）外から中庭をのぞむ

40 一の字型の落着きの＜場所＞

a

b

41 両親の家、コルソー 1923（ル・コルビュジエ）
（a）湖畔に建つ家の全景　右手に穴のある壁がある
（b）壁の内側

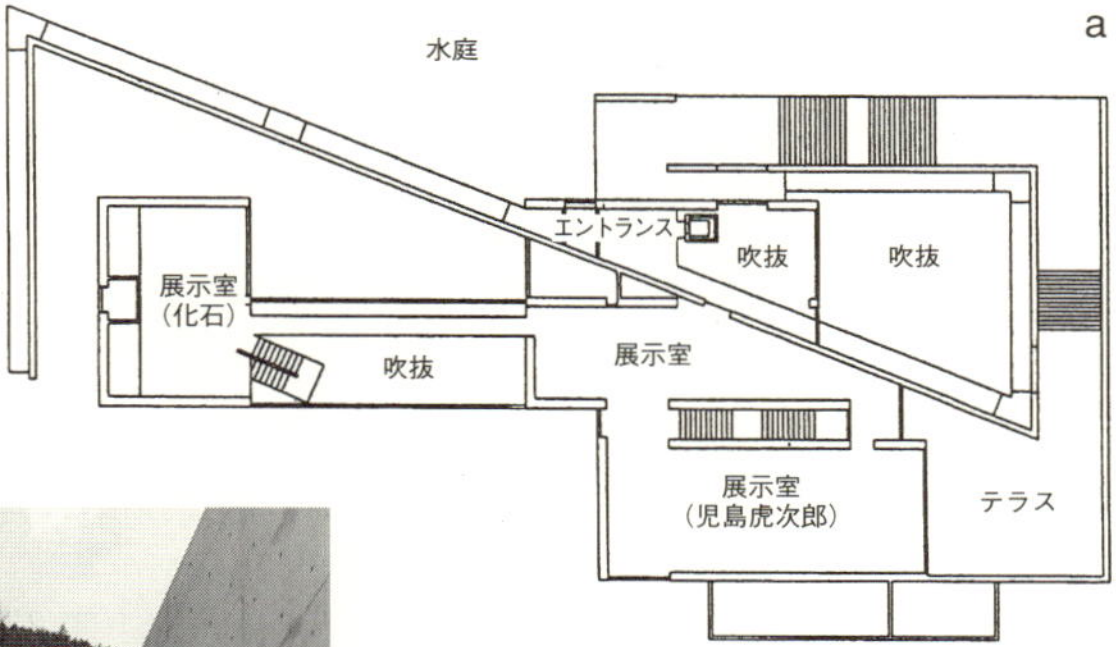

a

b

42 成羽町美術館、岡山 1995（安藤忠雄）
（a）平面図（2階）
（b）入口部分　壁に沿った斜路を曲がると水庭の景
　　観がひらけ、エントランスが見える

45 オルセイ美術館、パリ 1986
（ガエ・アウレンティ）

43 彫像へと向かう空間軸、バルセロナ・パビリオン
（ミース・ファン・デル・ローエ）

44 サンタ・サビーナ、ローマ 422-32

46 サン・ピエトロ大聖堂前の広場

第Ⅱ部　空間の有機性

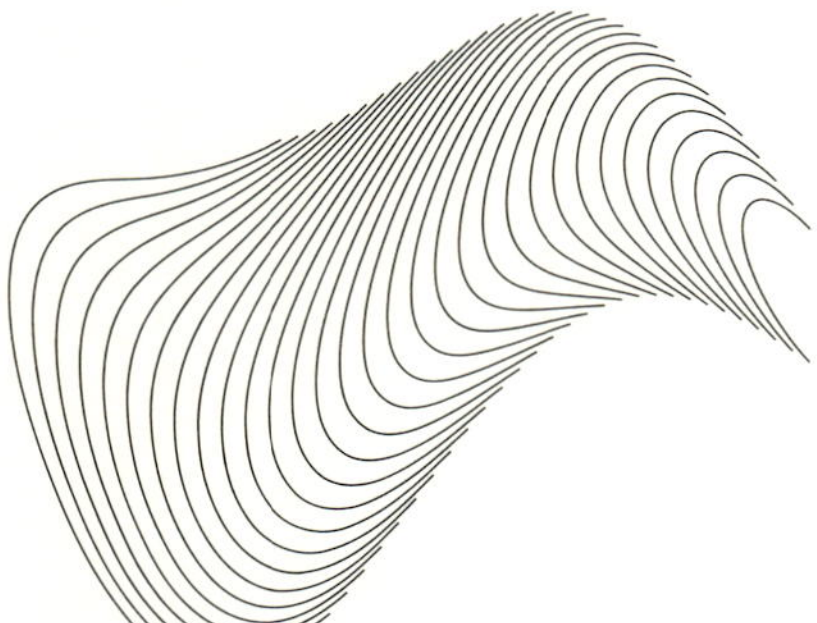

第5章　空間の有機原理

建築と機能やそのほかの関連条件との間に、その建築の本質を感じとり、そこから建築の形態をきめてゆくやり方を有機原理という。

有機原理は、あらかじめ形式の方から形態の型をきめてかかるやり方を否定する。有機原理は、おそらく自然における形態決定の原理と似ている。世紀前半には、機械のイメージによる幾何学的形式の建築が優位にあったが、そのあいだにも有機原理の建築は絶えることなく存在を主張していた。

空間と機能の関係

建築は道具である。空間的な道具である。そして、その道具であるという事実が芸術としての建築のあり方と別個にあるのではない。そこから機能主義という考え方が生じてくる。それは「形は機能に従う」と主張する。道具であることと芸術であることの間に内的な結びつきを与えようとするのである

しかし、なにをもって建築の機能とするのかは曖昧《あいまい》である。狭義には、食事をしたり、立ち働いたり、寝たり、くつろいだりする一連の行動を対象に機能を設定する場合もあるし、さらに心理的側面をも加えるべきだとする立場もある。広義には、環境的、文化的、歴史的な状況との関連までを含めるとする場合もある。

機能主義のかかえるさらに重大な問題は、機能をどのように設定したにせよ、機能と形とのあいだに必然的な関連を見出すことができないという点である。機能主義が模範とする対象には、一方に自然があり、もう一方には機械がある。前者の自然については、なるほど自然界のいろいろなものは、そのはたらきと形に緊密《きんみつ》なむすびつきがあり美しい。しかし、その自然界においてさえ、機能が必然的に形を決定するという事実は存在しないのである。

たとえば水中の魚のことを考えてみると、カツオとヒラメとウミヘビと、なんであんなに違う形をしているのか。同じ水中でくらすなら、もう少し似かよっていてよさそうなものではないか。この問題にたいして生物学者のユクスキュル[*1]は、生物は自然環境にただ従うのではなく、自然の条件を利用しつつ、主体的に進化をたどってきたのだと説明している。タンポポとカエデは風を利用して種子をまき散らし、種の存続

＊1　ヤーコブ・フォン・ユクスキュル（一八六四—一九四四）はエストニア生まれの生物学者。環境世界説という特異な、しかし重要な新しい考え方を提起した。

をはかる。しかし、タンポポが主体的に選んだのは落下傘のようにふわふわと風に舞う方法であったし、カエデが選んだのはヘリコプターのように回転しながら風のなかをつき進んでいく方法であった。おなじように、カツオは強い尾ひれを横にふって泳ぐ方法を、ヒラメは尾ひれを縦にふって、そしてウミヘビは体をうねらせながら泳ぐ方法を選ぶことによって、それぞれ主体的に水中に適応する仕方を選んだのである。その適応の仕方はそれぞれにみごとである。それぞれを観察してみれば、環境との関係における、精緻《せいち》な機能的構成のみごとさにただ感嘆するほかはないのである。しかし、その形は、環境と主体の相互作用から生成したのであって、ただ機能に従ってきまった訳ではない。

　機械においてはどうだろうか。近代の技術は物理学の合理性にもとづいていて曖昧さはないはずである。航空機のような工学の産物は、流体力学など、客観的理論にもとづくところが大きいから、機能と形の関係には一定の法則性がなりたちそうに思える。形は機能の合理的な結論であるようにみえる。だから航空機は美しく、機能から必然的に合理的で美しい姿がえられるのだと、素朴な機能主義者は考えた。しかし、実際には、大戦中の最新鋭の戦闘機といわれた日本の零戦《れいせん》とドイツのメッサーシュミットでは、前者の形はどことなく日本的で、後者の形はバタ臭いという違いが歴然とあらわれていた。工学の世界に不合理がまぎれ込んでいたことになる。なぜなのだろうか。それは、人間のやみがたい想像力が、ものをつくる過程のどこかにいやおうなしに関与してくるからだと考えられる。工学にしてこれだから、まして芸術たる建築空間と機能の関係においてはなおのこと、そうした現象をさけることはできまい。

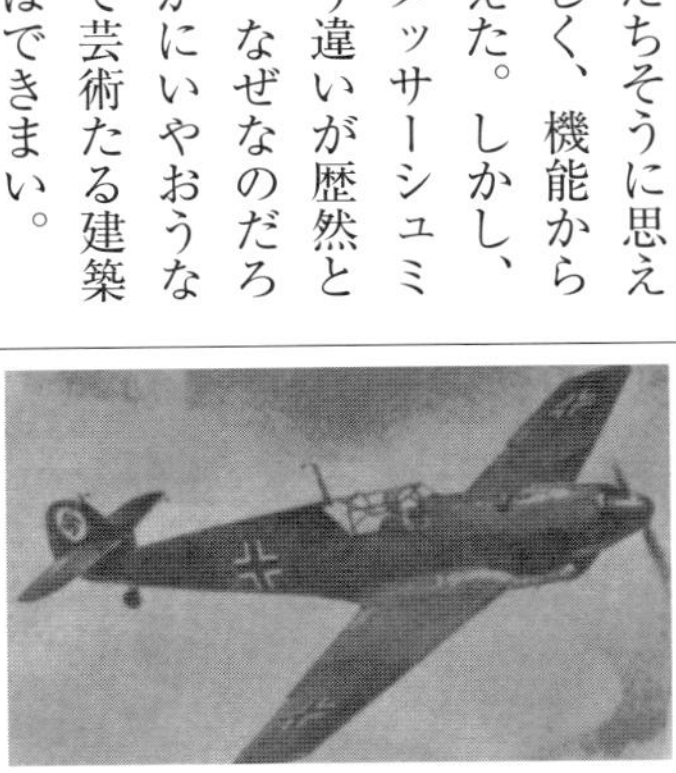

メッサーシュミットBf-109戦闘機

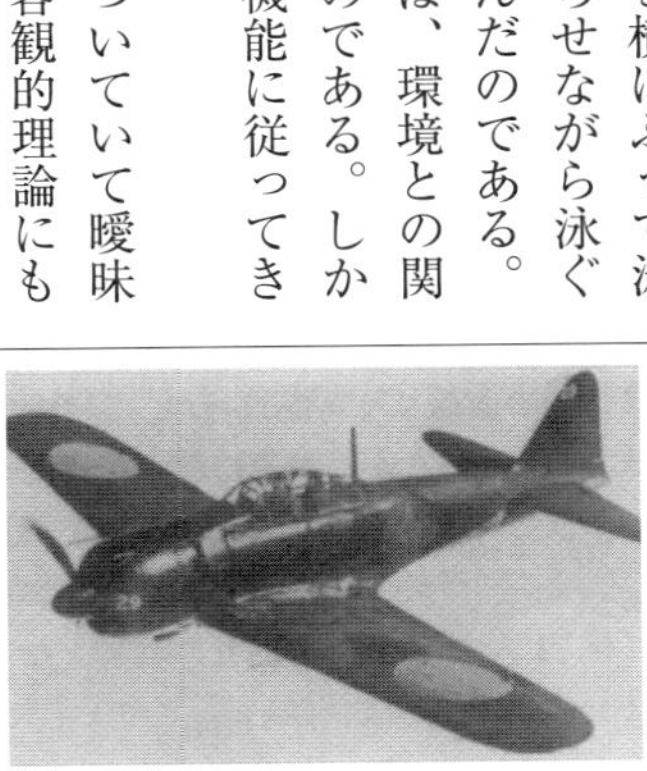

三菱零式艦上戦闘機

機能美

ミースは建物の用途によらず、すべて四角いガラスの箱をつくったが、その箱の美しさは、近代建築の理論のなかでは機能美とよばれるのである。飛ぶ鳥が美しく、泳ぐ魚が美しいのとおなじ意味で、機能的な美しさをそなえるというのだろうか。否《いな》、まったくそんなことはない。建物の意図、目的、用途とはかかわりのない美しさである。それがなぜ機能美なのか。このことは、近代建築がおかれた歴史的位置を問うことなしには回答のえられない問題である。

近代建築は、一方で装飾や伝統様式にたいする反発をバネとし、もう一方で、時代の寵児《ちょうじ》たる機械の合理的な美しさに魅《み》せられ、幾何学的形態にのみ依存することをよしとして発展をとげたのである。近代建築の理論によれば、ドアの取っ手は手の形にフィットすることではなく、幾何学の基本形（四角や円）で形成されていなければならなかった。実際、グロピウス[*2]の設計したファグス靴工場（1）やバウハウス[*3]の取っ手はすでにそのようなものであった。そして、それが機能主義デザインの潮流であった（2）。建築の形態も当然ながら同様である。幾何学的形態はかならずしも人間の身体や行動の目的になじむものではない。だが、それは円や四角といった幾何学にとっては価値ある基本形である。「この基本形への執着を機能主義とよぼうとすれば、その論拠は次のようになるだろう。基本形は人間の肢体にはふさわしくないかもしれないが、機械生産にはふさわしい[文1]」。つまり、近代建築の機能主義は機械と生産の観点からの機能尊重という側面が大きかった。無装飾と基本形は機械生産の美徳をそなえている。時代の大勢はまさにそのようなものであった。ミースの建築の迷いのない

＊2　ワルター・グロピウス（一八八三―一九六九）はドイツの建築家。近代建築の開拓者の一人。

＊3　第2章28図参照。

純粋さは、その美徳を最先端でとらえている。ミースの建築の美しさが機能美とよばれるのはそのためである。

それとは別に、ミース自身はユニバーサル・スペース[*4]という言葉によって自作の空間のあり方を機能と関連づけようとしている。つまり、無性格な空間はどのような機能にも対応できるという訳である。

ところで、機能主義が幾何学から形をえていた事実は、機能と形は、人間が間をとりもってやらなければ関係づけられないことの一つの証拠を示している。機能主義の形は結局は機械のイメージによって導かれたのであって、機能から直接に、なにか特別の経路によって導かれた訳ではない。だから、この場合の機能美は機械の合理美とおなじ性質のものである。

ここで、もう一つの機能美の世界が人工物のうちにあることを思い起こすことは重要である。ひとえに人を斬るだけのために魂を込めて刀匠《とうしょう》がうちあげる刀剣の妖《あや》しい美しさはなにか（3）。機械の合理性とは無縁なところで成立する、これもまた、機能美とよぶほかないものである。といって、魚や鳥の姿がそなえる自然物の機能美とも違う。そこにはやはり、人間的な想像力がふかく関与しているからである。

すると、機能と形の間をとりもつ想像力しだいによって、さまざまな機能美があるのだと思えてくる。建築空間と機能の間を機械のイメージでとりむすぶのでなく、人間というもの、あるいはその生活というものの、まるごとのイメージでとりむすぶとしたらどうなるか。人間も生きものであり自然である。とすれば、もっと有機的な姿をとった機能美というものが建築の世界にもありえるのではないか。

*4　ユニバーサル・スペースは特に目的を定めないでその時の事情で適当な大きさに間仕切りながら使える空間。

1 ファグス靴工場、アールフェルト 1911 （ワルター・グロピウス）

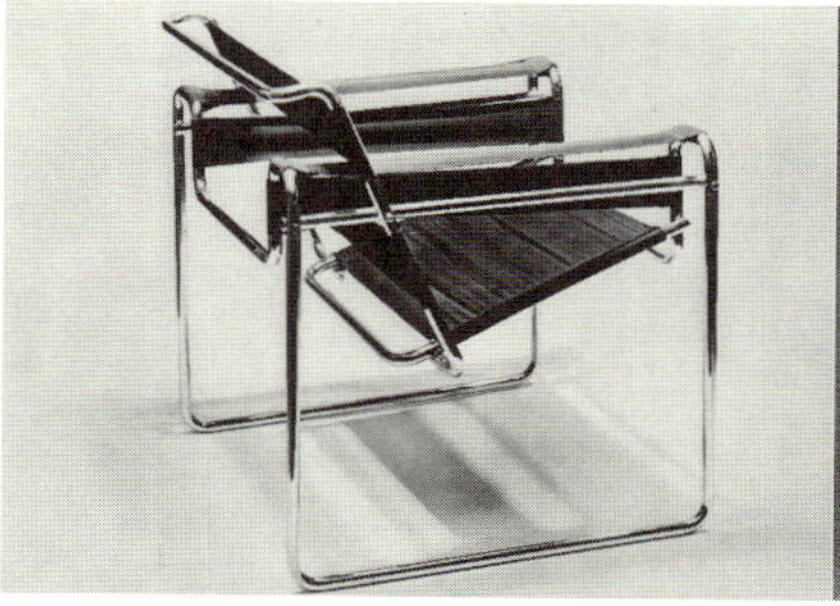

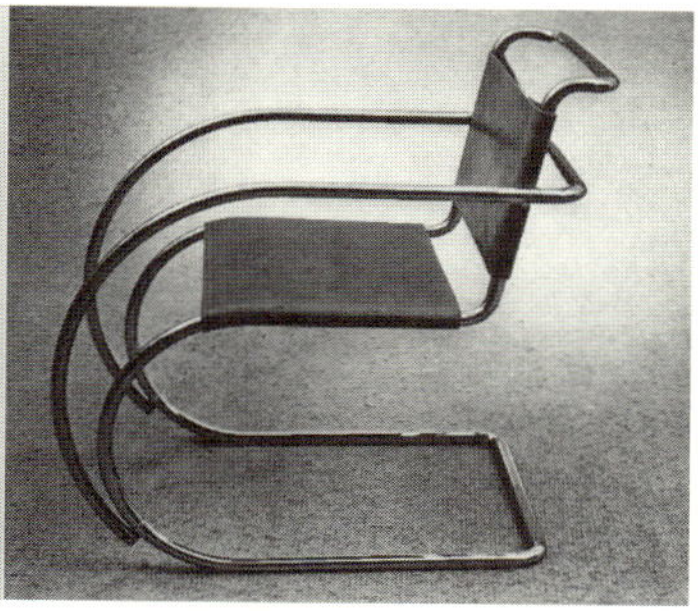

2 1920年代の機能主義デザイン
(a)椅子
(b)照明器具
(c)茶器類

a

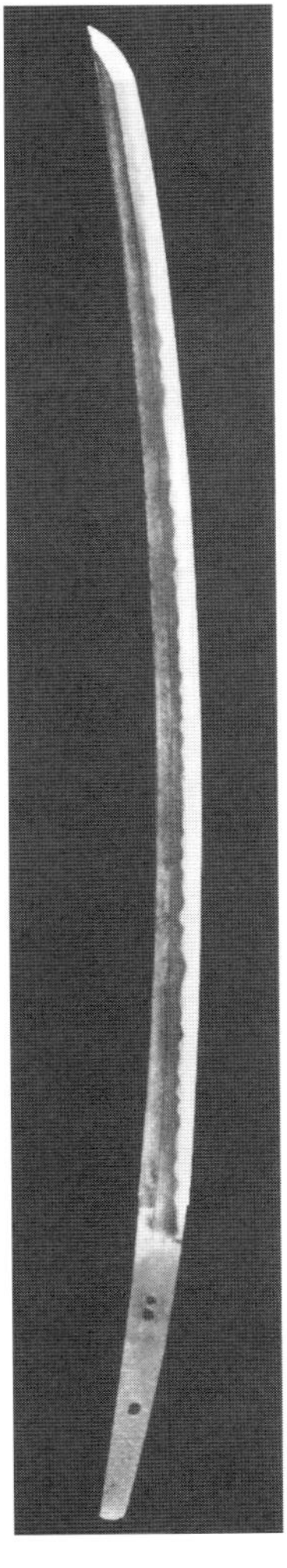

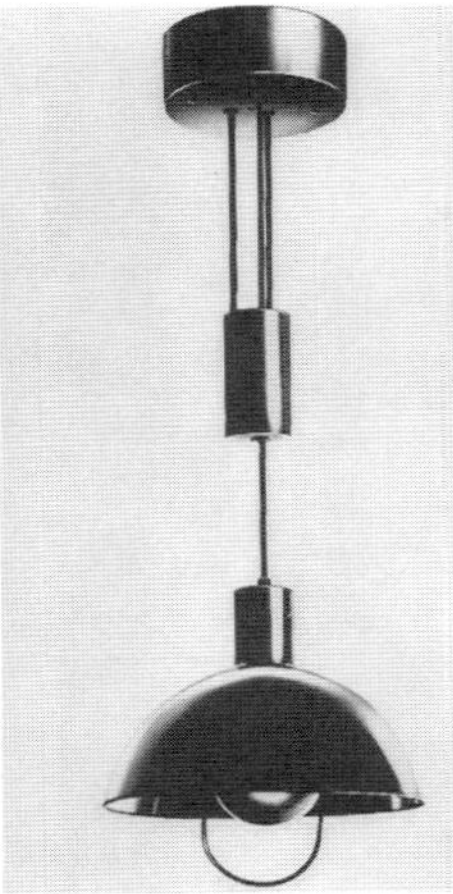

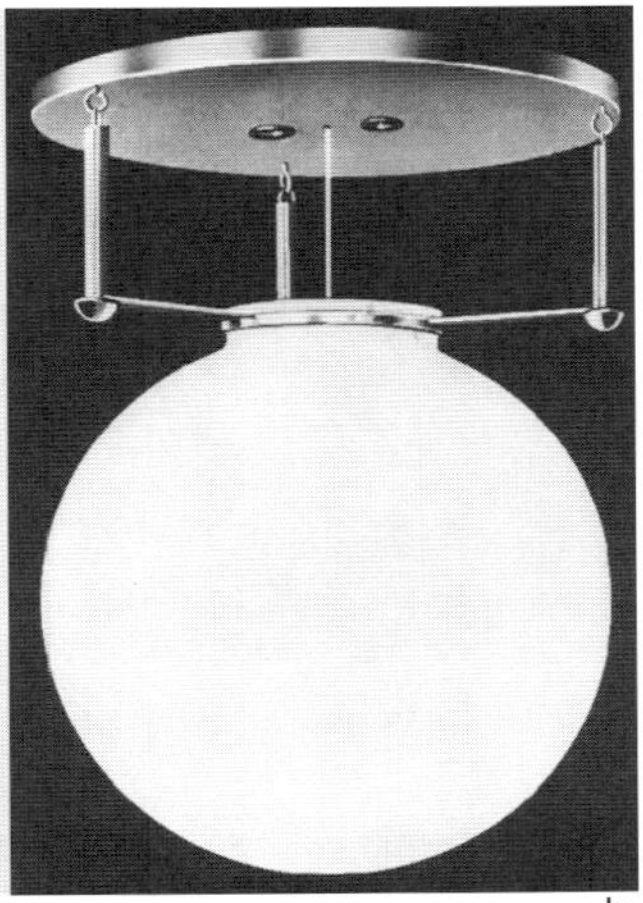

b

c

3 太刀，銘国宗（国宝）

モデルとしての自然

「形は機能に従う」という有名な言葉は、ライトの師であるルイス・サリヴァン[*5]のものである。ルイス・サリヴァンは自然のうちにひそむ形態の原理と建築の創造のいとなみとを、同じ一つの文脈上でとらえようとしていた。ルイス・サリヴァンは、自然のなかにすべての形態のみなもとをみた。そして建築を、自然の生命力を力強く表現するものであると考えていた。だから、ルイス・サリヴァンが「形は機能に従う」というとき、彼は、自然の形態と同様の原理を、建築のうえにもみようとしていたのにちがいない。魚が完全に機能的で美しく、鳥が完全に機能的で美しく、樹木が完全に機能的で美しくあるように、そのように、建築もつくられるべきだと考えていたのである。[*6]しかし、その後は、「形は機能に従う」という言葉は、機械的な機能主義の標語へと換骨奪胎《かんこつだったい》されていく。

ルイス・サリヴァンの思想は、同じ時期（一九世紀後半）のヨーロッパの自然主義者に負うところが少なくない。ジョン・ラスキン[*7]によれば、自然界の「生命」がすべての建築のはじまりである。「生命」のやどす力を物質につたえる精神の情熱的な活動（感情移入[*8]とよばれる）が、人工物にあるべき真の姿をもたらし、また美しくもするのである。

これはもう、考え方としては神秘的としかいいようのないものである。だが、時代状況とあわせてみれば、そんなふうに考えるにいたる気持ちは、わからなくはないのである。一九世紀という時代は建築芸術のもっとも落ち込みの激しい時代であった。創造力は枯渇《こかつ》し、造形への主体的な姿勢は萎《な》えはてていた。建築家は、ただ過去の建

＊5　ルイス・サリヴァン（一八五六―一九二四）はアメリカの建築家。シカゴ派とよばれる建築の近代化運動の中心人物。

＊6　サリヴァン自身は有機的空間を実現するには至らなかった。様式の解放にとらわれていた（そうせざるを得ない世代であった）ことと、彼の仕事はオフィスビルが多かったというおそらくこの二つの理由によって、サリヴァンは皮肉にも、幾何学の建築、つまりモダニズムの先達となったのである。

＊7　ジョン・ラスキン（一八一九―一九〇〇）はイギリスの芸術評論家、社会思想家。「建築の七灯」「ベネチアの石」などの著書が有名。

＊8　感情移入は対象に自分自身の感情を投影し、この感情を対象に属するものとして体験する作用をいう。ここでは自然への感情移入を建築の形態に反映させること。

築様式たとえばクラシック様式、ゴシック様式、ルネサンス様式などの断片をよせあつめて、折衷《せっちゅう》様式とよばれるきてれつな装飾で、建築の表面を飾ることにすべてのエネルギーを注いでいたにすぎなかったのである（4）。

それではいけない。こんな建築はうそっぱちの建築だ。そう考えたときに、真の建築の根拠をどこに求めたらよいか。自然のうちにそれを求めようとするのは、ごく自然のなりゆきだったわけである。

真実の建築を求めて自然に学ぼうとする考え方が建築の空間のうちに華麗《かれい》に花ひらくのは、アール・ヌーヴォー*9の運動においてである。その最初の第一歩は、ブリュッセルの建築家ヴィクトル・オルタ*10による「チュリン街十二番街の住宅」においてはたされる（5）。それはいかなる歴史的様式からも自由に、自然をモチーフに美しく形づくられた装飾によって空間をおおうものであった。こうしてアール・ヌーヴォーは一九世紀の建築を古い様式主義から解放した。その意味で（機能と形の関係にはなんら解決の道をもたらしはしないにしろ）アール・ヌーヴォーは一九世紀と二〇世紀をつなぐ興味ぶかい間奏曲《かんそうきょく》である。アメリカにおけるルイス・サリヴァンの仕事は、二〇世紀の建築にむかってさらにもう一歩ふみだすものであった。カーソン・ピリー・スコット・ストア（6）は一八九九～一九〇四年にわたる工事によって完成した。この力強さと端正《たんせい》さをかねそなえた建築は、近代建築の到来《とうらい》を告げるものである。

しかし、自然に範《はん》をとった建築空間と機能との関係は、いまだ宙に浮いた状態である。これが説得力ある理論的展開をみせるようになるのには、フーゴー・ヘーリングの出現を待たなければならない。

*9　アール・ヌーヴォーは、一九世紀末から二〇世紀にかけてヨーロッパ各地に流行した芸術様式。自然の要素をモチーフとする優美な曲線を特徴とする。

*10　ヴィクトル・オルタ（一八六一―一九四七）はベルギーの建築家。

a

4 19世紀の折衷様式建築
(a)シカゴ博覧会の美術館、1893
(b)ブリュッセル裁判所、1883
(c)帝国美術館、アムステルダム 1885

b

c

b

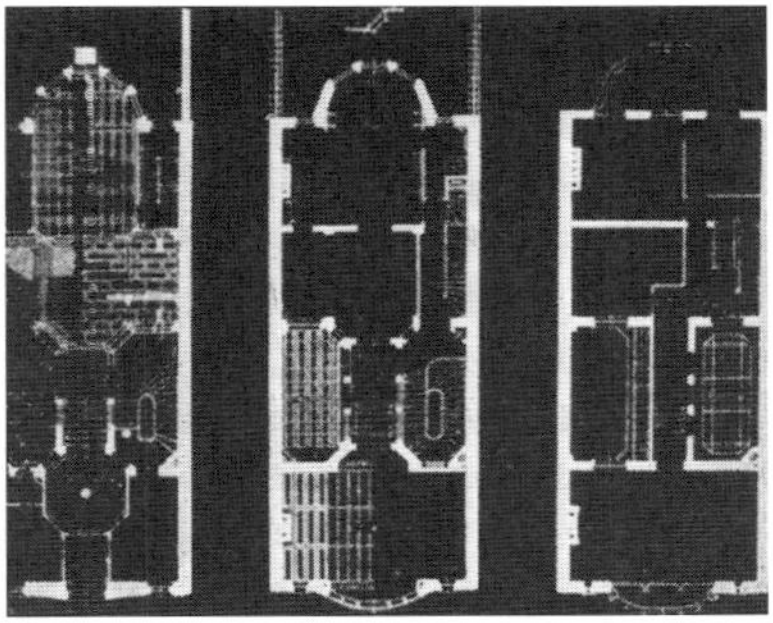

a

c

5 チュリン街12番街の住宅、ブリュッセル
1893（ヴィクトル・オルタ）
(a)平面図
(b)外観
(c)内部

6 カーソン・ビリー・スコット・ストア、シカゴ 1904（ルイス・サリヴァン）

ヘーリングの闘い

アール・ヌーヴォーとルイス・サリヴァンのなしえた貢献は、自然に範《はん》をとることで、装飾や形態を一九世紀の古い様式主義から解放するところまでである。

それにたいして、機械的な機能主義が時代の大勢を決しつつあった二〇世紀の最初の四半世紀にあって、自然物と機能についての有機的[*11]な考え方をうけ継ぎつつ、有機的な機能主義の建築について真剣に考えつづけていた建築家がいた。フーゴー・ヘーリング[*12]である。ヘーリングが自然の観察から学んだのは、形態は内部構造とむすびついているということである。ここまでなら、ルイス・サリヴァンらの有機主義と変わるところはない。ヘーリングはこの観察を、神の御技《みわざ》から人間の創造理論へと変換することができたのである。

ヘーリングの「有機的な建築」の理論には、これっぽっちの神秘性もない。それは精神の理論である。ヘーリングにとって重要なのは、狭義の機能（寝る、食べる、雨露をしのぐ、など）の充足だけではない。建築をめぐるあらゆる状況とのトータルな関係、つまり、もっとも広い意味での機能（住宅とは何か、学校とは何か、そんな問いとほとんど同義）を視野におき、これをヘーリングは本質[*13]とよんだ。それはあまりに深く、あまりに複雑であるから、通常の知的分析にはのらない。彼にとって第一の課題は、その本質と精神的に対決することである。その結果、大きな方向づけがなされ、機能の分類や構成法の選択がきまってくる[文2]。この段階は、ヘーリングの言葉をかりれば〈器官としての作品[*14]〉をめざすものであり、それにたいして第二の段階は〈造形としての作品[*14]〉であり、この二つの段階のつながりをつうじて、機能的・状況的で

＊11　有機的であるということは、部分と部分の関係、部分と全体の関係が相互依存的関連（部分は全体のため全体は部分のため）をなすことによって均衡が保たれ、全体が分かちがたい一つの「何ものか」として一体化していることである。部分は多義的であり、全体の構造はツリー型ではなくセミラチス型をなす。ツリー型は機械的な関係である。C・アレキザンダーが「都市はツリーではない」（第7章＊3参照）と主張したのは都市は有機体であるといったのに等しい。

＊12　フーゴー・ヘーリング（一八八二―一九五八）は一九二〇年代のドイツにおいて新しい建築運動の指導者の一人であった。グロピウス、メンデルスゾーン、ローエらが亡命した後もドイツに残り、恵まれることの少ない苦しい晩年を送った。

＊13　飛んでいる矢は止まって

かつ美しい、建築の有機性というものが生まれるのである。[*15]

ル・コルビュジエが形は幾何学にもとづくというとき彼は建築への接近を外から始めているのだ。だから、彼は内からつくっているのではないと、ヘーリングは批判している。この対立には、建築における機能と形態に関する大きな分岐点《ぶんきてん》が示唆《しさ》されている。折しも、時代はこの分岐をめぐって、二〇世紀建築の大勢がどの方向にすすむか、抗争を決すべき時期に当っていた。

シアム[*16]の創立（一九二八）の会議の席で、ル・コルビュジエは純粋な幾何学的な形へたちかえろうと主張した。ヘーリングは有機的な建築のために論陣をはった。幾何学の以前にまず本質が重要だと主張したわけである。結果は、ル・コルビュジエのわかりやすく明解な主張がおおくの賛同を勝ちとることとなり、つづく時代の建築の大勢を決した。ヘーリングは敗れた。そのためにヘーリングは不幸であった。しかし、ヘーリングは偉大であった。けっしてヘーリングは誤っていたのではない。時代の流れとうまく調和できなかっただけである。

ヘーリングの数少ない作品のうちで、もっともよく知られているのはガルカウ農場の牛小屋（7）である。六五頭の牛を一人の労働者で世話できるよう考えぬかれた仕組みが、そのまま外部の形態を決定している。材料の選択は地域の伝統によってきめられたものであり、まわりの環境ときわめてうまく調和している。その有機的な形態がある種の表現主義[*17]と似ているようにみえたとしても、そのあいだには決定的な違いがある。ヘーリングの形態は内部からきまってきたのであり、表現のために外からきめられたのではない。それは、幾何学を先行させなかったのと同じである。

いるというゼノン（古代ギリシャ）の逆説を克服するためには、矢の運動全体をひとまとめの有機的現象として理解しなければならない。建築をゼノンの逆説へとつながる分割や分裂から救うために、それを有機的に理解する必要があり、そのとき、その建築の分かちがたい全体性をなしているのが、建築についてのまるごとの理解である。それがここでいう「本質」である。ゲーテが、数学や法則に基づくニュートン流の「抽象の科学」を批判し「具体の科学」を対置したとき、個々の具体的現象を注意深く見詰め直観を純化すれば、個々の現象の背後に、普遍的にして単純な現象が生き生きとした姿をあらわすと述べ、このような現象を「根本現象」と呼んだ。これは、自然現象を分析的抽象としてでなく、具体的な「本質」としてとらえようとしたのだと理解できる。ゲーテ

a

7 ガルカウ農場の牛小屋、1924（フーゴー・ヘーリング）
(a)外観
(b)外観
(c)1階平面図

の科学理論はレヴィ＝ストロース（現代の文化人類学者）の「野生の思考」に通じるものであり、ハイゼンベルクやヴァイツゼッカー等の優れた科学者によって見直されている。ヘーリングの主張は同じ意味あいで理解できる。

＊14　〈器官としての作品〉は性能を果たすための形のパターン段階を意味するヘーリングの用語。機械が部品の明確な関係からなるのに対して有機体は胃や腸や肺や心臓といった器官の曖昧で複雑な関係からなる。そのイメージから「器官」という用語を用いたものと思われる。のちのルイス・カーンによるフォルムや「存在の意志」と共通する。〈器官としての作品〉から〈造形としての作品〉へと発展させる創作法を、ヘーリングは内から外に向かって作品をつくると表現している。

＊15　後述するアルヴァ・アア

b

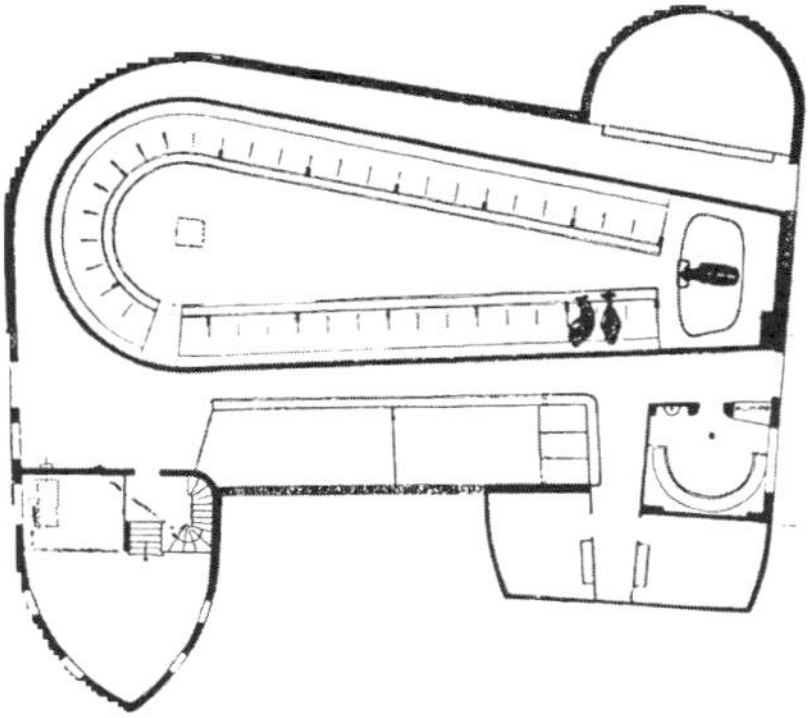

c

ルトの設計プロセスにこのことが具体的に示されている。

＊16　シアム（ＣＩＡＭ）については第3章の＊17参照。

＊17　表現主義は特に第一次世界大戦前のドイツを中心に展開した近代美術の一傾向。主観的傾向と生命の表現としての有機的で自由な造形を特徴とする。

空間の有機原理

建築の有機性について、ライトは「建築に用いられた有機的という言葉は、全体が部分に対するように部分が全体に対するということを意味する」[文3]という。ヘーリングも同様に、「自然では個々の部分のみならず、そのもの全体が十分に、かつもっとも効果的に生きることができるように、すべての部分が協同し、その結果として形態が生じる」[文4]と述べている。有機性とは、このように、部分のあり方、部分相互の関係が全体と分かちがたく一体化している状態をいう。[*11] それだけではない。建築のまわりの環境と建築内部との関係にも深いかかわりがある。「建築はただたんに内部から外部へと向かってつくるのではなく、全体が外部の環境にたいして一つの有機体として働きかけるようにつくられるべきである」[文5]（アルヴァ・アアルト）。だとすると、現実とのさまざまな方面での融合によって、建築とは「なんとなく生臭《なまぐさ》いものではなかろうか」[*18]（清家清）と、そんなことにもなりそうである。

しかし、一方には、生臭くない建築も存在する。あらかじめ美しく形をきめて、その中に狭義《きょうぎ》の機能をはめ込もうとするような建築はそれにあたる。近代建築の創始にたずさわった人たちはそのような立場をとった。建築の形態が幾何学的であることをもって第一に重要なこととしたからである。それは、建築が狭義の意味で機能的であることを否定することでは、かならずしもなかった。だから、幾何学的建築が近代建築のながれを制したとき、一般には、それが機能主義建築とよばれるようになったのである。

ヘーリングの主張は、広義の機能の追求から出発して形態へといたるのが、真の機

*18 第1章「機能と空間」参照。

能主義であるというものであった。ここで重要なのは、ル・コルビュジエらの近代建築が機能という言葉を機械のイメージで捉えていたのにたいし、ヘーリングは有機体のイメージでとらえていた点である。これは大きな違いである。ヘーリングがル・コルビュジエらを許すことができなかった理由は、まさにここにあるのである。有機体のイメージで機能を理解するなら、建築の形態はかならずしも幾何学的にはならないというのがヘーリングの立場である。そんなにすっきりしたものではないはずだと。

それでは、有機体のイメージで機能を理解するとはどのようなことか。魚や鳥の生体における機能は、柔らかく暖かい器官とそのはたらきの総体とである。その総体のありようは、環境からきりはなせない。また、部分は、緊密に融合的に一体化されていて、機械部品のようにばらばらにはできない。機能をこのようなものととらえれば、それに対応する建築のありようを知的理解にのせるのは困難である。ここで、ヘーリング風にいえば、本質との精神的な対決が必要になる。すなわち、環境との関係を含めた複雑な融合体としての建築、そのまるごとのありようを、一つのイメージとして想像力的にいっきにとらえる。[*19] 機能は即物的でなく、生活や行動のイメージとして柔らかく設定され、それがそのまま建築を形態へと導くのである。このようにしてかたちづくられる空間の原理を、「空間の有機原理」とよぶことにする。

アルヴァ・アアルトが、MITの学生寮（8、9）をチャールズ河に面してたてたとき、学生たちの集団生活のイメージは、河にむかって波打つもの[*20]でなくてはならなかった。それがこの建物の機能であり、本質であると感じられた。そして、実際に波型の壁がたちあがることになったのである。空間の有機原理の例である。

＊19　創造行為はいつでも想像力的である。ここでの想像力は単に形の独創や新しさへのそれではなく、機能、プログラム、諸条件への解答を包みこむ形の発見へと向かう想像力のことである。

＊20　兵舎のように真直ぐに個室を並べるのではなく、自由と自律の感覚に従ってそれぞれに違う角度から河を眺めるように個室を並べること。

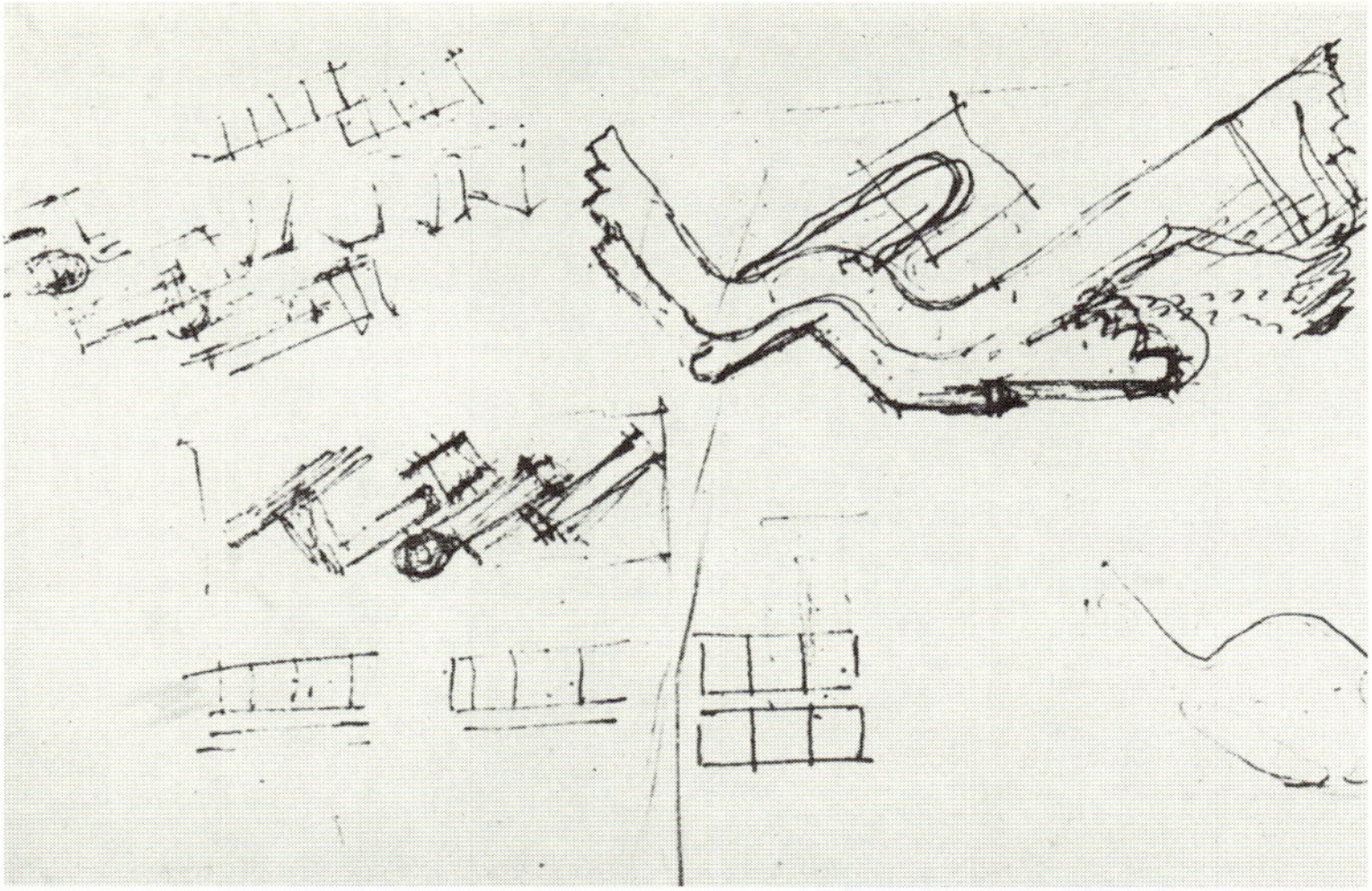

8 マサチューセッツ工科大学学生寮のスケッチ（アルヴァ・アアルト）

9 マサチューセッツ工科大学学生寮、1949（アルヴァ・アアルト）

a

b

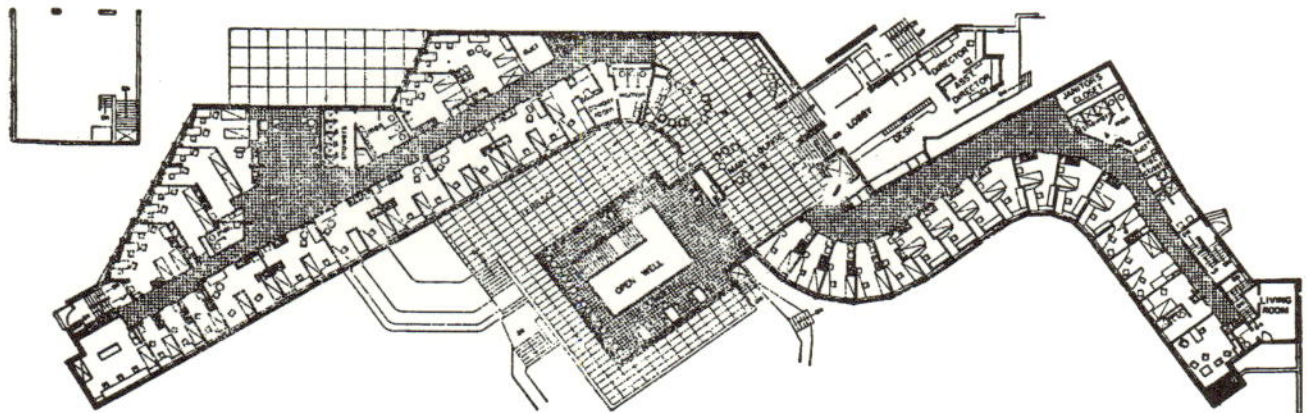

(a)鳥瞰
(b)平面図
(c)チャールズ河側の外観
(d)裏側外観
(e)裏側立面図
(f)個室平面図

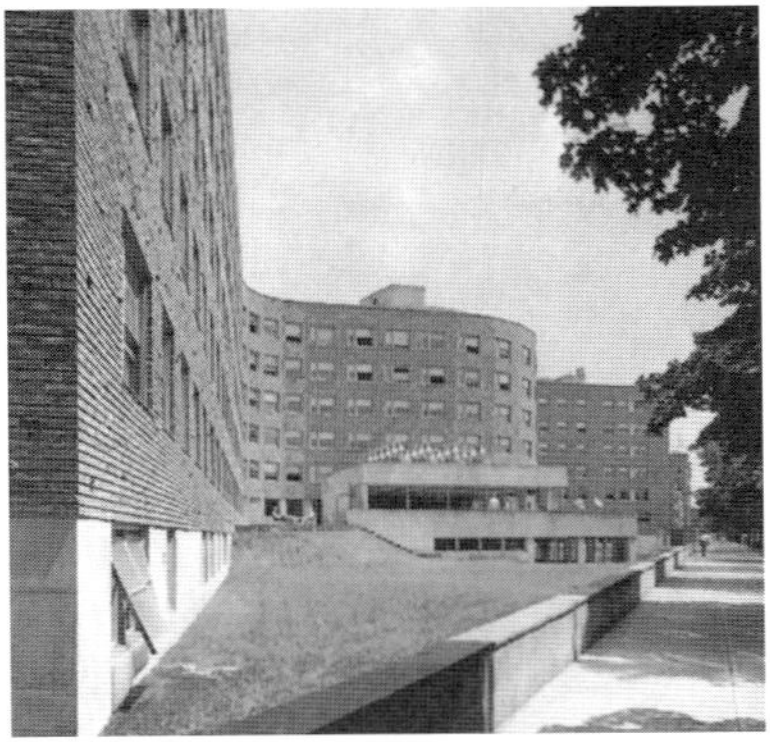
c

d

e
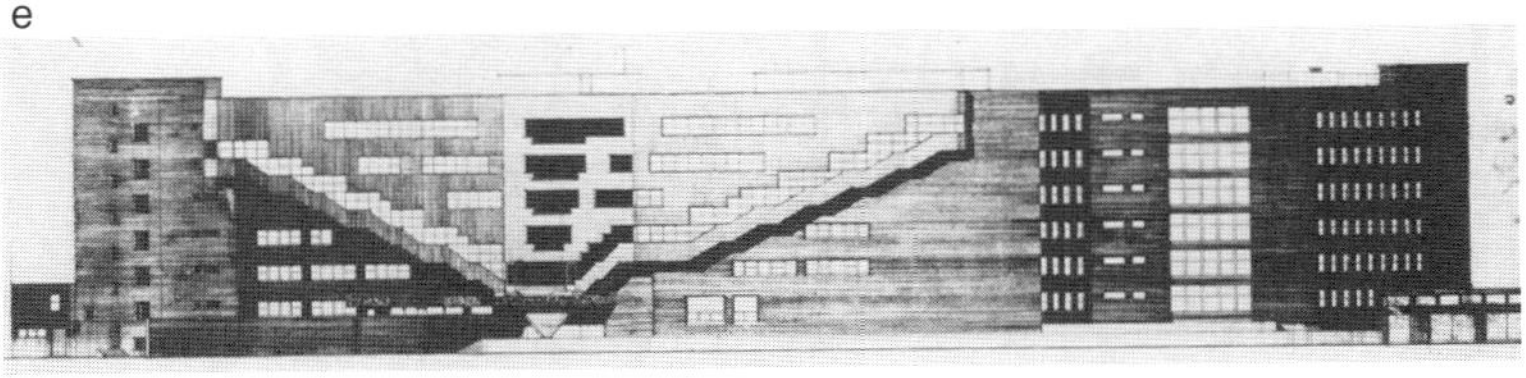

f
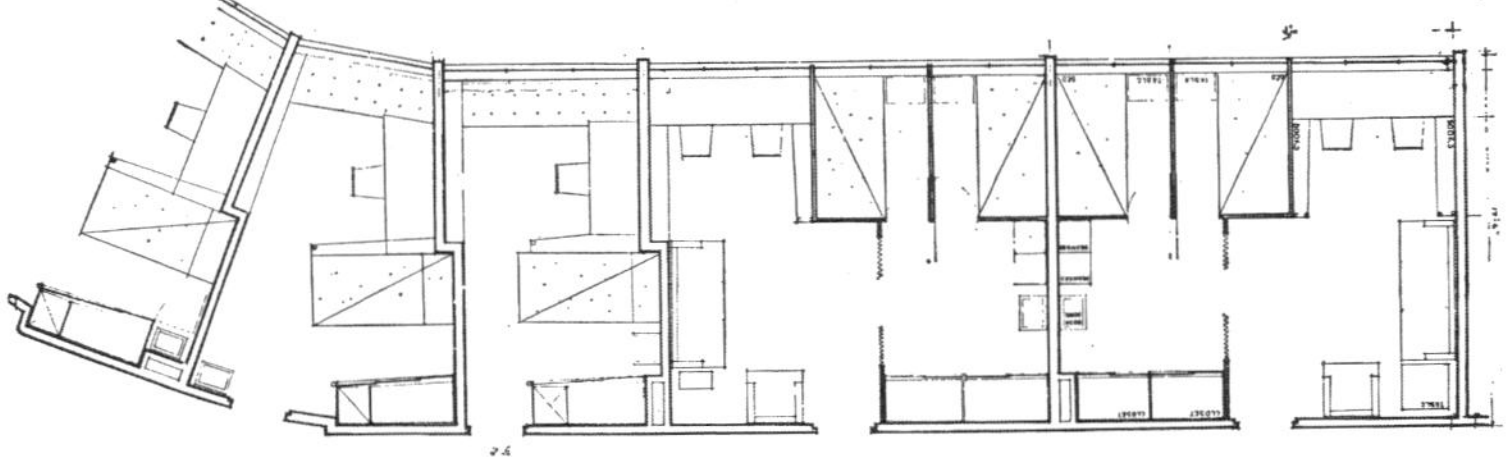

アアルトの建築

建築の機能は、幾百幾千《いくひゃくいくせん》という複雑な問題の複合からなっている。アルヴァ・アアルトは機能主義の建築家として、これらの問題に誠実に対処しようと努めた。彼のやりかたは、すくなくとも二つの点で狭義の機能主義とはちがっていた。一つは、機能のなかに人間の心理的な側面や自然要因までを含めたことである。[*21] 二つ目には、彼は形を幾何学にしたがわせようとはしなかった。彼は、魚の形が不可思議な自然の原理から生じるように、建築の機能的な形を、自分自身の想像力のなかから生成させようとしたのである。

そのために彼は、「……複雑な問題群をある期間忘れるのである」と書いている。「そしてプログラムを感覚的につかみ、その感覚を発展させ、多種多様の要求を無意識の中に彫り込んだ後に……ただ本能が導くままに……時にはまったく子供っぽい構図を描くのである。そして、このルートを通って、最終的に、主たるコンセプトにいたる抽象的な基盤、無数の矛盾し合った問題をお互いに調和させる一種の普遍的な実体にいたるのである」[文5]。たとえば初期の重要な作品であるヴィープリ図書館[*22]では、「斜面をいろいろの位置にある太陽が照らしている空想的な山の風景から、少しずつ図書館建築のコンセプトが生まれていった」[文5]。その様子を（10）（11）が示している。レベルを異にする床がつくる谷状の空間に、沢山の丸いトップライトから光がふりそそぐというものである。

アアルトの設計におけるこの段階は、ヘーリングが、建築をめぐるあらゆる状況とのトータルな関係、つまり本質との精神的な対決と述べているものに対応している。

＊21　アアルトの言葉。「過去一〇年の間、近代建築は特に建築活動の経済的側面に重点を置いており、主に技術的な観点から機能的であった。……現段階の近代建築は、疑いもなく新しいものだ。その特徴は問題を人間的、心理的領域内で解決しようとしているところにある。[文5]」「建築はそれ自身を自然要因、人間に関する要因から遊離させることはできない。……建築の機能はむしろ、自然をかつてなく我々に密接なものとすることである。[文5]」

＊22　第1章24図参照。

そして、その結果は、〈器官としての作品〉に対応し、さらには後にカーンが建築の〈存在の意志[*23]〉とよんだものとも対応している。そのようにして生まれたコンセプトが具体の建築の形（12）をなしていく段階は、ヘーリングのいう〈造形としての作品〉ということになる。アルヴァ・アアルトは、今世紀前半を代表する「空間の有機原理」の建築家であった。

　ヴオクセニスカの教会（13）が、表現主義のみかけの有機性と異なる充実した美しさを示しているのは、この空間が、心の作用を含めた幾百幾千という問題を一気に統合する、アアルト流のやり方で生みだされた機能的空間だからである。まるみをおびた形態であるだけに、有機性の建築とよぶのにいかにもふさわしいが、それが有機的であるのは、単に形の印象の問題ではなく、形のなりたちと由来《ゆらい》に根拠をもつのである。さまざまな規模と種類の集会に対応できるために三つの空間に分割できるようになっていること、説教の声がなめらかに響きわたるように壁と天井が波うっていること、など、複雑な問題群への解答を包みこみながら、内がわから外がわへと生みだされた形である。

　同じ時期につくられたメゾン・カレ（14）では、形は一変して大きな片流れの屋根となる。これは敷地の斜面との一体化という、外の環境との関係からきている。そして、その屋根の下に、複雑なプランと空間がおさめられ、複合する無数の問題の解決がはかられている。例によって他愛《たあい》もないスケッチに鉛筆をあそばせながら、アアルトは、敷地の斜面がそのままのび広がってゆく構造のうちに、すべての問題とプログラムのもっともすぐれた関係性を感じとったに違いない。

*23　第6章6・6参照。

10 ヴィープリ図書館構想のためのスケッチ（アルヴァ・アアルト）

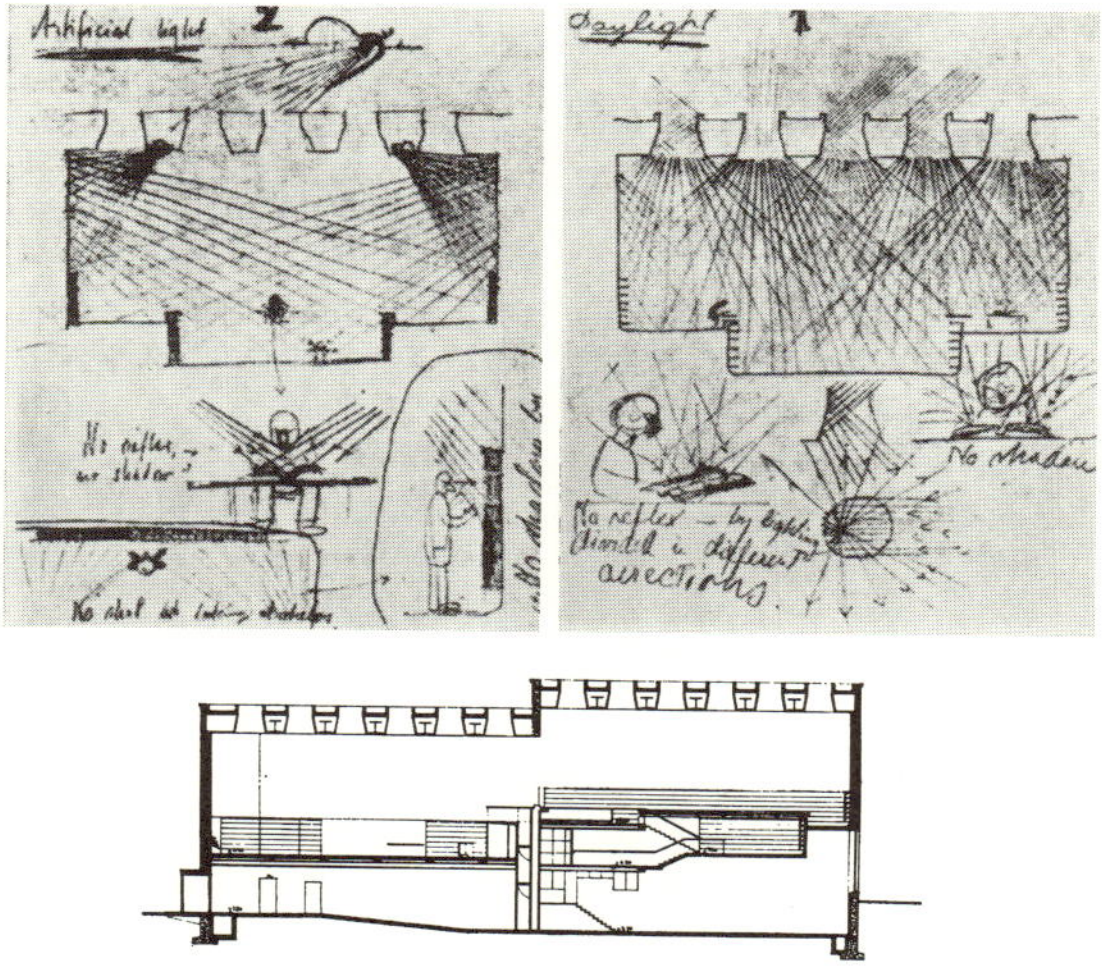

11 ヴィープリ図書館のコンセプト・スケッチ（アルヴァ・アアルト）

12 ヴィープリ図書館の閲覧室内部
（アルヴァ・アアルト）

b

a

13 ヴオクセニスカ教会、フィンランド 1959
（アルヴァ・アアルト）
(a)外観
(b)内部
(c)断面図
(d)平面図

c

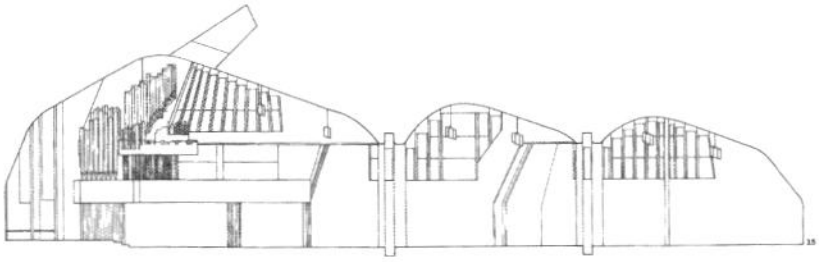

d

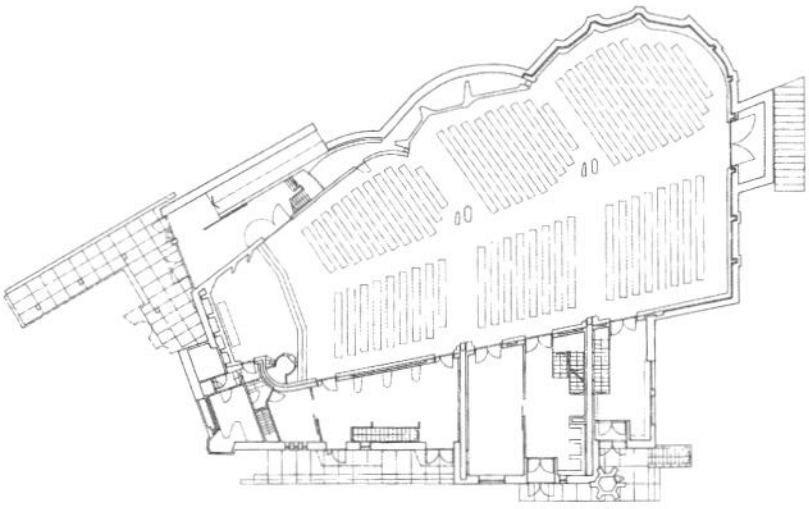

b

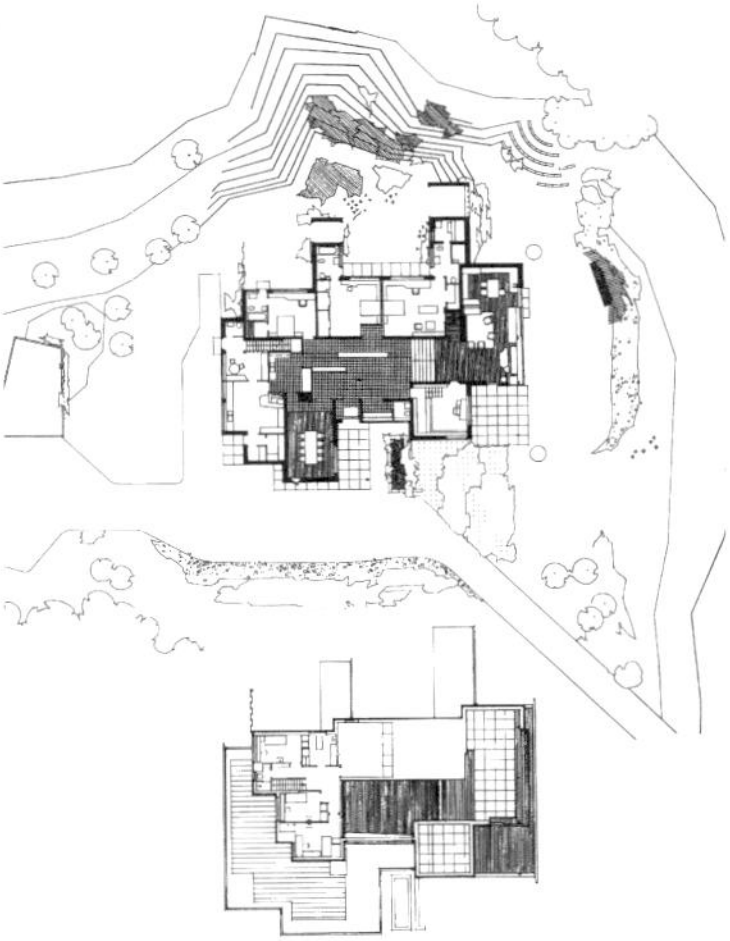

14 メゾン・カレ、フランス 1959（アルヴァ・アアルト）
(a)外観
(b)平面図

a

ハンス・シャロウン

一九五七年にベルリン・フィルハーモニー音楽堂のコンペが行われた。勝利したのはハンス・シャロウンであった。そしてここに、現代建築史上の特筆すべきできごとが生じたのである。

ハンス・シャロウン[*24]は、ミースと同世代のドイツの建築家である。二〇年代には革新的な建築家として活躍し、一九二七年のヴァイセンホーフ・ジードルンク[*25]にはほかの著名な近代主義の建築家とともに近代主義風の作品を並べている。

三〇年後に、ハンス・シャロウンが、ベルリン市民の精神的拠点ともいうべきベルリン・フィルハーモニー音楽堂（15）でなした仕事は、まったく驚異に値するものである。端的《たんてき》にいって、それは有機的な建築のシンボルとなりえるものだ。ハンス・シャロウンは、同国の親しい先輩であるフーゴー・ヘーリングの思想にふかく影響されていたのだと思われる。

ヘーリングの考え方は、形態はその本質から、つまり内から外にむかってみだされるべきものというのである。そして、著者は、そこにおける想像力の役わりの重要性に言及してきた。ハンス・シャロウン自身も、物と用途との関係を適性化しようとするなら、あたえられた課題にむかって想像力をはたらかせねばならない、といった主旨のことを述べている。それでは、ハンス・シャロウンは、ベルリン・フィルハーモニーがあたえる課題にどのような想像力をもってたちむかったのだろうか。

シャロウンは述べている。「全体の構成は一つの風景を志している。ホールはいわば渓谷であり、その底にはオーケストラが陣どっていて、それをとり巻く丘の中腹に

＊24　ハンス・シャロウン（一八九三―一九七二）はドイツ表現主義運動から出発し独自の近代建築を築いた。

＊25　ヴァイセンホーフ・ジードルンクは一九二七年にミース・ファン・デル・ローエがコーディネーターを務め、シュトゥットガルト（ドイツ）の郊外において開催された近代建築の住宅展示会。第2章11、12図参照。

はぶどう畑が広がっている。さながら天幕のごとき天井は、この風景の上に広がる天空である。[文6]」

当初から「音楽を中心にすえる」ことを基本姿勢と定めていたハンス・シャロウンは、上記のイメージによってきわめてユニークな建築的解決をえることになる。オーケストラを空間の中心において、それを周囲から聴衆が見おろすようにとり囲むという、かつてないコンサート・ホールの構成がつくりだされたのである。

「ここには《つくり手》と《受取り手》の分裂は無く、最も自然な座席配置によって、オーケストラを取り巻く聴衆達のひとつのコミュニティともいうべきものがつくりだされている。」「それゆえ、その大きさにもかかわらず、このホールには何か親しみやすい雰囲気があり、音楽に生でぶつかり、また音楽をともに作りだしていくことのできる場となっている。[文6]」（シャロウン）

ホールはメイン・ホワイエの上に大きな容器のように浮かばせてある。付属するすべての施設がホールの下にぐあいよく配置され、その部分の有機的空間展開のみごとさも特筆にあたいするものである。しかし、この作品が有機的であるのは、ホールの内にも外にも直角があらわれていないからではない。その形態が、対象の本質に関する想像力によってなされた、機能概念の深まりの結果だからである。

ハンス・シャロウンにはもう一つの有名な作品がある。ロミオとジュリエットの愛称で知られる一対《いっつい》の集合住宅である（16）。ここでは、想像力は、一戸一戸が外にむかって力強く存在をうったえ主張する集合体として、その機能的なあり方をつくりだしている。

a

15 ベルリン・フィルハーモニー音楽堂、1936（ハンス・シャロウン）
(a)外観
(b)内部
(c)断面図

b

c

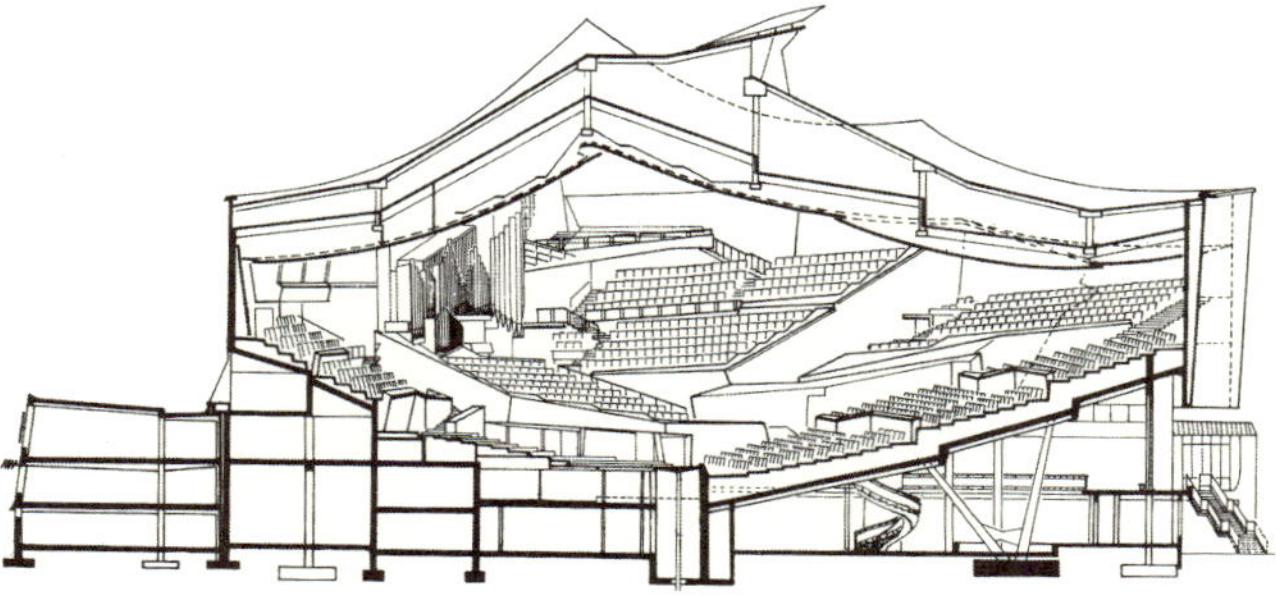

16 ロミオとジュリエット集合住宅、シュトットガルト 1959
（ハンス・シャロウン）
(a)ロミオ棟
(b)ジュリエット棟

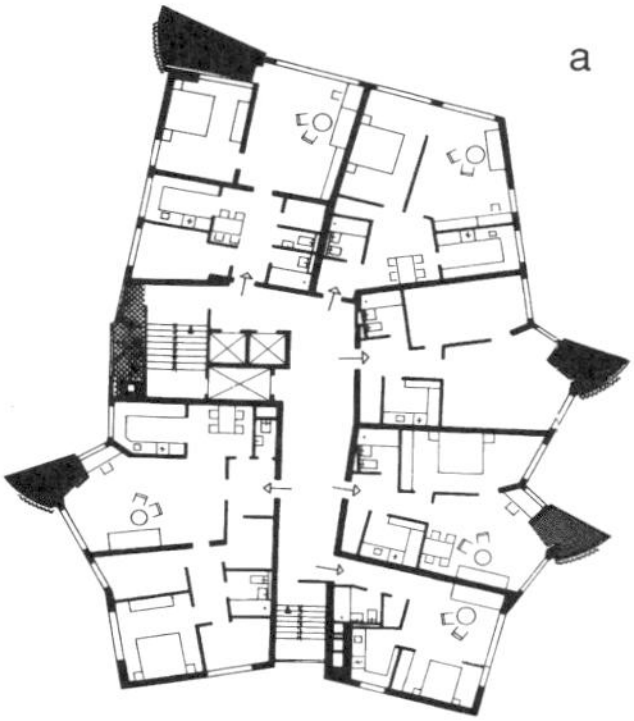

a

b

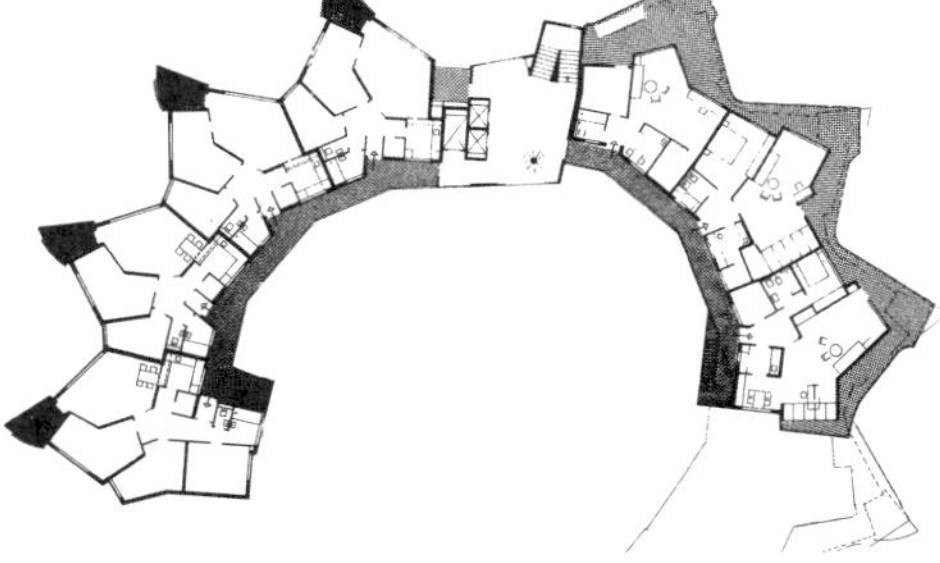

ライトの有機的建築

フランク・ロイド・ライトは、有機的建築の創始者として、だれ知らぬものもない存在である。すでにライトについては〈時・空間〉の建築家として紹介しているが、ライトが〈時・空間〉という発想に気づくようになるのは、一九二八年以降、ライト自身が影響をあたえたデ・ステイルなど、ヨーロッパからの逆輸入によるものであったらしい。[文7]一八九三年の最初の仕事いらい、ライト自身のほんらいの課題は有機性にあったのである。

ライトの有機性はヘーリングのそれとまったく無関係に、アメリカの土壌のうちより生まれでている。ヘーリングはドイツの表現主義のながれのなかから、その思想を発展させたのである。それにもかかわらず、両者の思想は基本的なところで一致している。

ライトによれば、有機的建築とは「現代的な道具と機械[文3]」を用いて「優美に豊かに時代と場所と現代人のために充当《じゅうとう》することと[文3]」を目的とする建築のことである。問題は充当の仕方だが、ライトは自然をなにより尊ぶ。そしてライトにおける自然とは、ものごとの本性のことであり、技術すらも自然でなくてはならない。人間のためのものであること、これが技術の自然である。「機械がモチーフになることを私はけっして許さなかった[文3]」。これはライトの近代建築批判とうけとれる言葉だが、ライトの有機主義の一端がここにはっきりとあらわれている。

人間の自然もライトの重要な関心の対象である。ライトのもとで働いた経験をもつエドガー・ターフェルは興味ぶかい逸話をつたえている。長時間の頭の中での熟成ののち、終始低い声でしゃべりながら、ライトは一気に図面を描きあげたそうである。「リリアンとE・Jはバルコニーでお茶を飲むだろう……彼らは橋を渡って森の中を散歩するだろう……」。E・Jとは落水荘（17）のオーナーであるエドガー・J・カウフマンの愛称にほかならない。「E・Jの座る岩は、そのまま暖炉の炉床になって、床から突き出している。火は彼の背後で燃えている。火にかけるやかんはここの壁に納まる。そして使う時にぐるりと回すと火の上にきてお湯を沸かす。蒸気は周辺に行き渡る。シューッ、シューッ、という音が聞こえてくる……」[*26]。「君は家の裏手に車を止める。岩の崖が右手にあり、入口のドアは左手だ。頭上にはコンクリートの格子がある。辺り一面はシャクナゲや大きな老木—傷つけないように、木々を避けて設計しよう。滝の音をバックグランドにして」[文8]。

デザインは人のためのものである。ライトはいつもクライアントのことを思い浮かべて、具体的な生活のイメージを形にしようと努めたのである。

その一方でライトは、形と空間を、環境や土地柄とふかく関係づけることに強い関心をそそいだ。低く水平に伸びる深いひさしは、アメリカの草原で生まれた自然さをそなえている。そして、その下に展開する流動的で自由な空間は、有機的建築の、いまや主要な性格である。自由、これはアメリカ人ライトにとって重要なキーワードである。だから、空間における自由の感覚こそが、有機的建築の中心課題であって、ちっとも不思議ではないのである。ユニティ教会（18）は「この新しい真実性—住むための内部空間」[文8]の最初の実現であるとライトは述べている。「建物のどの部分にも、自由が生き生きと活動している」[文9]と。

＊26 第4章23図参照。

a

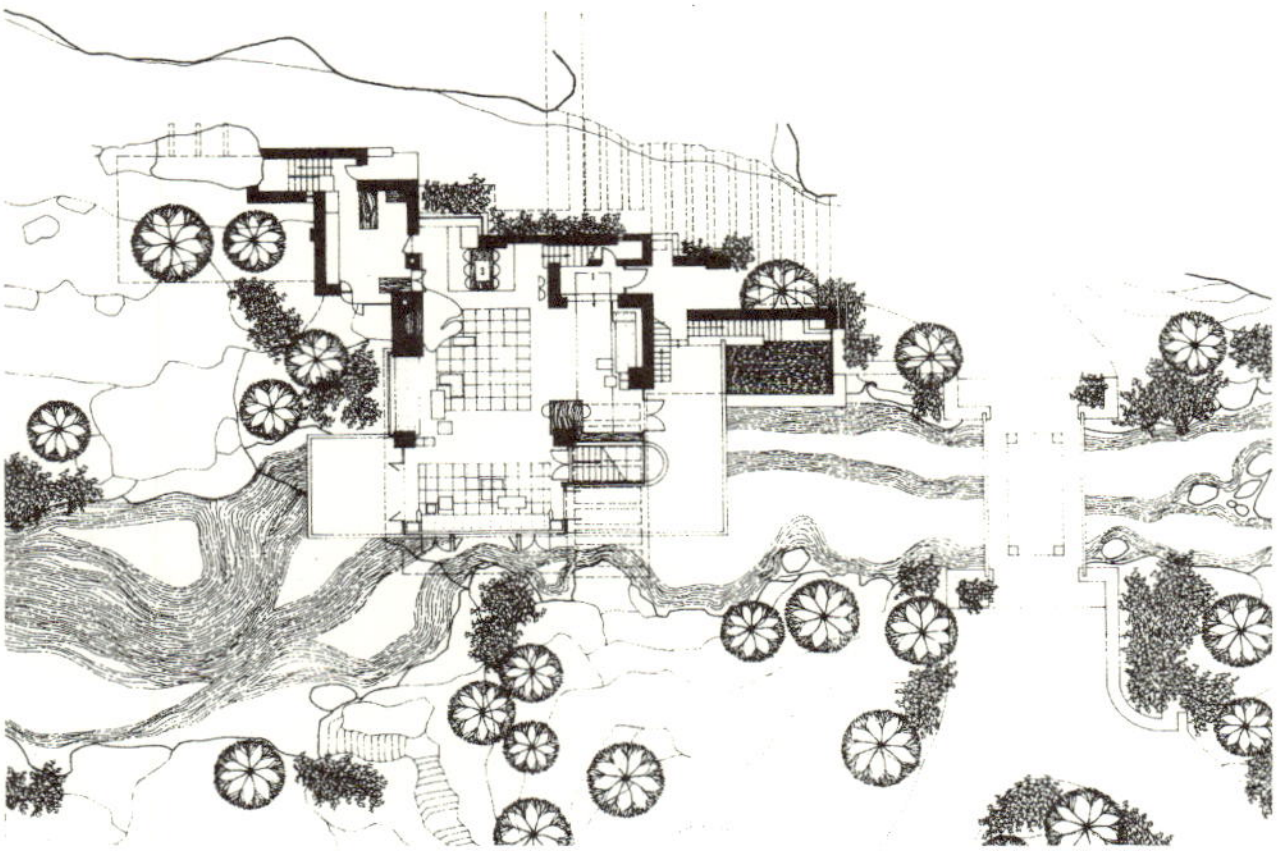

c

b

17 落水荘（カウフマン邸）、ペンシルバニア 1936（フランク・ロイド・ライト）
(a) 1 階平面図
(b)全景
(c)滝から臨む外観
(d)断面図

d

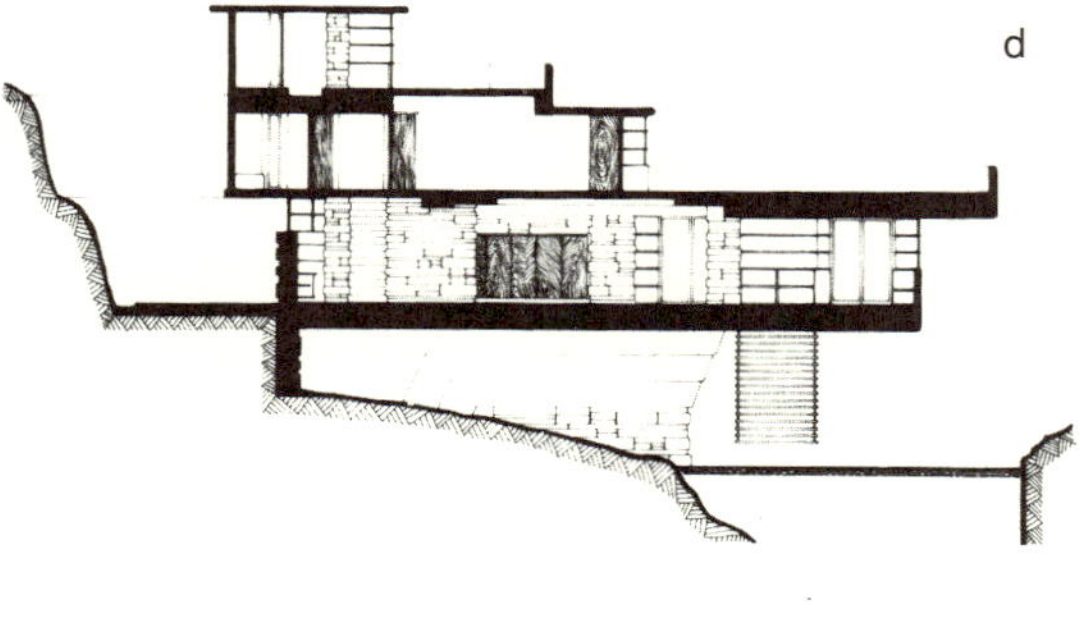

a

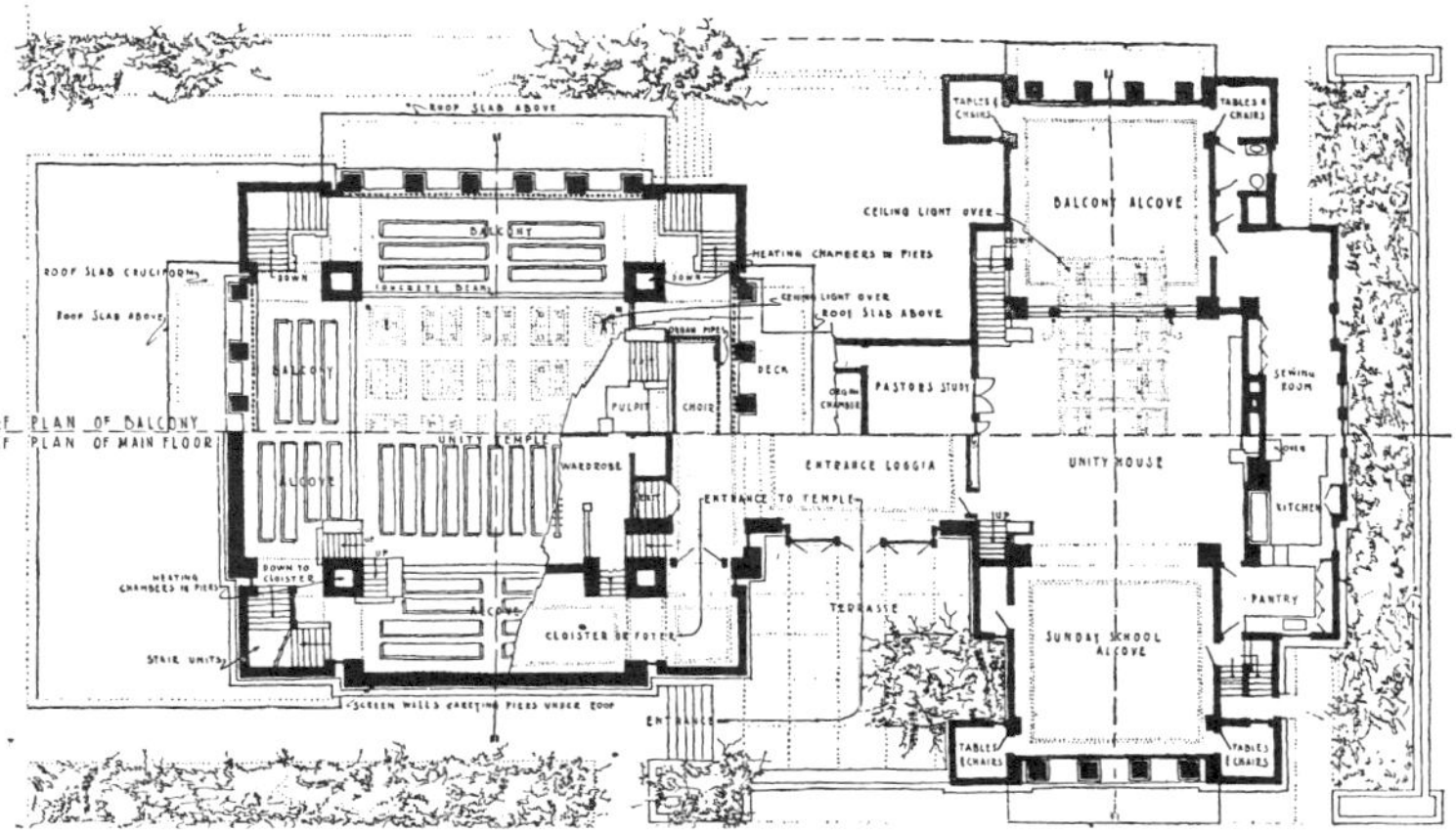

b

c

18 ユニティ教会、イリノイ 1906（フランク・ロイド・ライト）
(a)外観
(b)平面図
(c)内部

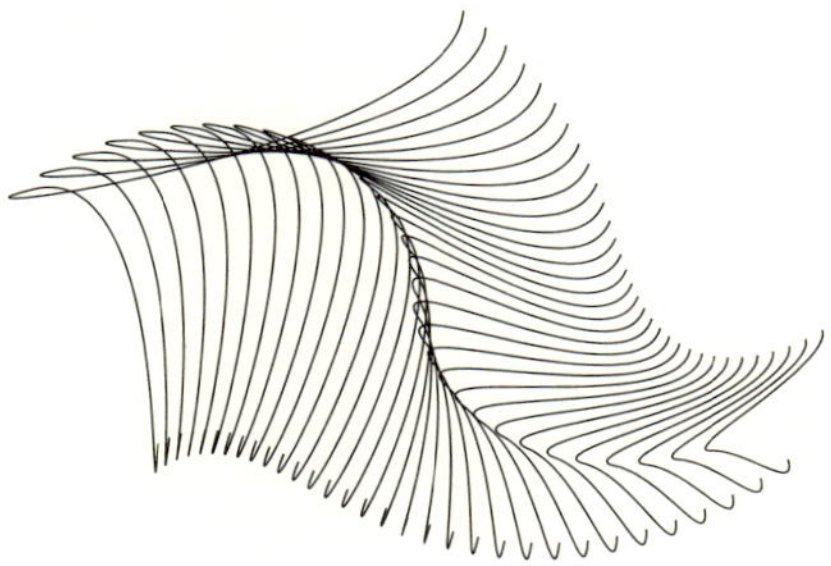

第6章　幾何学と有機原理

有機原理の建築は、いわゆる有機的形態つまり直角のない変わった形を必ずしも意味しない。建築の目的、その背景・条件によってきまる、その建築の本質をみすえるところから形態に至るのが有機原理である。結果として四角くなることがあったってかまわない。

はじめから型をきめてかかるのがいけないのである。

有機原理と形態

前章で述べた有機原理の原則をくり返しておこう。すなわち、ひとつの建築がいかなる造形領域にあるかは、対象となる建築の本質[*1]と関連しており、それにたいする建築家の探求と想像力によってきまるのである。

ヘーリングは、ル・コルビュジエがなにを設計するにも、はじめから幾何学的な型をもち込むことを批判した。彼自身は、型をあらかじめきめないで対象の本質にたちむかい、結果として適切な建築の形態へ達しようとした。アルヴァ・アアルトも同じようにふるまったし、ハンス・シャロウンも同様であった。

これら有機原理を代表する建築家たちの作品は、単純な立方体や水平・垂直といった幾何学の基本形からは遠いのがふつうである。四角四面の厳正《げんせい》な幾何学の建築とはいかにも対立関係にあるようにみえる。そのため、建築の有機原理というのは、建築の形態を、幾何学からはずれた、少々かわった形にすることだと受けとられる傾向がある。それでは、有機原理の建築と幾何学とはほんとうに両立しがたいものなのだろうか。

じつはそんなことはないのである。ヘーリングがル・コルビュジエの幾何学とはげしく対立したのは、ル・コルビュジエが形態は幾何学的であるということをはじめからきめてかかっていた、そのやり方にたいしてなのである。結果として形態が幾何学におちつくことがあったとして、そのことをいけないというつもりはヘーリングにはなかった。むしろ、「ヘーリングは、幾何学か有機体の学か二者択一《たくいつ》の問題についてこれを誤ったものとしてしりぞけている」[文1]。だいじなのは、形態が本質から発してい

＊1　第5章＊13参照。

るか否《いな》かということにつきるのである。有機原理は、自然の形態をまねることや、彫刻のようにある種の直感で形をつくるのとは違う。本質から発して結果が幾何学であっても、それはそれですこしもかまわないのである。

ライトも同様に考えていた。「我々は、個人の生活のために規定され、かつ個性的な表現をはっきり示しているような建築方式を、有機的建築とよぼうと思う……。まえもってそれときめられた公式、ただ外面的なあらわれ方だけに関するような公式からそれを区別しようと思う」文2(ライト)。

ひるがえって、いまこのとき、われわれの時代の事情を考えてみると、一方には、人間を尊重すべしとする現代的ヒューマニズムの気分がある。もう一方には、環境をまもり、調和をおもんじることを強いる、環境問題という名の強制力がはたらいている。建築家は、対象とする建築の目的と、その影響がどのようなことであるのかを、真剣に問うことを避けえない。とりわけ一九八〇年代の装飾過多のポストモダニズムの破綻《はたん》のあとをうけて、そういう傾向が一般に広がってきている。有機原理が普遍化しつつあるといってよいかもしれない。

しかしそれは、アアルトやシャロウンの形態のよみがえりを単純に意味するものではありえない。形態についていうなら、現代建築は混沌《こんとん》と多様化の状態にある。そして、そのいずれもが、有機原理と無縁ではない。これからの建築は、複雑化する状況[*2]と、それに対応する建築のプログラムにたいして、建築家の想像力がどのような方向にその形態領域を見出していくか、そこに問題の焦点があるのだと思われる。これについては第8章であらためて検討する。

＊2　環境問題や都市問題や新しい社会的要請への対応の複雑化。

ライトの幾何学

有機的建築の一方の旗頭であるフランク・ロイド・ライトは、皮肉なことに幾何学の建築家でもあった。その点で、アアルトやシャロウンと違っている。アアルトやシャロウンの建築をしばしば魅力的にしているフリーラインの平面は、ライトの建築にはみられない。ライトの平面はかならず幾何学的なパターンの上にのっている。直角のパターンはもちろん多いし、ほかにも三角形、六角形、円のパターンなど、バリエーションはさまざまだが、いずれも整然とした幾何学である。なぜライトは幾何学のパターンにこだわるのか。それは、幼児期に母親（ライトの誕生以前からライトを建築家にしようときめていたといわれる母親）からあたえられた「フレーベルの玩具」[*3]をつうじて、フレーベルの思想が、ライトの感性にふかくきざみ込まれたためでであろうかと推察される。

フレーベルはドイツの教育家で、幼稚園の創始者としても知られている。フレーベルはあらゆる事物の現象のうちに内的な関連をみいだし、そこに事物の最高原理である統一を洞察した。そして、それらの関連は、単純な基礎にもとづいて構成されているということを、発見していったようである。「フレーベルの玩具」はいまでいう積木のようなものであり、大きな立方体が小さな立方体や小さな三角柱などを基礎に構成されるさまを、遊びをとおして学び、事物のなかにひそむ統一の原理をさとらせるといった目的のものであったらしい。

おそらく、こうしたことの影響によって、ライトには、建築の各部分や材料や環境における有機性のほかに、宇宙や自然界のみえない秩序にたいしても、形を融合させ

＊3　正確には恩物（Gaben）と名付けられている。神から授けられたものという意味である。フレーベル（一九八二―一八五二）は子供が恩物を用いて遊ぶなかで、色の基本、数、物体の形の基本を理解し、身体的技能、感覚、感情、知性、意志を調和的に発達させることを目指したといわれる。

ようとする、もう一つの有機性への意図がつよくはたらいていたのであろう。そのために、ライトは、平面を単純な幾何学形態のくりかえしのパターンにのせ、結晶体のような統合の秩序をそこにもたらすと同時に、宇宙への連続性のなかに織り込もうともしたのだと思われる。

「ひとつの決定せられたユニットは、その家を中心として四方にその統一の世界をくり広げる。たとえば、五フィート三インチとか四フィートの四角なユニットは敷地はいうに及ばず、遠く四方にその統一をくり広げる。私達がタリアセン（1）の建物を規定している十六フィート（四フィートの四倍）ユニットが砂漠のどこまでも統一を強制していることを、主建築を遠く離れたコンクリートスラブの目地切りの作業において実感したということを思いだす。」[文2]（天野太郎）

しかし、ユニットのくりかえしは統一をもたらすと同時に、一方では、制約のおもしとなって不自由をしいる場合のあることも否定できない。少なくとも、フリーラインほどの自由はない。幾何学へのこだわりそのものが、自然な印象に反すると受けとられる場合もある。そして、実際、そうした古典幾何学の図形に依存する傾向は、やや堅苦しい印象をあたえる場合があることも否定できない。ラスムッセンはこの点に触れて、「ニューヨーク世界博の波状の室内壁をもつフィンランド館（2）をF・L・ライトのガラス店（3）と比較すれば、アアルトの作品が多くの人にとってずっと自然にみえる」[文4]と記している。また、六角形パターンのハンナ邸（4）にふれ、「ハンナ・ハウスにおけるように、こじつけやみせかけになりやすい」[文3]とも記している。パターンへのこだわりには無理のともなう場合があるという訳である。

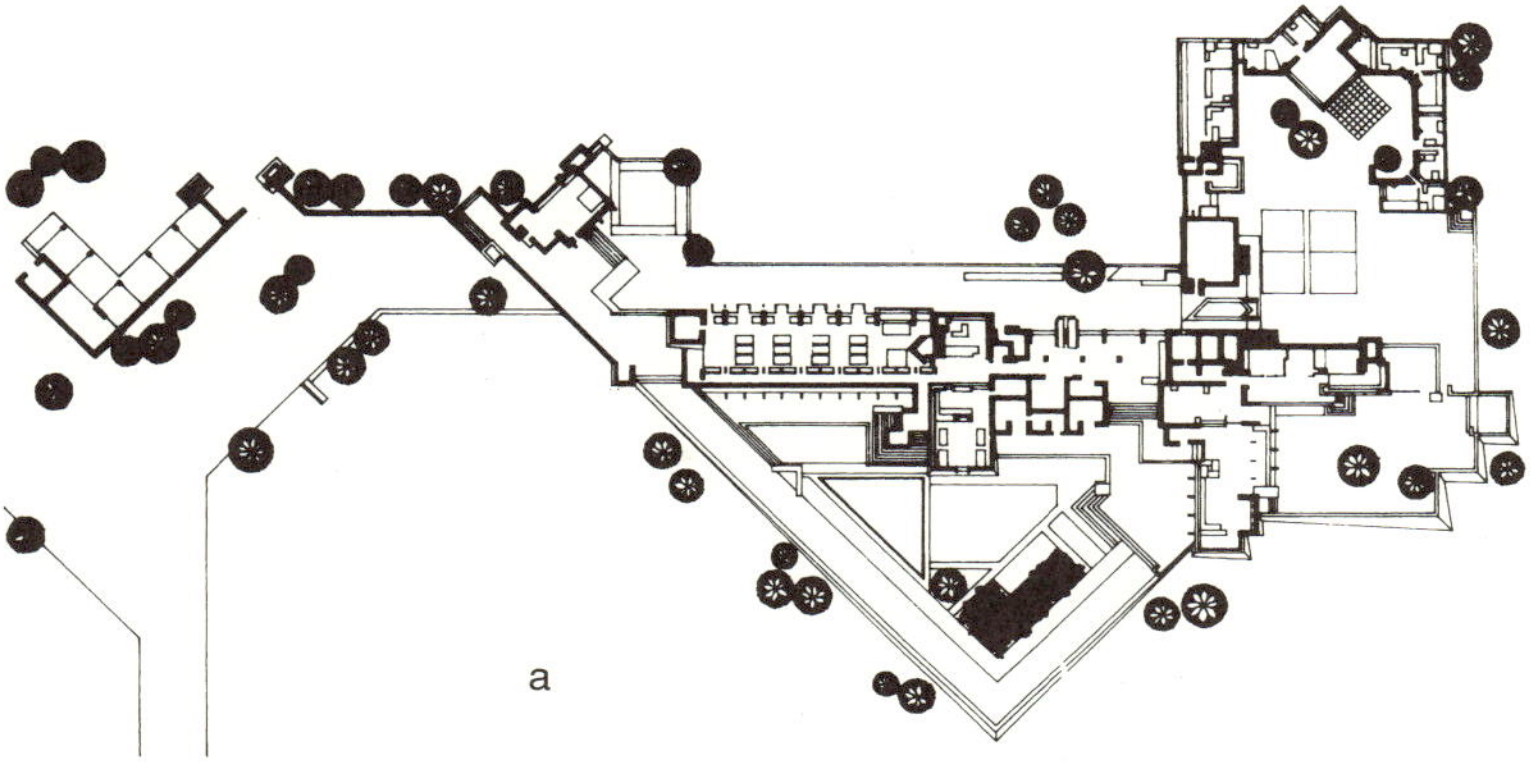

a

1 タリアセン・ウェスト、アリゾナ 1938
（フランク・ロイド・ライト）
(a)平面図
(b)外観

b

a

2 ニューヨーク世界博フィンランド館、
1939（アルヴァ・アアルト）
(a)内部
(b)平面図

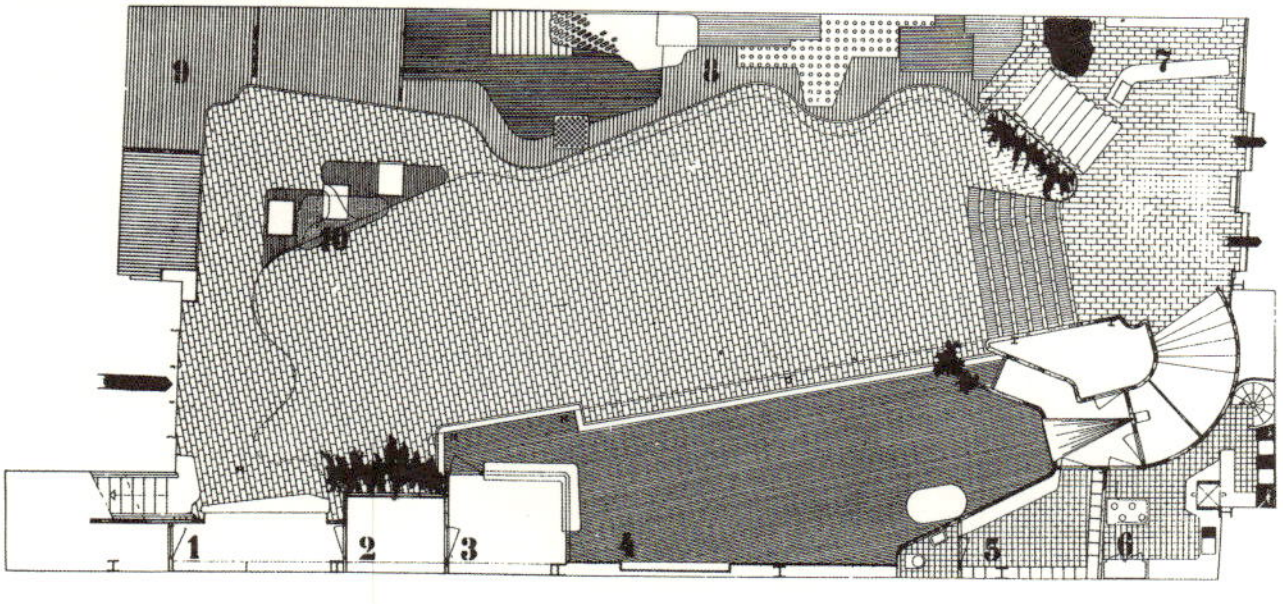

b

a

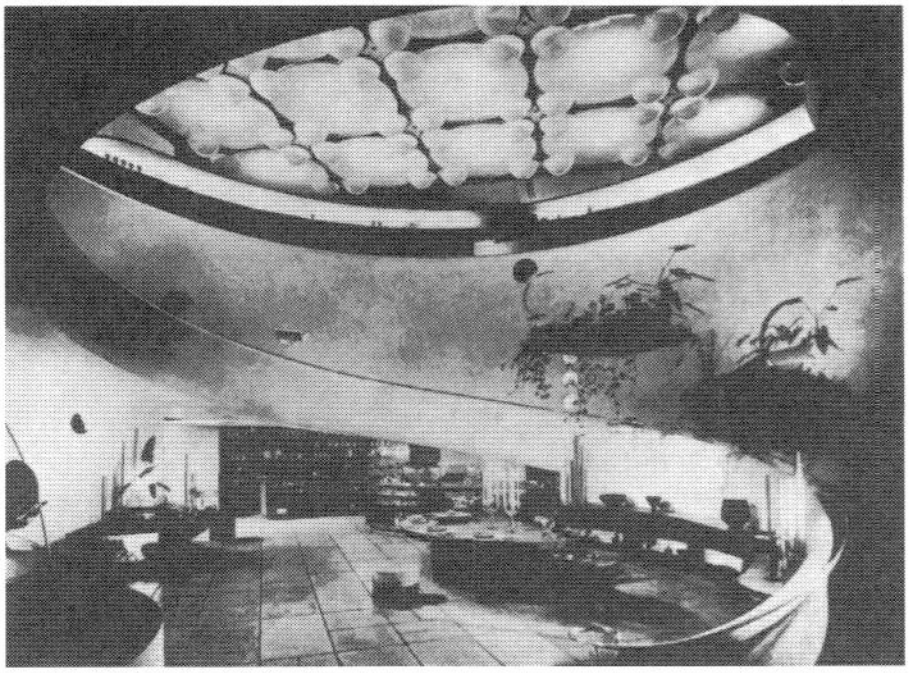

b

c

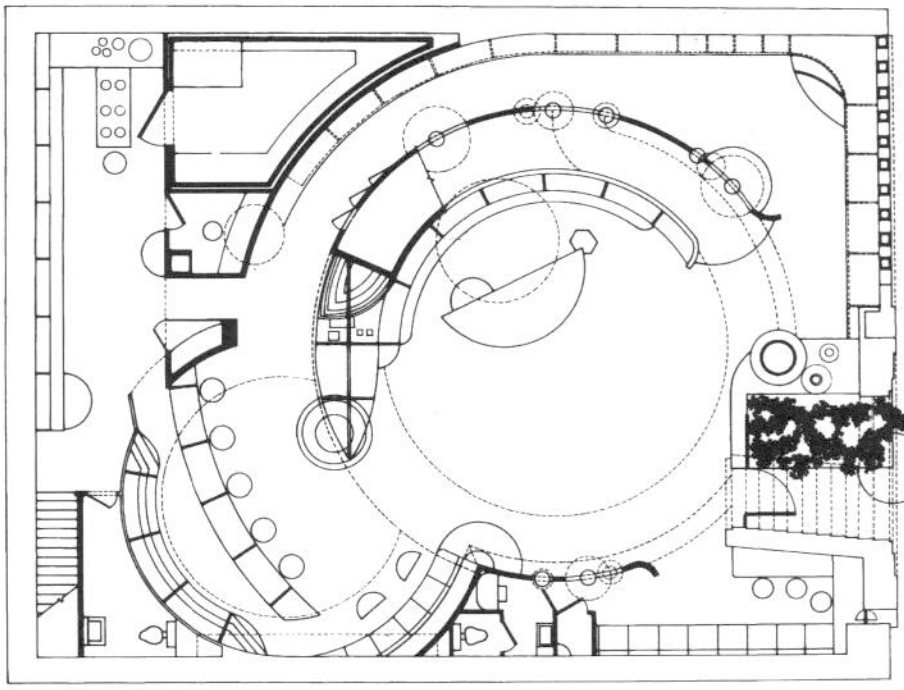

3 モリス商店、ニューヨーク 1948
（フランク・ロイド・ライト）
(a)外観
(b)内部
(c)1階平面図

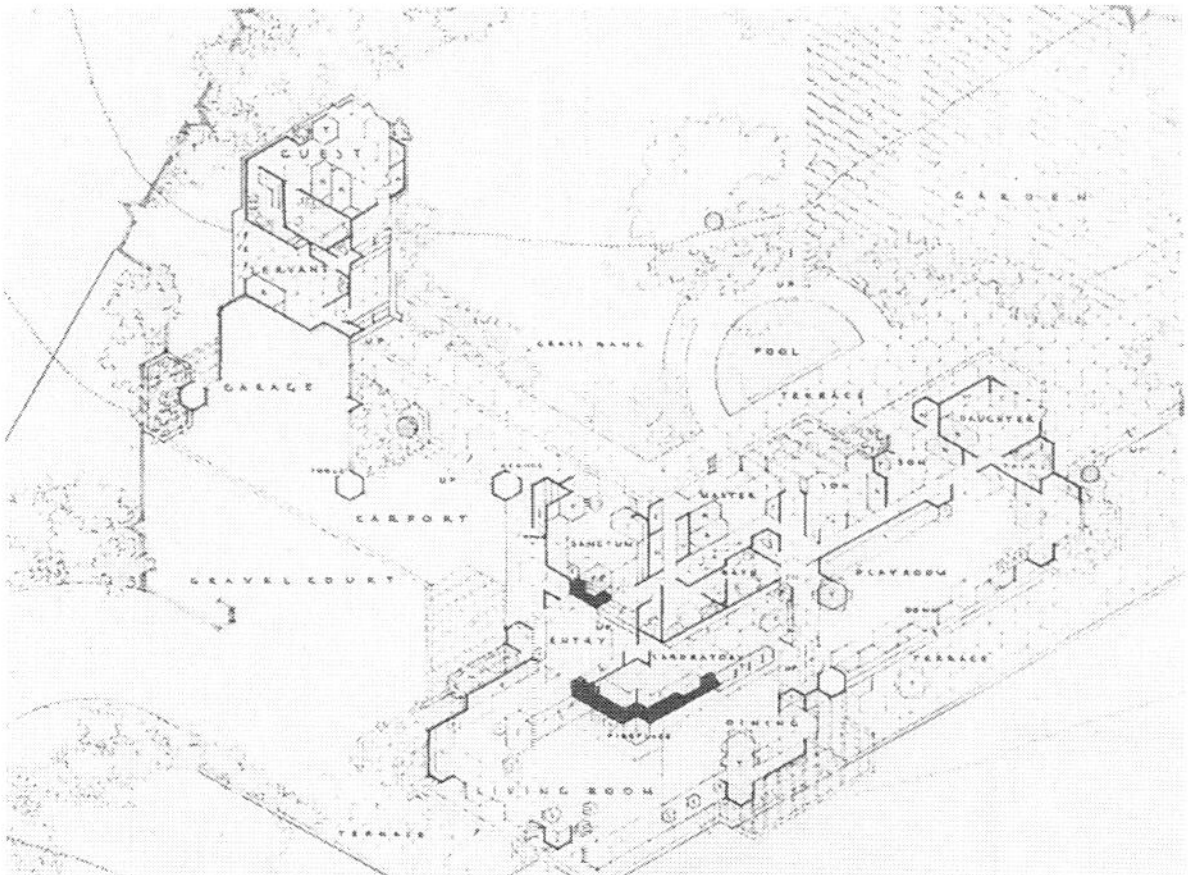

4 ハンナ邸平面図、カリフォルニア 1936（フランク・ロイド・ライト）

外形と内部の対立

内から外にむかって考えるという有機性の原則によれば、自由な形の凹凸が、外形にあらわれてくると考えられるのが一般的である。

それにたいして、外形は単純な基本形であって、内部には有機性が包み込まれているという、対立の構図というものは考えられないだろうか。これを思うとき、著者がまず考えるのは、町屋やコートハウスのあり方である。コートハウスは、いうまでもなく、四方を隣地や道路に接する壁でかこんで、中庭にむかって開くようにつくられる都市住宅の形式であり、町屋はそのわが国における伝統的なあり方である。ここでは、メキシコの建築家ルイス・バラガン[*4]の場合をとりあげることにしよう。

フランシスコ・ギラルディ邸(5)は、一〇メートル×三五メートルの敷地に、もともとプールをもつ住宅の建てかえとして設計された。中央にコートをもち、道路側と奥の建物を通路でむすぶプランは、一見、よくあるコートハウスと変わるところはない。しかし実際には、この家は、ギラルディ自身の言葉をかりれば、「空間の奇跡」[文4]なのである。

この奇跡をうみだすために、ダイニングはキッチンから二〇メートルも離されており、リビングが二階にあり、おまけに主人の部屋は三階にある。一階にあってコートに面する部屋はダイニングだけである。しかも、この部屋の奥半分はスイミング・プールなのだ。天井も通路にくらべて一段たかい。この部屋がこの家における特別の部屋であるのはあきらかである。この部屋が特別の部屋であって、コートを専有しなければならないために、リビングは二階からコートを見おろすことになったのである。

＊4 ルイス・バラガン(一九〇二―一九八九)はメキシコの現代建築を代表する建築家。

コートのダイニングと反対がわには壁があり、その裏がわにはサービス・ヤードがあって、これに面してキッチンと使用人室がかくされている。そして、ダイニング・テーブルは、敷地にただ一本の大樹、その特別の大樹とまっ正面にむかい合う位置におかれている。スイミング・プールはといえば、実用的なプールでもある一方で、ダイニング・ルームに光と色とともに[*5]水面のもたらす独特の詩情のための要素として、なにか胸をしめつけるような感動的な役わりを演じている。そうじてこの部屋は、緊張感ただよう部屋である。

だからといって、居間や寝室がそまつな扱いをうけているというのでもない。コートを見おろし、大樹をながめ、おちつきのあるいわゆる居心地のよい部屋である。居間や寝室がそのような部屋であることによって、ダイニングの緊張感とのほどよいバランスがとられている。

こうしたことのすべてが、この家の全体に、けだかく威厳にみちた統一感をもたらしており、寸分のすきというものを感じさせない。すべての判断の元は生き方への考察から発せられるという、バラガンの設計の姿勢がここにもみごとにあらわれており、バラガン流の有機原理というものを感じさせる。

この家は一〇メートル×三五メートルの枠のなかにおさまっている。もちろん外形を見ることはできないコートハウスである。窮屈な枠のなかで有機原理が熟成している。こうしたコートハウスの例は少なくあるまい。このことは、有機原理というものが、ライトやシャロウンの空間のように内から外へと広がってゆく形式ばかりではなく、外形と内部の対立をもゆるすことの証明ではあるまいか。

*5　プールのなかに立つ壁は明るく彩色されておりトップ・ライトの光がその部分を照らし出している。

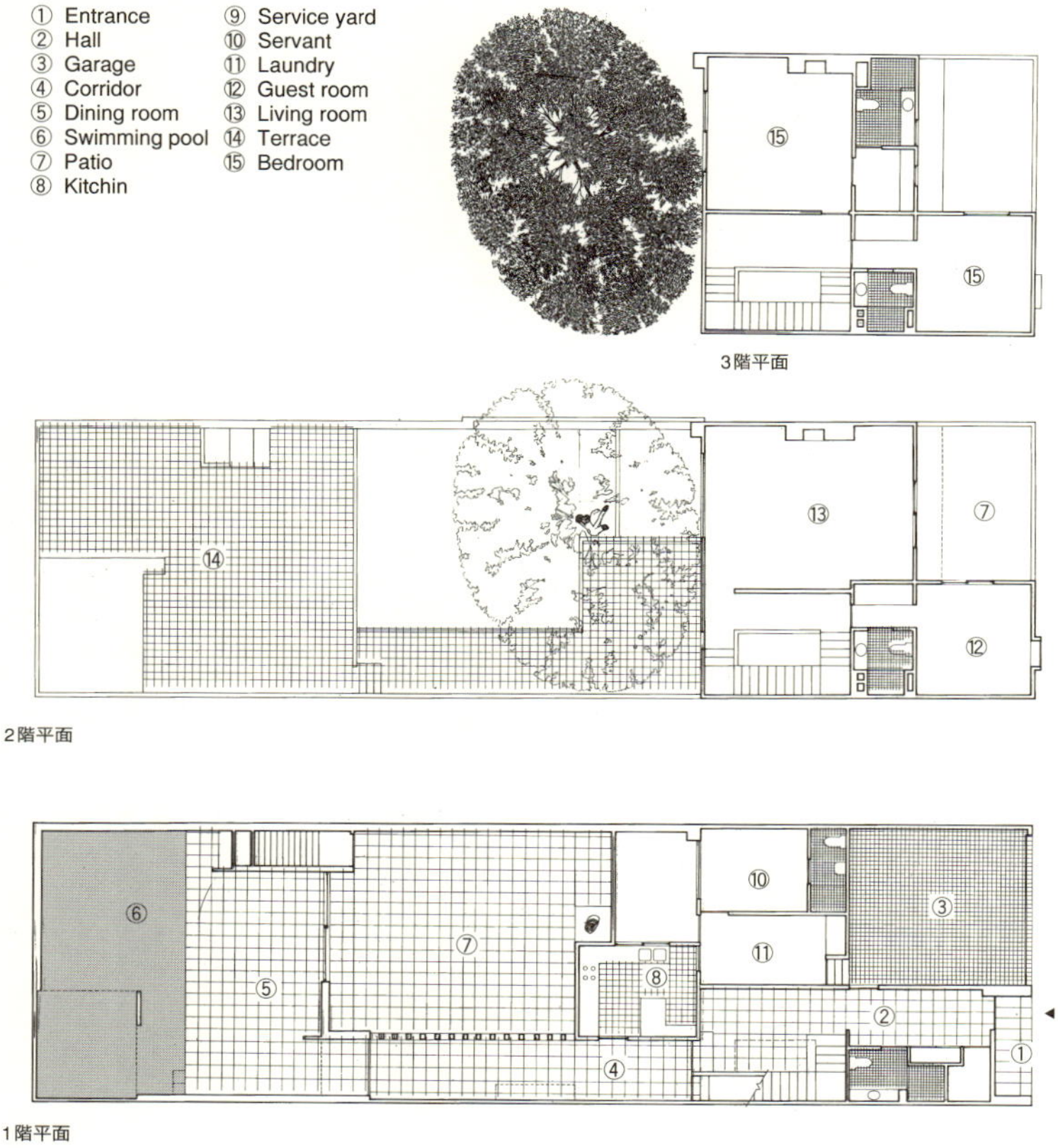

a

5 フランシスコ・ギラルディ邸、メキシコシティ 1978（ルイス・バラガン）
(a)平面図
(b)プールから食堂をとおして中庭を見る
(c)居間から中庭を見下ろす

b

c

ロースのラウムプラン

一九一〇年はドイツでフランク・ロイド・ライトの作品集が出版され、その影響がヨーロッパに広がろうとする年である。そのおなじ年、ウィーンにアドルフ・ロース[*6]のシュタイナー邸（6）が建設され、べつの意味でセンセーションをまきおこした。ロースは『装飾と罪悪』という著書（一九〇八）の中で、「……文化上の進化とは日常使う物から装飾をはぎとることと同じである……」と述べ、装飾を罪悪とまで断じている。シュタイナー邸は、その考え方の実践である。シュタイナー邸はヨーロッパではじめて建った装飾のまったくない建築であった。それは一九二〇年代のいわゆる近代建築の平滑な外壁をさきどりしている。こうしたことから、ロースは、なによりも装飾の否定という点において、近代建築の先駆者としてのゆるぎない評価をえることになったのである。

ロースの住宅の外観は、左右対称の古典的な均衡《きんこう》をそなえる、比較的単純な幾何学的な箱である。しかし、その内部空間については、ロースは独特の考え方をもっていた。それは、「……住宅の部屋割りを従来のように、各階ごとに平面で考えるのではなく、三次元の空間、立体において考える……」（ロース）というものである。たとえば便所の天井高を大広間のそれとおなじように馬鹿高くする必要はないはずである。「この天井高を半分にするだけで、上部にもう一つの天井高の低い部屋を作ることができる」[文5]（ロース）。ロースは、広さと天井高のそれぞれの寸法の異なる各部屋を、全体の三次元空間のなかで、立体的に割りつけ関係づけるという手法を考えたのである。そうすることによって、実利上の合理性を獲得すると同時に、三次元的に関係づ

＊6　アドルフ・ロース（一八七〇—一九〇三）はアメリカで合理主義の精神を身につけ、ウィーンにおいてオルブリッヒらのゼツェッション運動に対抗して装飾の排撃を実践した。

けられた独特の空間的効果の獲得へとつなげてゆくことができた。そのような空間の思考が、ロースのラウムプラン raumplan（空間計画）にほかならない。

　ラウムプランの実践によって、外観の端正《たんせい》なキューブとはいかにも対比的に、ロースの内部空間は迷宮的な性格をおびることになる。そのことを確認するうえで、プラーグのミュラー邸（7）にまさる作品はほかにない。

　まず、平面図にあらわされる階段の数の多さをみれば、いかに床高の変化が頻繁《ひんぱん》であるかがわかるだろう。頻繁なだけではなく、その変化は、空間的な効果と実利的合理性にまたがる周到《しゅうとう》な計算にもとづいている。居間は食事室と視覚的に連続しているが、床のレベルは異なっている。それは、居間をもっとも天井の高い、堂々とした部屋にするためである。入口ホールから居間へは数段の屈曲する階段をのぼって低い天井の入口をぬけていくから、居間の空間の威風《いふう》は一段と印象的に感じられる。この入り口の部分を確保するために、婦人室の一部が階段三段分だけもちあげられていて、その部分の天井は低くなるが、おちついたアルコーブとするためには天井の低さはかえって効果的である。玄関からホールへいたる通路の天井は、ホールのそれよりすこし低くしてある。それによって、ホールの印象がつよまると同時に、通路の上階に位置する図書室の天井高さを正常にたもつのに役だっている。などなど、説明すればきりがないほどの複雑な関係がすみずみにまでゆきわたっており、ここに、有機原理の一つの形が示されている。

　そしてそれは、外形の古典的形態原理とはまったく対比的である。内部では、諸条件への応答と関係づけによる、空間の有機的組織化がはたされているからである。[*7]

＊7　ロースは、建築は内部から外部に向かって計画すべきだと主張していた。「床、壁、天井によって形成される空間についての思考が一義的であって、ファサードは二義的だ。[文6]」（ロース）しかし実際にはファサードの古典的な秩序にことのほかこだわった。

6 シュタイナー邸、ウィーン 1911（アドルフ・ロース）

a

b

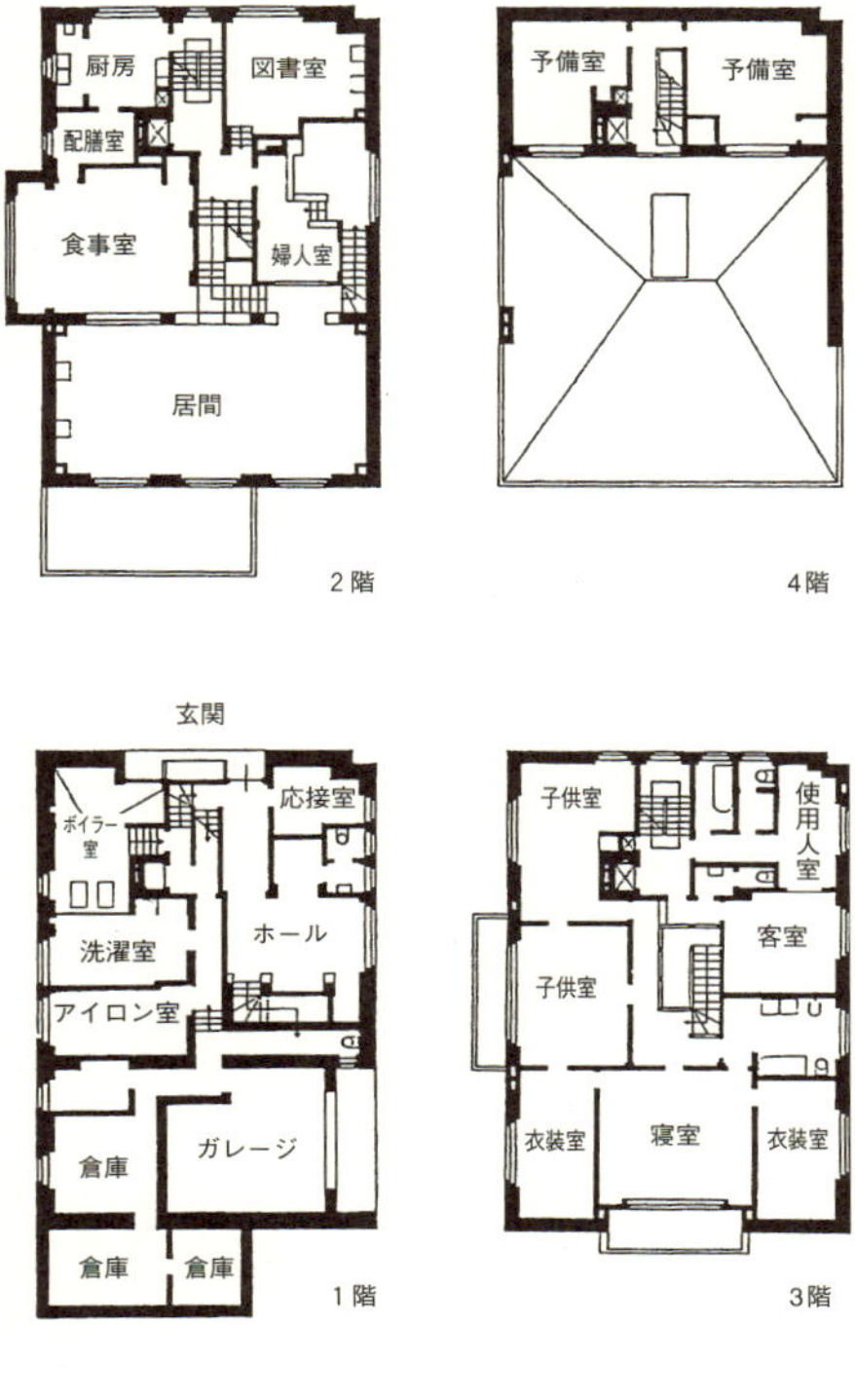

7 ミュラー邸、プラハ 1930（アドルフ・ロース）
(a)外観
(b)平面図
(c)東側の外壁を取り外した状態の模型
(d)居間一右手は食堂につながっている
(e)居間から階段室をのぞむ
(f)内観アクソメ図

c

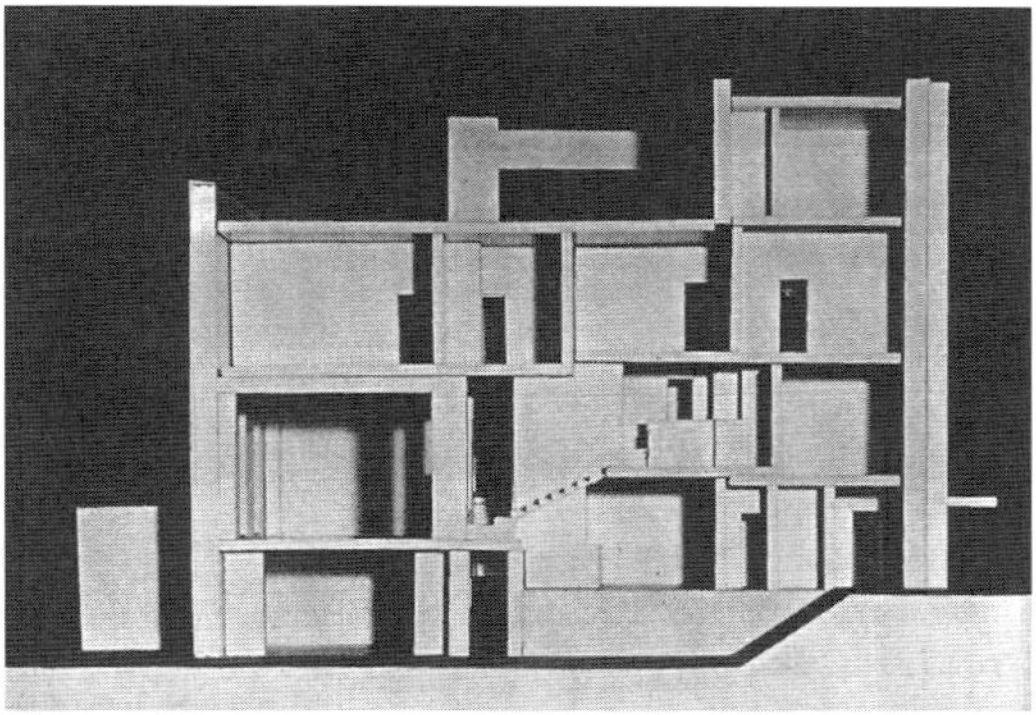

d

e

f

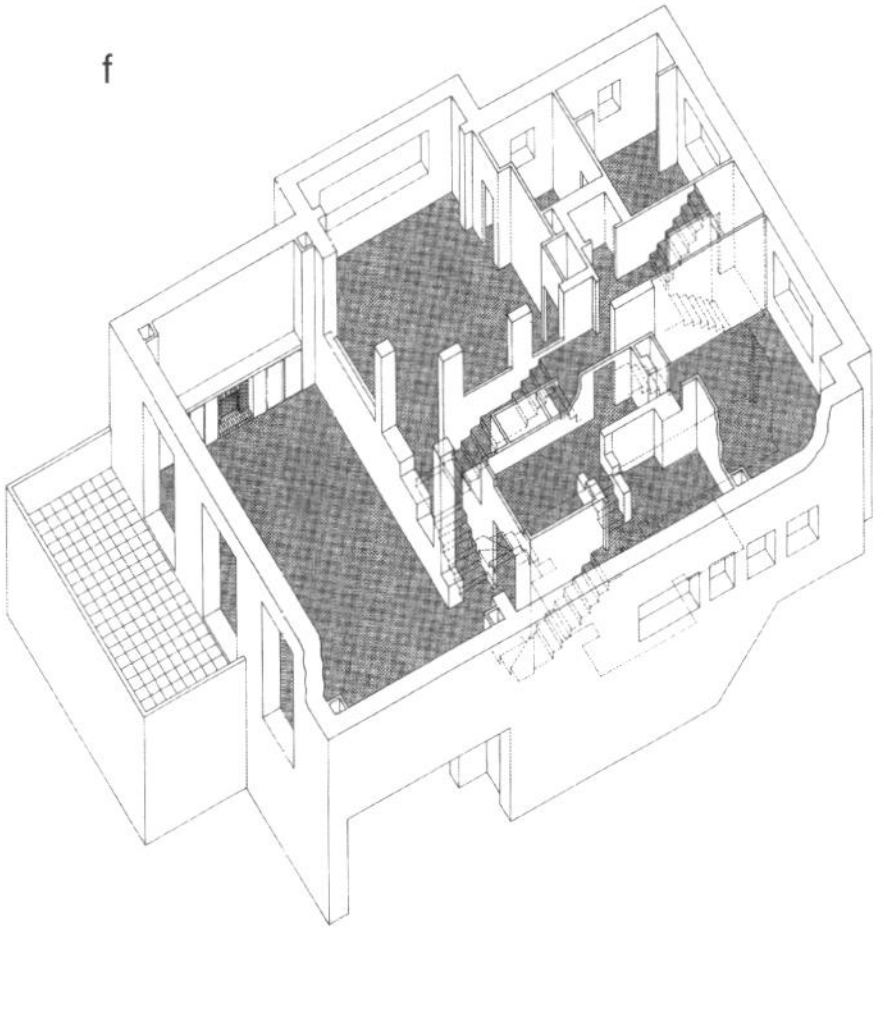

6.5 ル・コルビュジエの場合

　ル・コルビュジエの建築について、〈時・空間〉をうちに包みこんだ箱であるという側面にはすでにふれた。しかし、ル・コルビュジエの箱の外壁は、ドミノ構造にとりつけられた自由な外皮であって、横長窓を実現するものであったから、ロースにおけるあからさまな古典主義の印象はない。古典的秩序感覚をふまえながらも、はるかに印象は軽快である。それは世代の差というものであろう。一方、内部についてみれば、ドミノ構造にもとづくル・コルビュジエには、ロースの立体的な割りつけゲームの入りこむ余地はない。上下間の流動性は、吹抜けによってえられている。このように、こまかくみれば、ロースとル・コルビュジエはあきらかに異なっている。しかし内部の複雑さと外形の幾何学的単純さとの対比は、ロースとル・コルビュジエに共通の原則である。

　ル・コルビュジエには、住宅は「住むための機械である」というかの有名な言葉がある。この言葉のあとには「住宅は次には沈思黙考《ちんしもっこう》のための肝要必須《かんようひっす》の場であり、そこでは美が存在し、人間にとって欠くことのできない静逸《せいいつ》を心にもたらす」[文6]という言葉がつづく。[*8]ル・コルビュジエは、「封建領主の宮殿やローマ法王の教会など、外面の豪奢《ごうしゃ》に捧げられた時代」[文6]の亡霊から、二〇世紀の建築を救いだしたいとのぞんだのである。ル・コルビュジエには、新しい時代の人間にふさわしい生活のイメージと夢とがあった。それはけっして、人間を機械の奴隷にすることではなかった。それとはまったく逆である。機械を使いこなす怜悧《れいり》な精神への思いが、「住むための機械」という言葉を発しさせたのだと思われる。むやみやたらな機械主義ではないのである。

＊8　「住宅には二つの目的があります。住宅は、まず第一に『住むための機械』すなわち作業における迅速、正確さを得るために私たちに効果的な助力を供すべく定められた機械、身体の様々な欲求 - 快 - を満足させるための親切で行き届いた機械です。しかしながら、住宅は次には沈思黙考のための肝要必須の場であり、そこでは美が存在し、人間にとって欠くことのできない静逸をもたらす、そんな場でもあります[文6]」。

＊9　第5章＊13参照。

ル・コルビュジエの幾何学的な箱のなかには、生活というもののまるごとのイメージあるいは人が生きることへの夢がおさめられていた。それは本質[*9]から発している。その意味では、ルイス・バラガンのコートハウスと、なんら変わるところはない。だが、ル・コルビュジエは白日のもとで人間をみようとする、根っからの合理主義者であったから、そうした人間理解のレベルになると、微妙な差異をみとめない訳にはいかない。

ふたたびサヴォワ邸（8）をみてみよう[*10]。車はピロティの下で回転半径から機能的にきめられた曲面にそって車庫におさまる。一階はサービスと召使いのためにあてられていて、主人と客は斜路にそって二階にすすむ（サービスは階段による）。斜路は中央部で建物全体を貫通している。二階にはL字形に諸室がおかれている。居間はテラスと連続していて、テラスからは田園と空とがのぞまれ、明るく静逸《せいいつ》な人間的時間が約束されている。一方、浴室にはタイル貼りの背もたれつきソファがあり、古代ローマの浴場を思わせるほどである。こうして、白い立方体の箱のなかには、ある意味で理想生活の統合的なイメージが実現している[*11]。しかし、この箱は周囲にたいして閉ざされ、切り離され、周囲をながめわたす視点として傲然《ごうぜん》と存在している。有機性の観点からみるとき、ここにル・コルビュジエの限界がある。そのことは、次にしめす有機原理の一つの極をなす言葉と対比してみるとき、ひときわ際だって感じられるであろう[*12]。「昔の工匠たちは、彼らの建物を地域性に非常にうまく適合させた。それは、あたかも自然そのものの一部のように形づくられ、建物がおかれた土地に定着しており、またそこから生い育っている[文7]。」（ピュージン）

＊10　第3章3・5参照。

＊11　ボーゼナーはサヴォワ邸について次のように述べている。「ル・コルビュジエがこの邸について述べたことは、『外見では建築を強調し、内部では方角、部屋間の関係などの機能的要求を満たす』ということだった。……ル・コルビュジエは内から外に向かってデザインしない。しかしまた、外から内へとするわけでもない。その点でヘーリングはル・コルジュジエに対して非難した。ル・コルビュジエは両者を分離する[文10]。」

＊12　このことから、読者は、ル・コルビュジエの住宅建築と有機原理との関係を独自に考察されたい。なお、建築の有機原理には、それが建つ環境やそれがつくられる材料に適合することも含まれている。

b

c

d

a

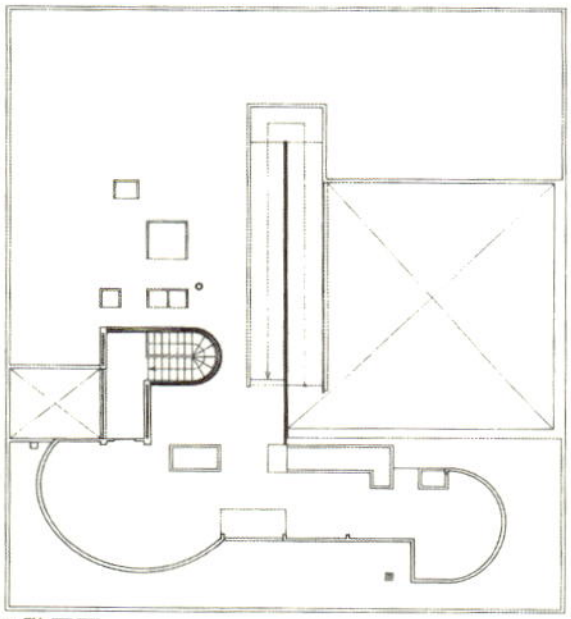
3階平面

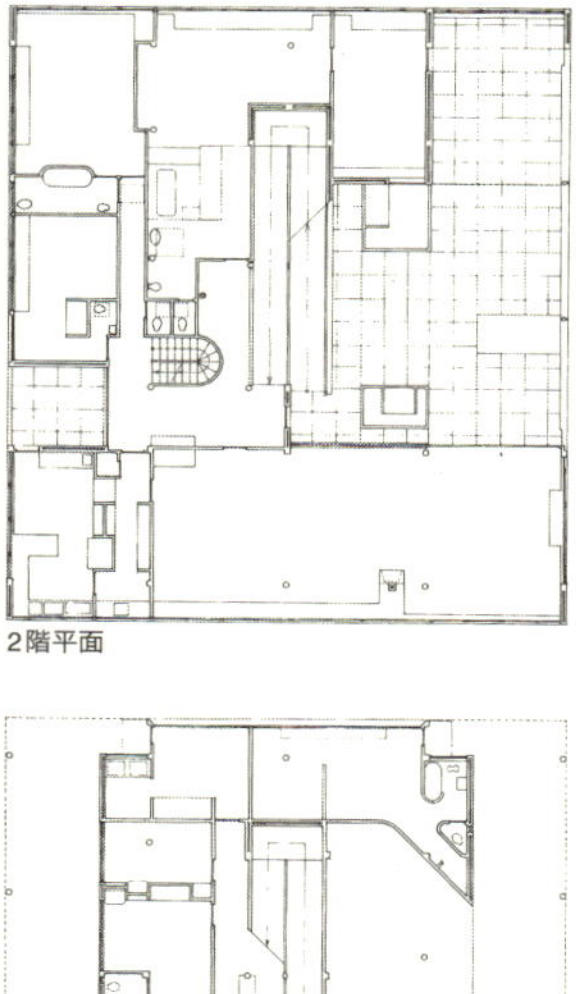
2階平面

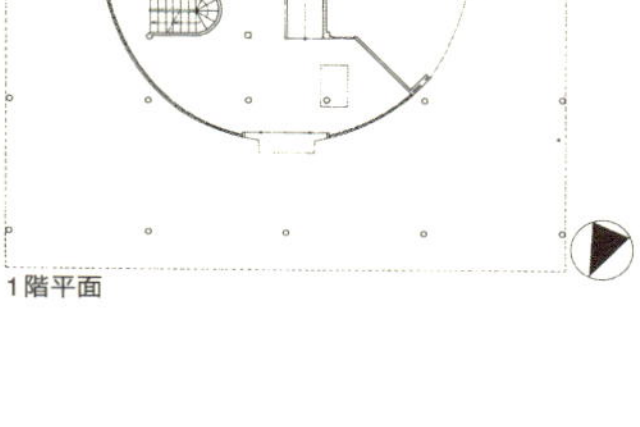
1階平面

8 サヴォワ邸、ポワシー 1931
（ル・コルビュジエ）
(a)平面図
(b)エントランスホール
(c)居間
(d)テラス
(e)浴室
(f)全景

e

f

ルイス・カーンの〈存在の意志〉

ルイス・カーンの建築が有機的であるといったら、いぶかしく感じる読者が多いかもしれない。これまでみてきた作品の印象からして、どっしりとした幾何形態の集合からなり、威厳はあるが、どこか堅苦しい雰囲気の建築は、たしかに有機的という語感にはなじみにくい。しかし、重量感あるきびしい幾何学はルイス・カーンの好みである。一方、有機原理はその建築が本質から発しているかどうかによってきまる内在性の原理であって、結果としての形態の原理ではなかったはずだ。

カーンの建築をつくるにあたっての姿勢は、有機原理のそれと似ているのである。

カーンには、いくつかのユニークで重要な用語がある。フォームが意味するのは、シエイプ＝形とはちがって、いうならば型である。フォーム＝型は実体をもたず形をもたない。「学校というもの」「病院というもの」の本質についての普遍的概念が、学校のフォームであり、病院のフォームである。個々の学校や病院の建築はシェイプをもつ。それはデザインの結果である。建築をつくるしごとは、まず、その本質を把握することから始まるとカーンは考えていた。「始まりはフォームを確信するときである」（カーン）。「あっ、分かった！」と本質を直覚することがフォームの把握であり、そこから建築への道程《どうてい》がはじまるのである。しかし、フォームには形はない。それは、あらゆる可能な形に共通の本質なのである＊13。

存在しようとするものは、ならんとし、あらんとする「存在の意志」を有するともカーンは考えていた。バラはバラでありたいと欲しているだろう。人間は人間であらんと欲すべきものである（実際にはその本来の姿よりも矮小《わいしょう》であるけれども）。同じ

＊13　学校が何であるか、病院が何であるか、それは社会的制度、仕組み、慣習つまり文化の中で決まる。スプーンは伝統的な箸の文化の中には存在しないものであり、したがって何ものでもない。スプーンが一つの文化の中に位置付くとき、それは明確な意味を、つまり「本質」を帯びた存在となる。

＊14　「『住宅』とは形状も大きさもない、建築する心のなかに存在するformである。けれども、『ある住宅』は、生活空間の条件付きの解釈であり、それがデザインである。」「建築家がそのデザインという媒体を通じて表現すべきものは、『住宅というもの』―すなわち住宅の精神、その存在意志の本体―である。建築家が単なる設計家と違うのは、この点にある。」「偉大な建築とは、測り得ないものから始まり、設計の過程では測り得るものを通じて進むけ

ように、「建築家がそのデザインという媒体をつうじて表現すべきものは、『学校というもの』―すなわち学校の精神、その存在意志の本体―である」[文8]。すなわち、学校なら学校の本質である。[*14]

さて、カーンのフォームの概念は、ヘーリングの〈器官としての作品〉と、同じとはいわないまでも、似ているとならいえるであろう。そして、〈造形としての作品〉はシェイプに似ている。ヘーリングにしろカーンにしろ、いずれの考えにもややはっきりしないところがあるので、比較はじつはむずかしい。しかし、あらかじめきめられた形態のなかに、諸要素をきれいにおさめるだけの機械的な建築設計と比較するなら、ありかたの本質をいっきに直覚する方法において、両者がおなじ系統に属することはあきらかである。

カーンの建築は形態的な意味での有機性とは縁どおい。既述のように、カーンの建築はルームの概念をベースにし、しかもそれによって貫徹《かんてつ》されている。そして、個々のルームは幾何学的な形態をしており、そこにルームとしての妥当性、手ごろさがあたえられている。幾何学的形態はカーンの個性である。しかし、部分と全体のむすびつきをみれば、本質への意志によって統合されるそのさまは、個性をこえた普遍性にたっしており、まさしく有機的構造とよべる必然性をそなえるのである。

シェイプを定めるデザインの段階において、カーンはルームのありかたに執拗《しつよう》な検討を加える。とくに、光との関係について[*15](9)。さらに素材や構造の適切さについて。こうした要素的な検討から全体のあり方へと執拗《しつよう》にフィードバックがくり返される。これは、内から外へという有機原理の一つのあらわれであるといえよう。

れども、最後には再び測り得ないものとして終わっていなければならない」「測り得ないものとは霊的な精神である」「バラは、バラでありたいと欲している、と私は思う。」以上文8による

*15 キンベル美術館はまさに光のための装置である。

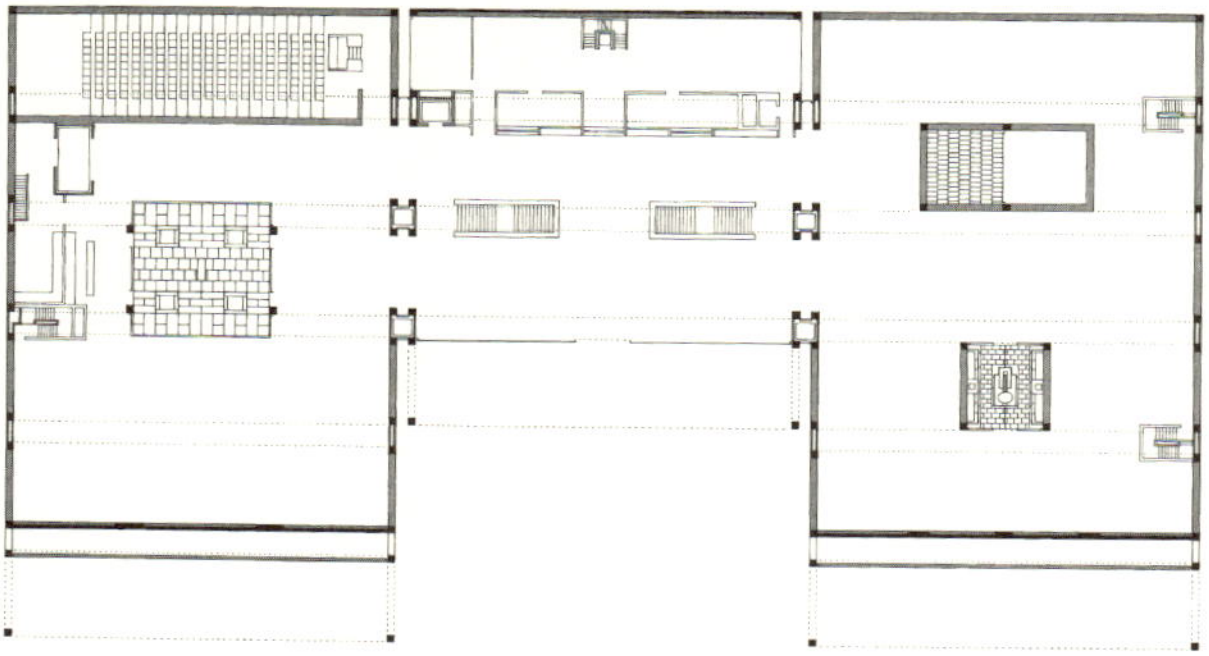

a

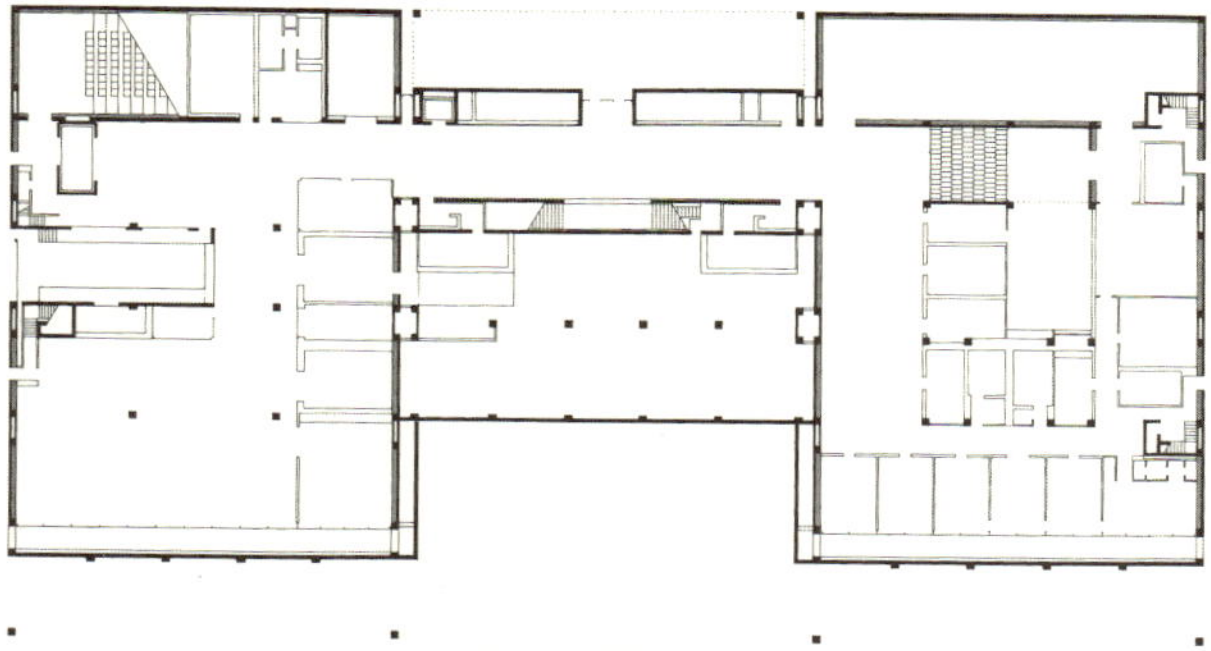

b

c

d

f

e

9 キンベル美術館、テキサス 1972（ルイス・カーン）
(a)1階平面図
(b)下階平面図
(c)全景
(d)入口
(e)内観
(f)外観ー壁と屋根ヴォールトの間のスリット
(g)中庭
(h)断面図ーヴォールト頂部からの自然採光

g

h

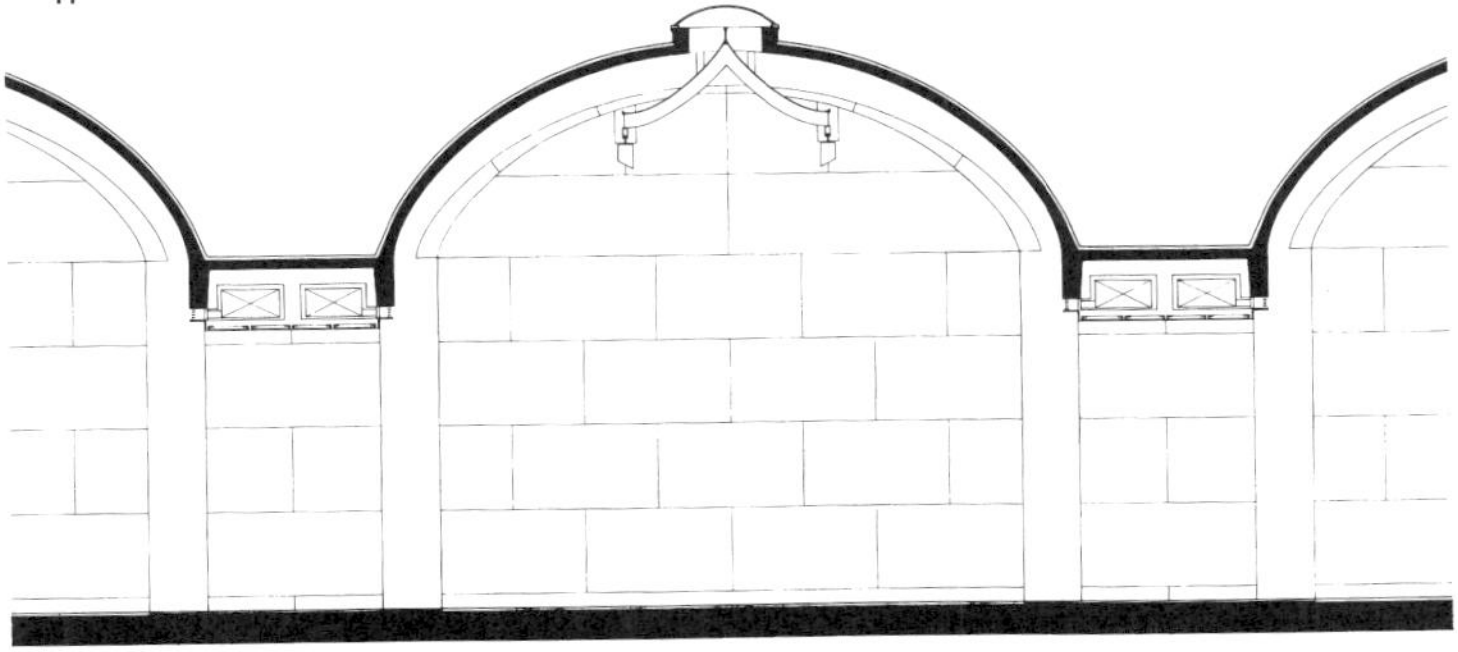

ル・コルビュジエの晩年

一九五〇年といえば、ル・コルビュジエは六〇歳をすぎている。このころ以降のル・コルビュジエは、すでにかつての先鋭《せんえい》的なピュリスト（純粋主義者）としてのル・コルビュジエではない。彼の作品は、初期の厳正な幾何学から、有機主義へと変節をとげていく。

一九五四年のロンシャンの礼拝堂[*16]では、幾何学はその痕跡《こんせき》すら失って、建築は詩人の魂の思うがままに任《まか》されているようにみえる。興味ぶかいことだが、ここでのテーマからは、はずれる。[*17]

一九五二年にはマルセーユのユニテ・ダビタシオン[*18]（10）が完成している。ピロティによって浮きあがった全長一三五メートルにおよぶ巨大な箱のなかには、三三七戸の住宅のほかに、店舗、ホテル、ランドリー、各種クラブがおさめられ、屋上には幼稚園と体育館と三〇〇メートルのトラックと日光浴室がつく。ここでル・コルビュジエの変節を明瞭にしているのは、直角を基本にした造形でありながら、かつての平滑面の理念から完全にときはなたれている点である。ベトン・ブリュット（打放しコンクリート）があらあらしく用いられ、ガラス面は、あらたに発明されたブレーズ・ソレーユ（日除け）の格子の奥にひっこんでいる。全体のおもむきは巨大なコンクリートの彫刻であり、ル・コルビュジエの軸足が、機械や幾何学や工業生産から、なまなましい人間的なものへと移されていることが感じられる。

この感じがいよいよ強固になるのは、一九五一年から一九六五年にこの世を去るまで関与していた、インドのシャンディガール[*19]での建築においてである。ここでも直線

＊16　第7章14図参照。
＊17　第7章7・6参照。
＊18　ユニテ・ダビタシオンは住居単位を意味する。ル・コルビュジエはその中で生活の条件をすべて整えられる都市のような巨大な建造物を目指した。マルセイユがその最初の例で、そのほかナント、ベルリンなどのものがある。
＊19　シャンディガールはインドのパンジャブ州都。当時の首相ネールに任命されたル・コルビュジエが都市計画と主要建築物の設計を行った。

がベースである。しかし、ヨーロッパを遠く離れ、もとより工業とは無縁の特異な文化と酷暑の自然条件のなかで、それとの融合を模索《もさく》しつつ、ル・コルビュジエの幾何学は、自由に、そして力強く改変されていったのである。もちろん、ブレーズ・ソレーユは多用される。「影の塔」（11）は、すきまだらけのがらんどうでありながら、どこから日をうけても黒々とした影をおとす。ブレーズ・ソレーユの研究の跡である。さらにル・コルビュジエは、インド的空間の伝統に学ぶことで有機性を一段とふかめていく。建物にふみ込むと、外の熱気がうそのようにひんやりと感じられるのが、この地方の建築である。それは、日陰と通風、水、天井の高さなどの効果である。それを、ル・コルビュジェは、まるごと真似るというのではなく、独自の形態の法則のなかにとり込んでいった。議事堂の建物（12）では、柱が林立する広々とした吹抜けホールが設けられた。高等裁判所（13）では、建物全体をおおう屋根が卓越風の方向にひらかれ風をまねき入れており、前面には熱風を冷却するための池がある。その屋根はモンスーンから建物を保護するための傘でもある。

　シャンディガールで情熱的に追求された土着性への傾向は、一九五五年のジャウル邸（14）においてもあらわれている。その地方のもっともありふれた材料を利用し、れんがで壁をつくり、平らなかわらを型枠にヴォールト屋根をつくり、かわらをそのまま天井の仕上げとし、屋上には草をはやした。開口部には木製のパネルとサッシが用いられている。ラ・トゥーレット修道院（15）では、伝統的な修道院の空間構成を下敷きに、ル・コルビュジエ流の翻案《ほんあん》にもとづく独特の宗教空間が、コンクリート打放しのあらあらしい素材感と光の妙味とによって、新しい精神性として結実《けつじつ》した。

10 ユニテ・ダビタシオン、マルセイユ
1952 （ル・コルビュジエ）

11 影の塔、シャンディガール
1965（ル・コルビュジエ）

a

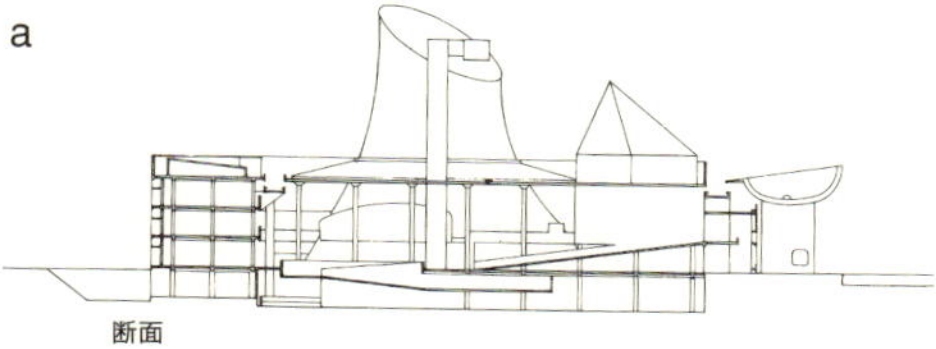

断面

12 議事堂、シャンディガール 1964
（ル・コルビュジエ）
(a)断面図
(b)平面図
(c)外観
(d)大ホール

b

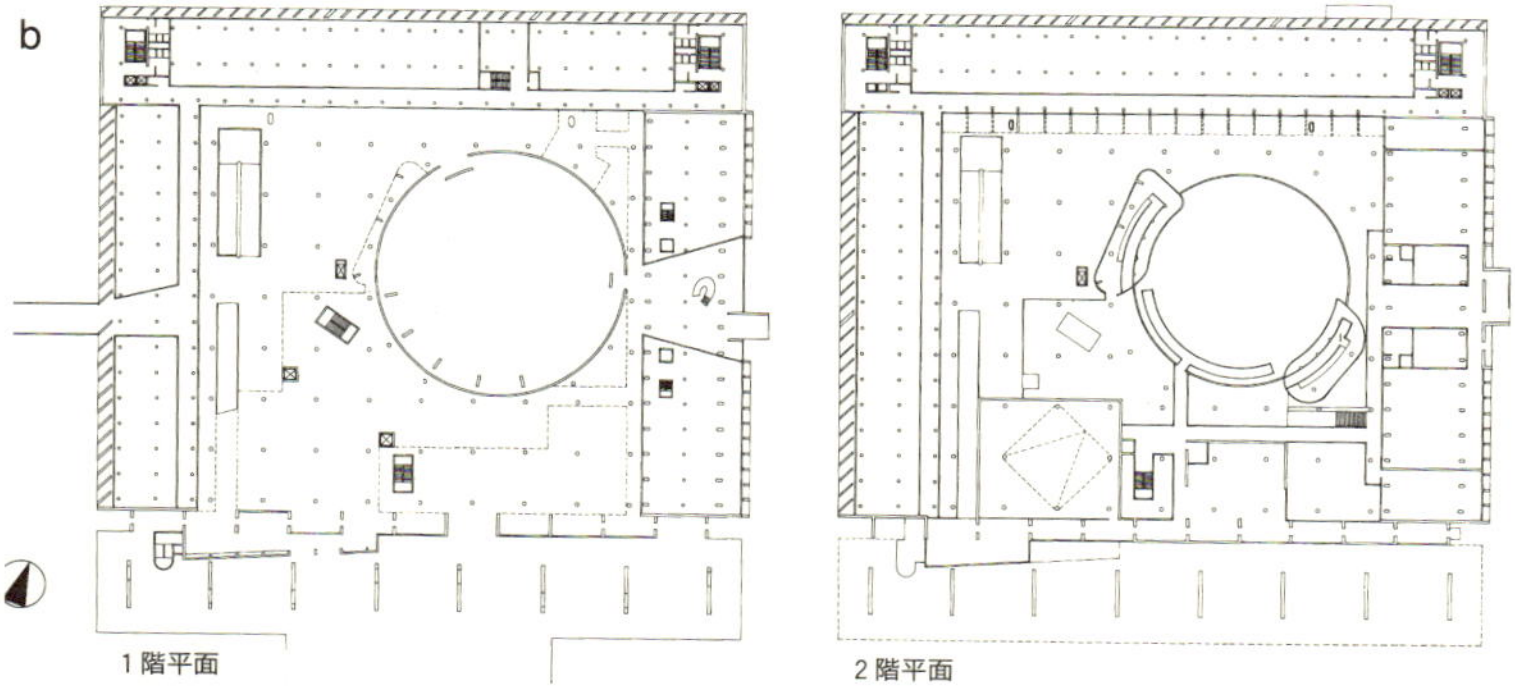

1 階平面

2 階平面

13 高等裁判所、シャンディガール 1955（ル・コルビュジエ）

b

a

14 ジャウル邸、パリ近郊 1955
（ル・コルビュジエ）
(a)外観
(b)内部

12–d

12–c

15 ラ・トゥーレット修道院、フランス 1959
（ル・コルビュジエ）
(a)全景
(b)平面図
(c)小礼拝堂内部
(d)アトリウムから大聖堂への通路

a

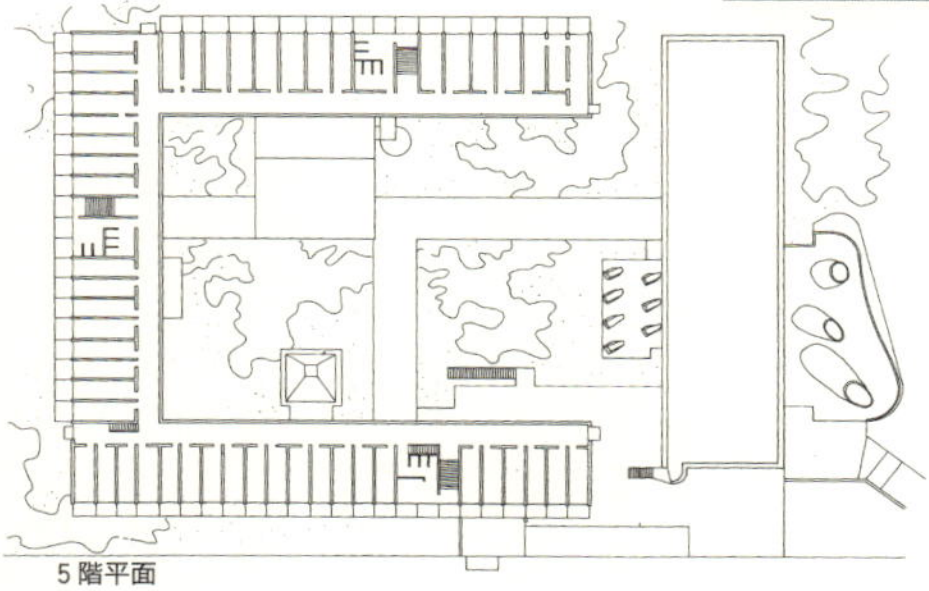

5 階平面

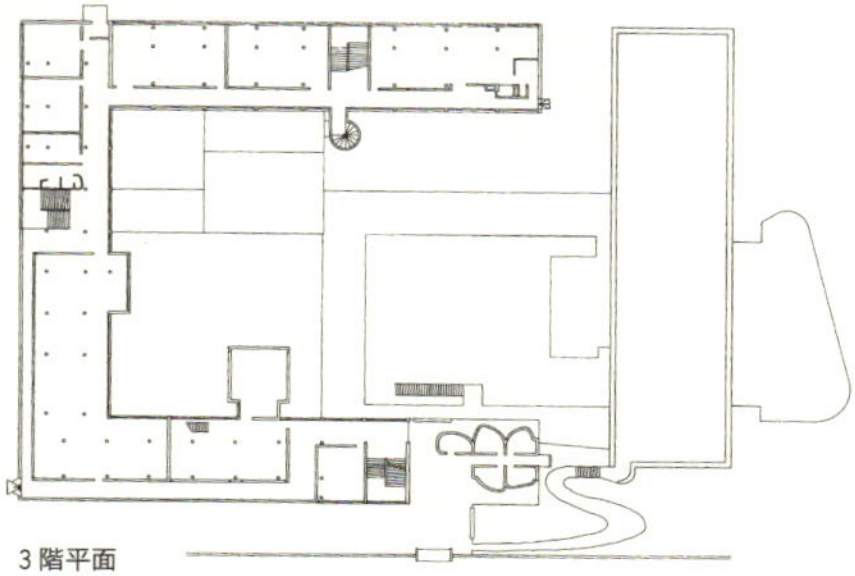

3 階平面

b

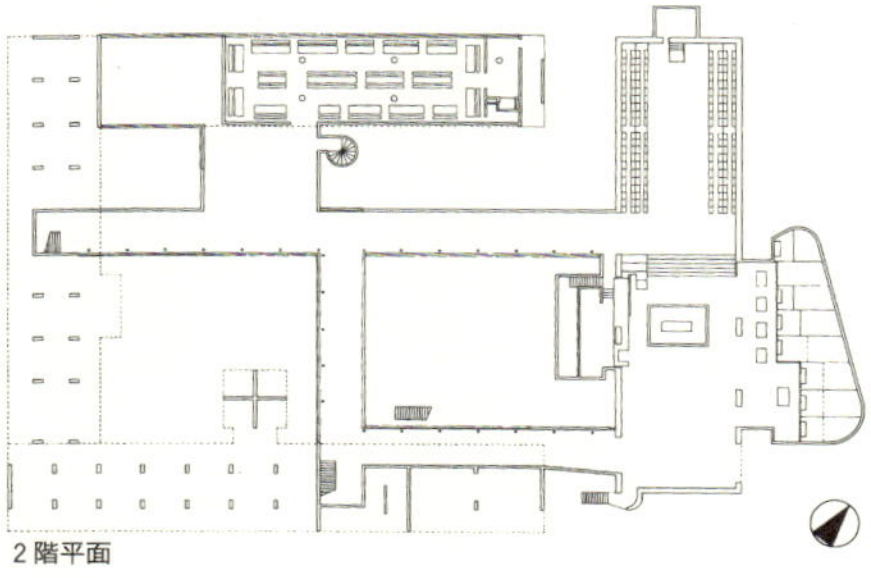

2 階平面

c

d

コンクリートの箱と自然

はなしは現代の日本へととぶ。安藤忠雄のコンクリートのかたい箱について、それと自然との親しさを、本人も語るし評者も語る。そのことにふれておきたい。自然との親しさは有機原理の一つの重要な側面である。

むきだしのコンクリートの角ばった箱がどうして自然と親しくありえるのか。材料についていうなら木や自然石のほうが、形についていうなら幾何形態よりは柔らかい曲線の形の方が、自然となじみやすいのではないか。もちろんそういうことはある。しかし、安藤忠雄はコンクリートと厳格な幾何学にこだわる。それでいて、なんとも微妙な、人間と自然のかかわりの舞台をつくりだすのである。しかも、その中核をなす自然観が、日本的でありながら、花鳥風月のやさしい自然とちがった、禅寺の石庭のようなきびしさを感じさせて特異である。

「住吉の長屋」（16）は、間口がせまく奥ゆきの深い敷地が三分割されていて、まんなかに庭がある。道路側と庭の奥には、それぞれ二階だての建物があり、どちらも中庭にむかって開いている。二階と二階は中庭をよこぎるブリッジでつながれている。しかし、二階から一階へおりるための階段は屋内にはない。ブリッジから庭におりられるだけである。道路側の一階には居間が、むかい合わせの一階には食堂が、二階には、それぞれ寝室と子供室とがある。それら四つの屋内の部屋は、屋外の部屋というべき中庭によって結ばれているのである。中庭について、「住居の中に、都市生活で失われつつある光、風、雨、といった自然の感覚を引き込むことによって空間がその物理的な容積を超越しうるのではないか[文9]」と、それ自体だれでも納得しそうな、一見あたりまえのことを安藤はこともなげに述べている。しかし、雨はもとより嵐の日だって雪の日だってあるかもしれないのである。その厳しい自然を住人は文字どおり肌身で感じなくてはならない。トイレは食堂の脇にしかない。夜中にトイレにたつには、とうぜん中庭をとおっていく。季節のよい星空の夜などはずいぶん気持ちがよいだろう。しかし、嵐や雪の夜にはかなり辛《つら》いのではないかと想像してしまう。そうした辛さがあるからこそ、一方で、気持のよさ、すがすがしさの体験の重さもひとしおなのだと、そんな安藤の声が聞こえてきそうである。この言葉、この考えは、一般に人が「住居の中に自然の感覚を引き込む」というときに思うのとはかけはなれて、禅僧が修行にのぞむようないさぎよさだ。自然には、やさしさもあれば、きびしさもある。そのまるごとをうけ入れることが自然とつきあうことの意味である。こういう、ほとんど哲学的ともいえる考えを、「住吉の長屋」は語っている。

同じ考えが、京都の高瀬川のほとりにたつ商業ビル「タイムス」(17)では、美しい水辺の空間をうみだすことにつながっている。ここでは、川べりのほかの建物にくらべて、一階を極端に掘りさげ、水面とすれすれにした。そして、その川ぞいの部分をテラス状に開放した。足元をさらさら流れる高瀬川の水面が、いかにもすがすがしく、すずしげである。ちょっと腰をかがめれば手に触れることもできる。街なかでこれ以上の自然との触れあいの楽しさはのぞめまい。だが、高瀬川だって大雨のさいに水かさが増すことだってあるだろう。そのときはそのとき、一階の高級ブティックが床上浸水もまたよしとするいさぎよさがこの建物を美しくしている。これも有機原理の一つの特異なありかたである。

a

16 住吉の長屋、1976（安藤忠雄）
(a)中庭の景観
(b)アクソメ図
(c)平面図

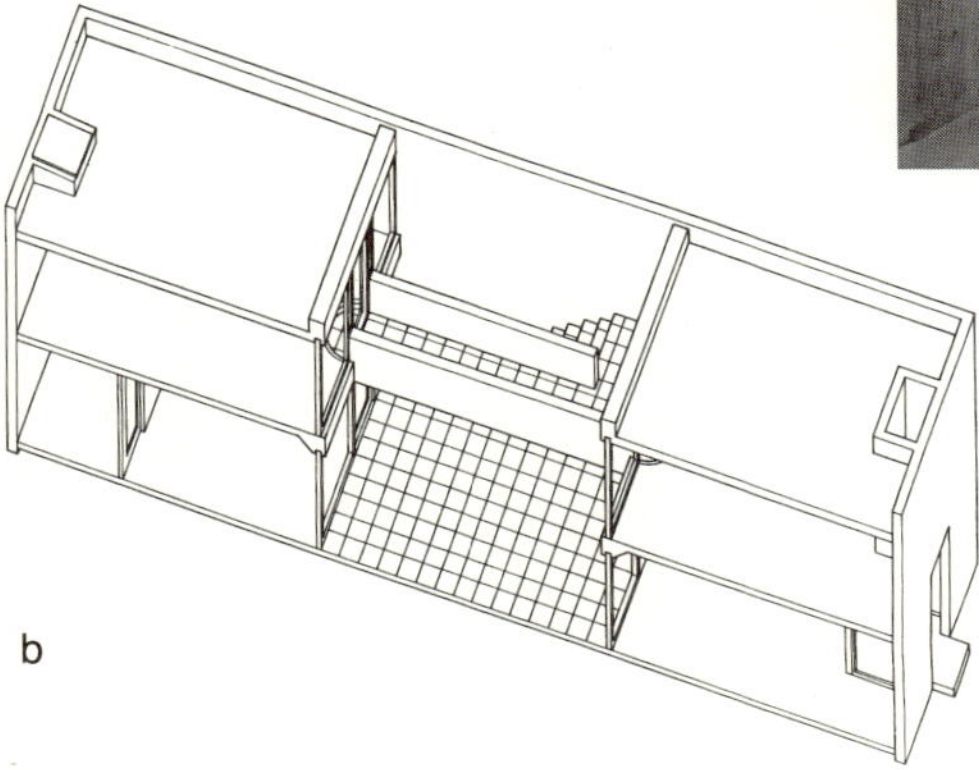

b

c

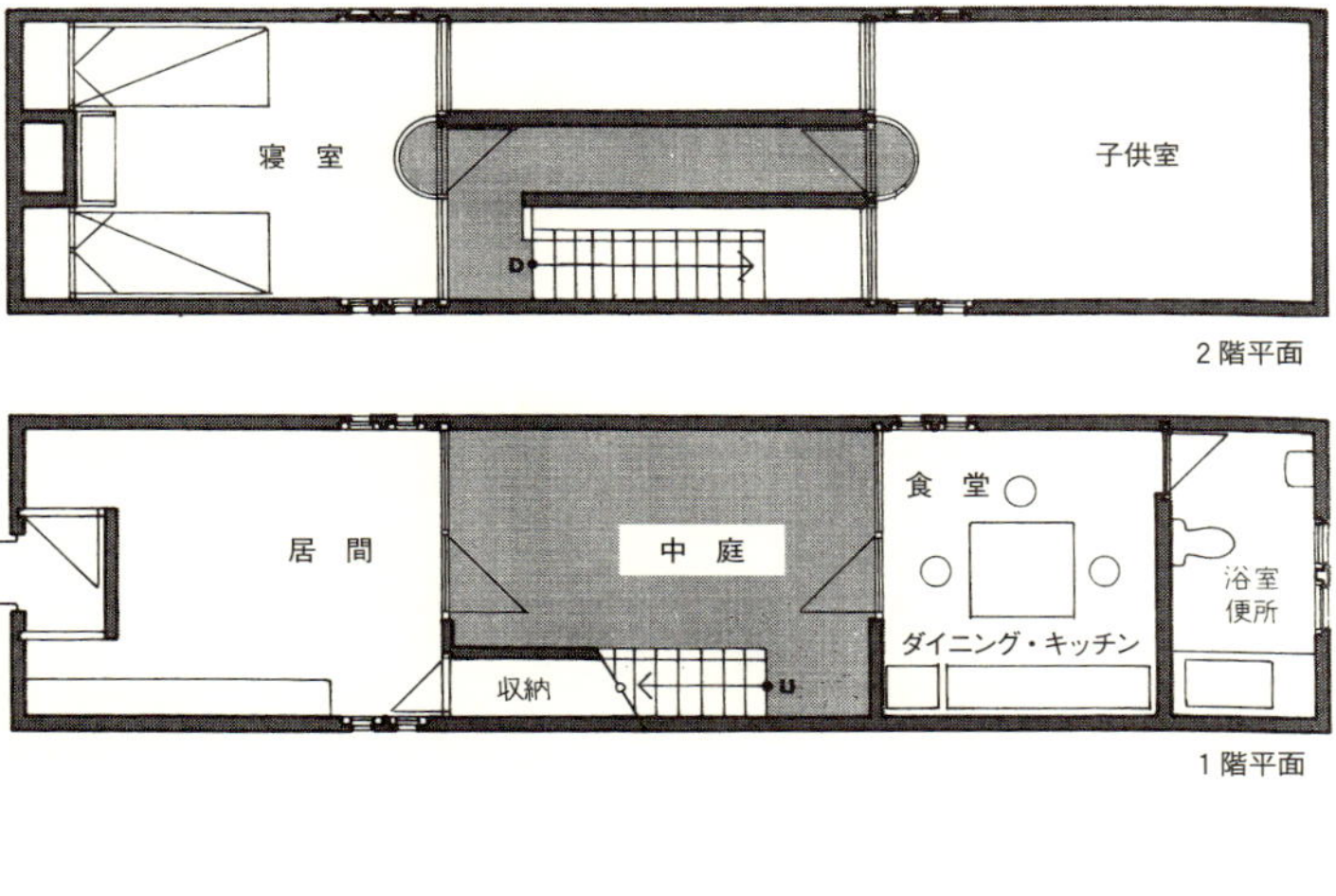

b

a

c
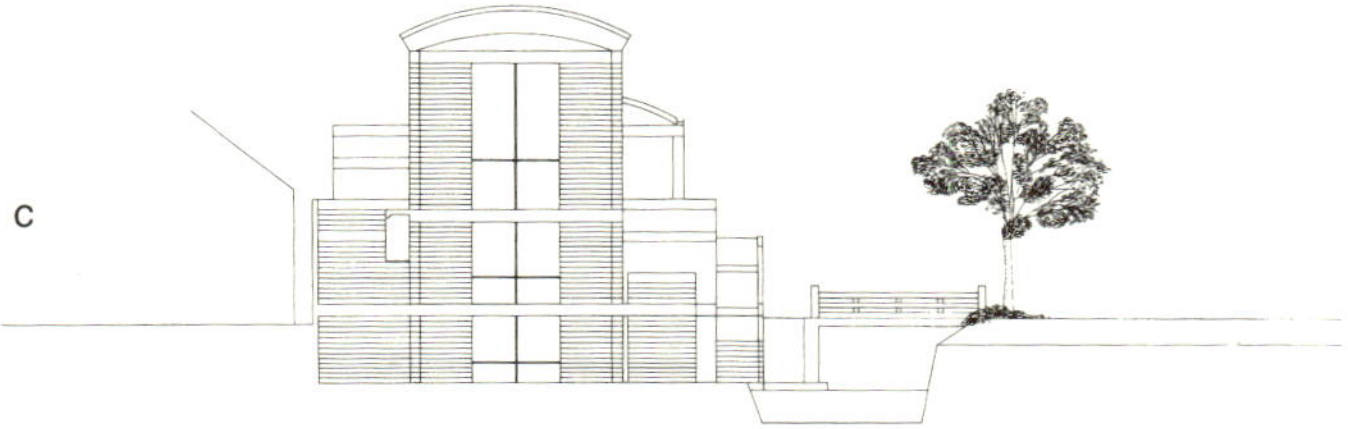

17 タイムス、京都 1984（安藤忠雄）
(a)全景
(b)水際のテラス
(c)断面図
(d)平面図

d
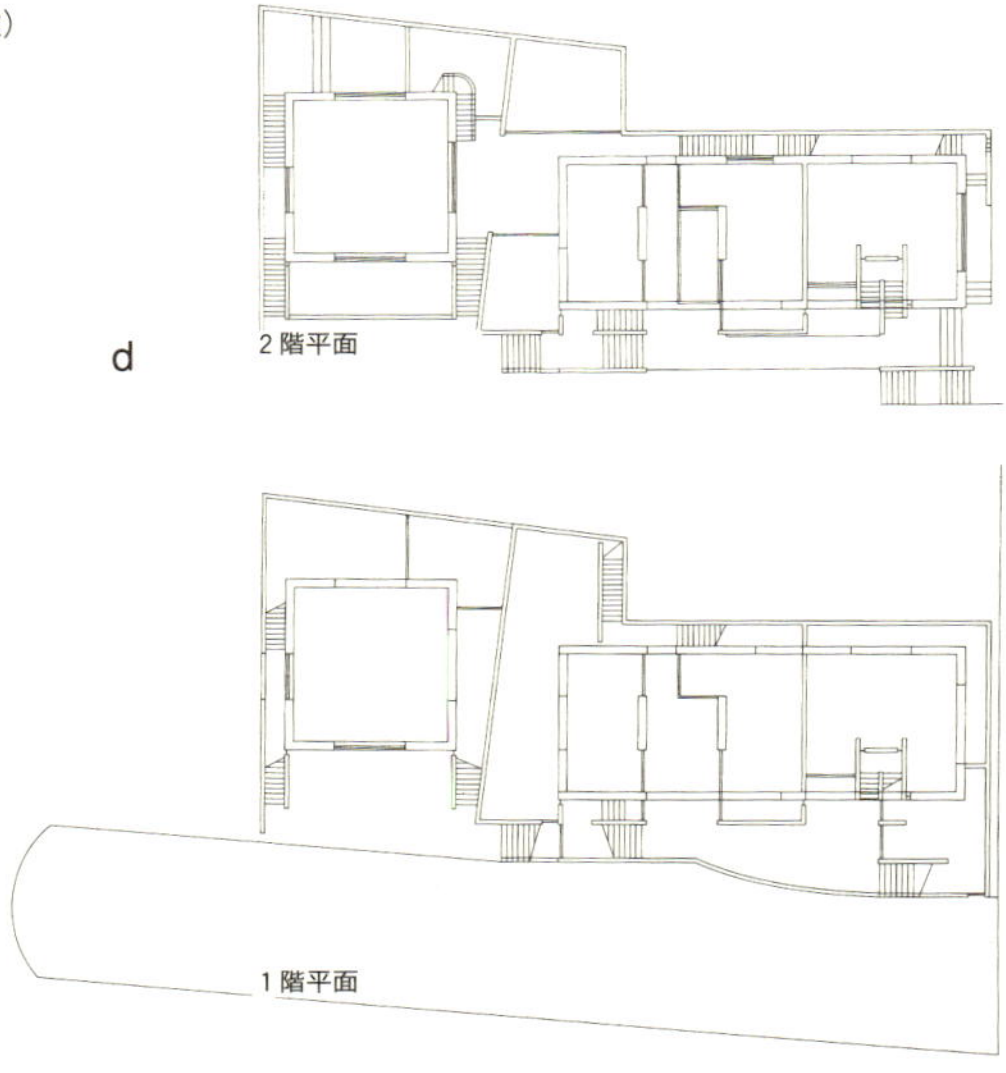

第7章　有機性の空間構造

有機原理と空間形式の関係はどうか。

有機体は、全体が生きるとともに部分が同時に生き生きしている構造の総体である。だから有機原理の建築が〈均質空間〉ということはありえない。

部分として生きている〈場所〉が必ずあるはずであり、それらの〈場所〉が、必然的な関係で結びつけられたり、〈時・空間〉的に流動的に結びつけられることによって全体へと至るであろう。

有機原理と空間構造

有機原理にもとづく建築は比喩的には一個の有機体である。したがって有機体としての空間の構造をそなえている。有機体であるということは、部分と部分の関係、部分と全体の関係が相互依存的関連（部分は全体のため全体は部分のため）をなすことによって均衡がたもたれ、全体が分かちがたい一つへと一体化していること、そしてそれによって部分は部分で生き生きとし、全体は全体で生き生きとしていることである。建築の場合、部分とはなにか。材料の一つ一つ、あるいは部材の一つ一つが部分であるのは確かだが、ここでの対象にはならない。ここでは、空間としての部分をみておけばよい。それでは空間における部分とはなにか。

ミース・ファン・デル・ローエのベルリン新国立美術館の展示ホール（1）をみてみよう。連続した石張りの基壇の中央に、ガラスの壁で正方形に区切られているだけの内部は、外部との心理的境界もさだかではなく、無限へとつらなる空間の断片である。そのなかに部分のみつけようもない。バルセロナのパビリオン[*1]ではどうだろう。調度や彫像を手がかりとすれば空間の部分がみえなくはない。しかし、そうしたもののいっさいをとりのけたあとの空間はただ流動するだけであって、ここでも部分というものは見出しがたい。

部分とは周囲から区別できるなにかである。だから差異というものが存在していなくてはならない。〈均質空間〉は差異なき空間のことだから、そこに部分が見出せなくて当然なのである。

差異が存在するなら、区切りや仕切りがあるはずである。それは、壁でかこまれた

＊1　第2章14図参照

部屋であることを、かならずしも意味しない。しかし、少なくとも、心理的にまわりとは違って感じられる空間のまとまりがなくてはならない。そうしたものがあれば、それが部分だ。そして、その部分は、それ自体で、生き生きとしていなくてはならない。となれば、有機原理における部分とは、われわれにとっての〈場所〉のことでなくてなんであろう。

有機原理の空間的特質は、〈場所〉の存在が第一である。その〈場所〉が、全体とふかくかかわり、相互に生かしあう構造をなしている。そしておそらく、全体つまり有機的建築そのものは、内部にさまざまな〈場所〉を包みこんだ、それ自体が一つの大きな〈場所〉なのだ。〈場所〉のうちには、かたく緊張しきった〈場所〉もある。たとえばパンテオンの内部のように。しかし、有機的建築の〈場所〉的な性格は、さまざまなかかわりの複雑さをかかえて、なまなましく生きているダイナミックなものでなくてはならない。なぜなら、それは有機体なのだから。

有機的建築の全体と部分との相互的関連は、どのような空間構造としてなりたつだろうか。少なくとも、四角い箱を幾何学的秩序に従って区切っただけのものではない。全体と部分のわかちがたく緊密《きんみつ》な関係はどのようにして生まれるだろうか。〈場所〉と〈場所〉がからみ合い、溶け合い、流動しながら連続しつつ全体へとまとまってゆく場合もあろう（ライトにおけるように）。〈場所〉の群が、ある必然的な関係のもとに配置されることにより、部分の一駒を動かすことがすなわち全体をゆがめることにつうじるといった厳《きび》しい秩序にもとづく場合もあろう（カーンにおけるように）。そうしたあれこれを中心に、本章では有機性の空間構造を検討する。

1 新国立美術館、ベルリン 1968（ミース・ファン・デル・ローエ）
(a)外観
(b)1階平面図
(c)断面図
(d)内部

a

b

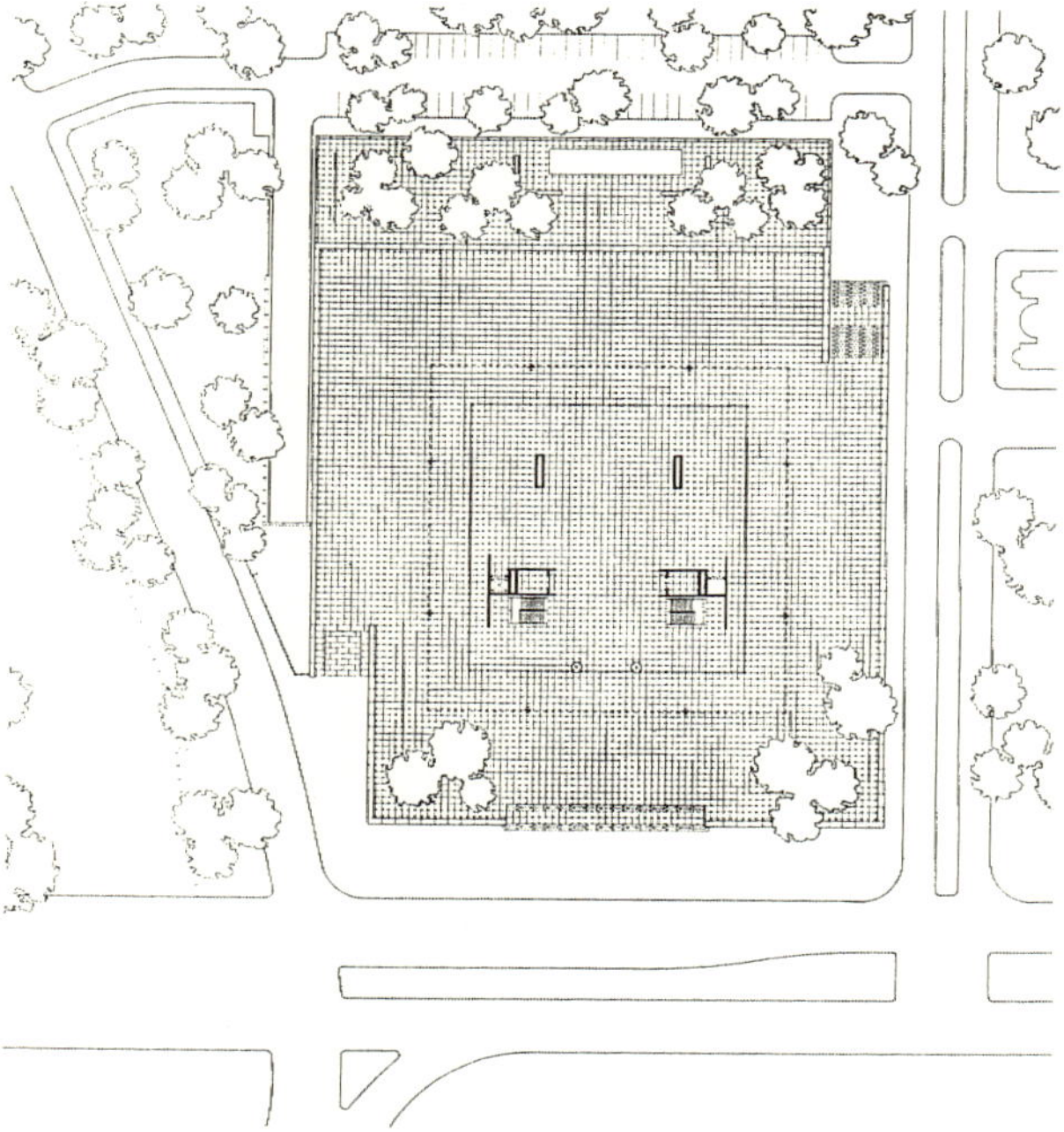

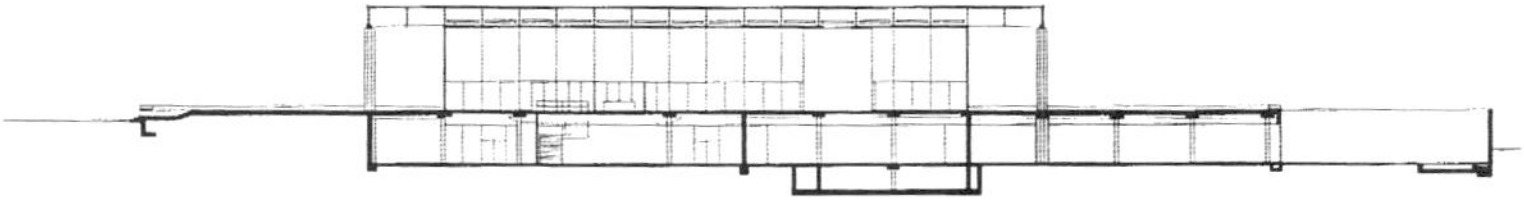

c

d

部分と全体

　有機主義の建築にあっては、部分は全体によって生かされ、全体は部分のささえによって生きているはずである。その双方向的な関係のうちに、分析的にはとらえにくい「本質」をうかがいみることができるのである。部分は部分として生き生きとし、全体は全体として生き生きとしているはずである。

　初期のミースの流動的な空間（れんがの別荘[*2]、バルセロナ・パビリオンなど[*3]）では部分は流動する一つの全体のために奉仕している。存在するのは〈時・空間〉という全体であって、いかなる意味でも（空間形式的にも、機能的にも）部分が部分として独自に生きているということはない。

　アルヴァ・アアルトは、住宅の空間分割は、食事・睡眠・仕事・遊びといった、生活をなりたたせているさまざまな要素の「生力学的関係[*4]」がその出発点となるべきだと考えていた。その意味で機能主義者であった。しかし、アアルトの機能理解は、いわゆる機能主義者におけるように機械的ではない。「生力学的関係」という言葉が、そのことをあらわしている。部分や要素がそれ自体ひとつのまとまりとして生きている。その生きているもの相互のかかわり合いから、全体の動的な秩序づけが生じるのである。そのように考えていた。

　もっとも有名な住宅作品であるマイレア邸（2）では、機能を異《こと》にするそれぞれの部屋が、外観にたいしてそれぞれの存在をつよく主張している。二階の各個室は、白い壁に小さい窓をそなえている。一階の居間は、木製の外壁で大きなガラス開口をもつ。アトリエは黒い筒状をなしている。サウナは素朴な山小屋の風情《ふぜい》である。テラス

＊2　第2章15図参照。
＊3　第2章14図参照。
＊4　生力学（バイオメカニクス）は生体機能の物理的はたらき。内から発する生命の力を有する点で物質の物理学と異なる。

でも、玄関側の南むきテラスと、中庭側の北むきテラスではまったく違う。それぞれがそれぞれの個性によって生きている。そして、たがいにおぎない、ひきたて合いながら、全体としての調和的連携《れんけい》をかたちづくっている。

しかし、その全体は、周囲の風景のなかの部分である。そこには断絶というものがない。サヴォワ邸[*5]（ル・コルビュジエ）の対決的調和の姿勢とはちがって、建物は個性的な存在でありながら、風景のなかに無理なくはめ込まれているようにみえる。そうみえるのには、外観が簡潔《かんけつ》な幾何学ではなく、幾重《いくえ》にも分節されていることの影響が大きい。おそらく自然のシステムと同じ型の形態システムなのだ。

内部をみると、一階には、二五〇平方メートルの広さをもつひとつづきの空間があり、入口ホール、食堂、居間、書斎などに分節されている。4・5「部屋と領域」の節でみたライトの場合とおなじである。ル・コルビュジエのフリー・プランも一つの空間を分節するが、これとはまったく違った印象をあたえるのは、均質な空間を間仕切壁の配置だけで分節するのとちがって、アアルトでは（ライトにおいても）、それぞれの部分が明確な空間的個性をあたえられているからである。全体のまえに、まず部分の存在が感じられるのである。そのことは、床や壁や天井の材料と形態を変えることで実現されている。壁で仕切ることによる空間の調整だけではなく、機能とそれに応じた空間の質の変化による分節である。空間は流動するが、ル・コルビュジエにおける滑《すべ》るような流動性とちがって、よどみながら連続してゆくような、温かい抵抗感をともなった流動性である。そして、外観と同じように、部分の調和的連携《れんけい》によって空間の全体が成立している。

*5　第6章6・5参照。

a

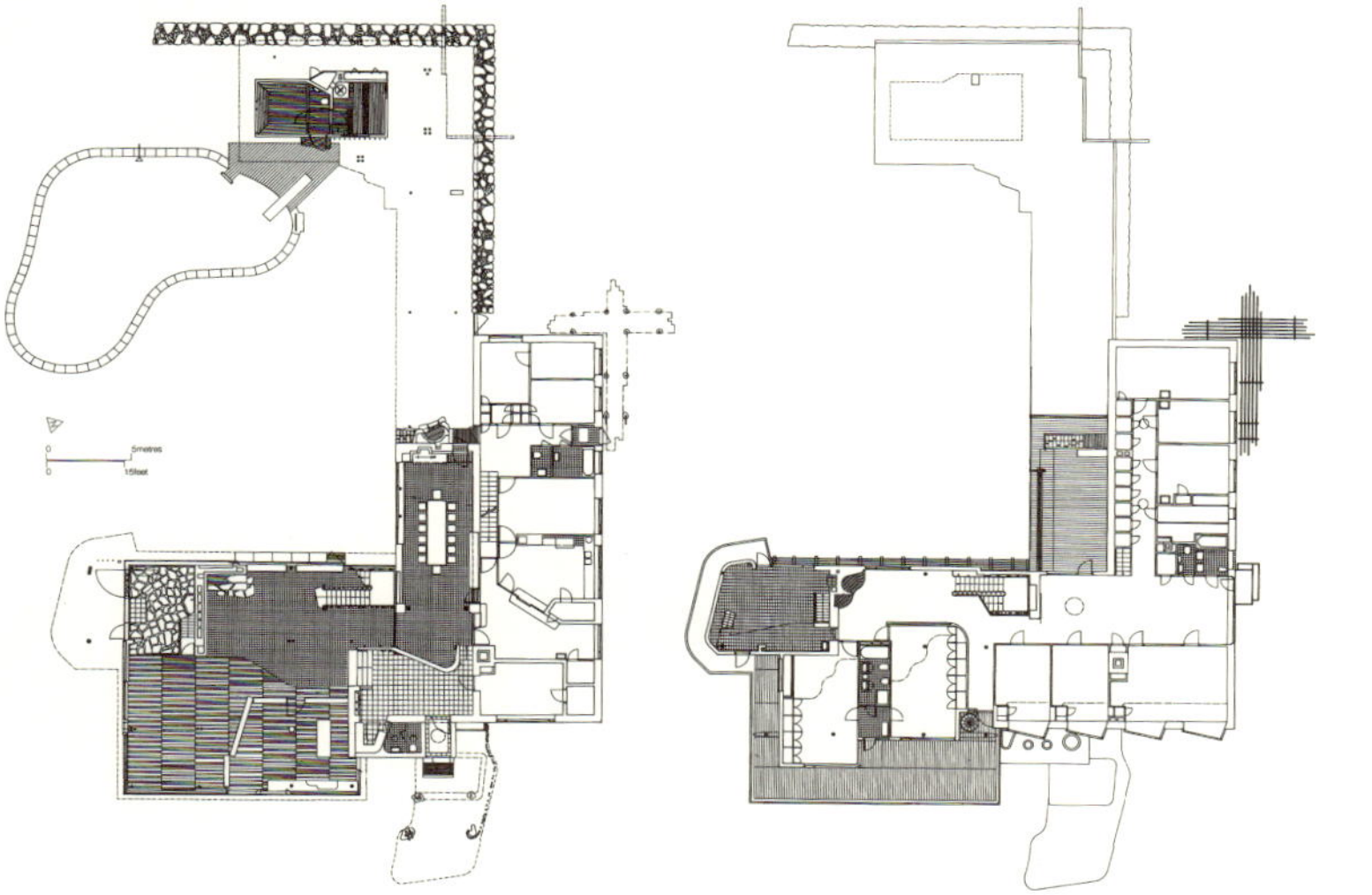

b

c

2 マイレア邸、1941（アルヴァ・アアルト）
(a)平面図
(b)外観ー入口付近
(c)外観
(d)入口ホールから居間をのぞむ
(e)入口ホール—左手奥が食堂
(f)居間から食堂方向を見る—2つの居間の床材の変化が見える
(g)食堂

d

e

f

g

泡のパラダイム

マイレア邸のエントランスホールにふみ込むや、いっきに大きな空間にはいり込むことになる。ホールとダイニングの間はル・コルビュジエ風の曲面の間仕切壁でへだてられてはいるが、間仕切壁は十分に低いので、奥にむかう天井ののびやかな延長が感じられる。広々としたホールは、客の出入りに際してはさまざまなドラマの舞台となるのであろう。曲面にそって身体はおのずからステップの方向へむかう。対角線の奥には暖炉の赤い火がみえる。その左手には黒い柱が一本。進むべき方角はまちがいようもない。たしかにそこに居間がある。右手に二階へとのぼっていく階段のうごきを感じながら暖炉のそばまで進むと、左手の対角線奥にもう一つの居間。こちらの居間の床は赤いタイル、むこうの居間の床は木製である。両者が国境線のように唐突《とうとつ》に区切られていて、床面の連続性はそこなわれている。こちらにはこちらのまとまり、あちらにはあちらのまとまりが感じられ、それでいて、たがいの気配《けはい》は接しあい、混ざりあっている。床の切れ目は二つの空間を連続させ、同時に分離するのである。同様に、ホールとダイニングを仕切る低い曲面の間仕切は、ホールに属する一方、その裏側ではダイニングにも属しており、ホールとダイニングを分離し、かつ連続させている。

ここで、はなしは転じるが、クリストファー・アレキザンダーが都市はツリーではない、セミラチスであると述べたのは、三〇年以上も前になる。*6 一九六〇年代、モダニズム批判のさなかであった。二〇年代以降のモダニズムは、一つの機能に一つのスペースをあたえ、それらを交通路でむすんでいく考え方をとっていた。つまり、ツリ

*6 「都市はツリーではない」は〝Architectural Forum〟一九六五—四・五月号に発表された。

*7 第5章*1参照。ユクスキュルは、動物主体が見たり、聞いたり、嗅いだりするものを、われわれ人間が決して同じように知覚できるものではないことを明らかにしている。すべての生きものは、それぞれ独自の世界をもち、個別の世界をそれぞれに生きるものであることを示し、その個別の世界を主体にとっての環境世界と呼んだ。

ー構造なのである。それにたいしてアレキザンダーは、さまざまな機能がまざりあい、重なりあって、セミラチスを形成しているほうが、都市は便利だし、おもしろいし、活気が生まれてのぞましいと主張したわけである。下の図で二つの構造を比較してみると、ツリーではサークルが交わることがないのにたいして、セミラチスではサークルは複雑に重なりあっている。こうしてみてみると、前記のマイレア邸の大空間は、じつは複数の空間がセミラチス型に重なりあった空間であることがわかるのである。それは有機的な空間である。なぜ有機的かといえば、自然界の空間構造と一致しているからである。

生物学者のユクスキュル[*7]は、生物にとっての空間は、個別にシャボン玉のように閉ざされていて、そのシャボン玉が目もくらむ複雑さで重ねあわされているのが自然界の構造であることを明らかにしている。[*8]野原はわれわれの目には野原としかうつらない。蝶やとんぼやバッタや野ねずみたちが、この一つの野原を、おなじように経験しながら生きているのだと思ってしまう。しかし、事実はそうではなくて、蝶もバッタも野ねずみも、それぞれが独自のシャボン玉のなかに閉ざされ、独自の空間を生きていて、その無数のシャボン玉が、ある共通項で重なりあいながら複合的な空間をつくりだしているのが、目にはみえないけれど、野原における実際なのだ。

ユクスキュルのこの指摘は、均質な絶対空間の理念に対する強力な批判である。これまでの立体格子のパラダイム[*9]にたいして、泡状空間のセミラチス構造という、もう一つの空間パラダイムをつきつけた訳である。この考え方は、われわれが有機的空間の空間形式を問うときに、おおいに助けになってくれるはずのものである。

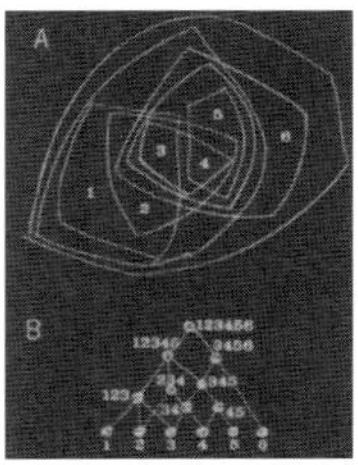

セミラチス構造を示す図

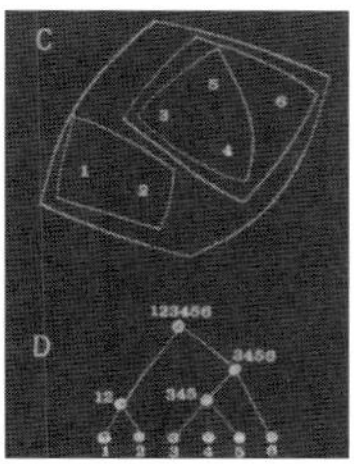

ツリー構造を示す図

＊8　詳しくは拙著『環境建築論序説』（彰国社）
＊9　パラダイムは考え方を大きく方向づける枠組。近代科学はニュートン力学をパラダイムとして発展した。その影響で空間についての認識は立体格子のイメージをパラダイムとしがちであった。ここで述べているのは、泡状空間のセミラチス構造を新しい空間パラダイムにしようという主張である。

続・部分と全体

ヘーリングが残した興味ぶかい図面がある。「住宅E」と名づけられた一対《いっつい》の住宅の平面図である（3）。機能的な配置関係は同じだが、一方は矩形のなかにきっちりとおさめられ、もう一方はくずれたようにゆがんでいる。形をおもしろくするためにゆがめた訳ではない。部分を適正にするためになされたのである。ここでは三つのポイントにだけふれておく。①北東の寝室はすみを傾けることによって南からの日照と庭の眺望をえた。②丸い食卓が位置する窓が、西がわにふられることによって、居間は二方向の眺望をえることになり、開放的ないごこちのよさを増している。③中央で南北をわけている壁は、わずかに屈曲することにより、リラックスした有機的な感じをつよめている。

くずれた平面図は、部分が直角の制約にあまんじることをゆるさない。部分はあくまでもはつらつとした部分であることを求めている。そして、全体は、自然で緊密な一体性をおびることを。これは、ヘーリングの部分重視とセミラチス的複合の考え方のあらわれである。そのあらわれは、一九四一年と一九四六年の住宅案ではいちだんと精彩《せいさい》をはなっている（4）（5）。一九四一年の計画案では、連続的な居間の空間がいくつもの〈場所〉のセミラチス的複合として構成されているのが、はっきりとみてとれる。

くずれがくずれでなく、複雑で高度な調和という印象をうける。この感じは、自然発生した美しい集落の景観からうける感じと似ている。一定の規則にのっとりつつも部分が部分を主張しながら、長年月をかけて形成されてきたというのが、こうした景観の有機的な秩序と美しさの秘密である。一見ランダムにみえながら、幾何学の厳正な秩序とは違った、もうひとつの秩序の感覚がそこにはある。自然界の秩序に近いといって、おそらく間違いのない、秩序のもうひとつのあり方である。

一九六〇年代、インターナショナル・スタイルへの批判精神をになった建築家のなかには、地中海集落やイタリア丘陵都市に魅せられた人々が少なくなかった。その代表的な作品例を、アトリエ・ファイブのハーレン・ジードルンク（6）、ポール・ルドルフのエール大学既婚学生寮（7）、モシェ・サフディのアビタ'67（8）にみることができる。それらは、有機的であらんとする建築のひとつのあらわれであるし、建築家の眼がカルテシアン空間のパラダイムから泡状空間のパラダイムへと移行しつつあることの兆候でもある。

部分と全体の、有機的で、セミラチス的な関係の例は、オフィス・ランドスケープ[*10]（9）にもみとめられる。勺子《しゃくし》定規な事務机の配置がくずれ、個人の仕事空間の自由をみとめながら、全体の調和と効率をたもっていこうとする傾向である。モダニズム以後の精神のオフィス・インテリアへの反映だといえる。

さらに、ヴェンチューリの看板建築[*11]にさえも泡状空間への視点をみとめることができる。なぜならそれは、ファサードをはさんで内部空間の泡と外部空間の泡とを複合させようとするからである。たとえば「お母さんの家」（10）では、ヴェンチューリらしい機知にとんだ内部空間は、これまた機知にとんだファサードにかくされているが、正面性のつよいファサードはその前面に外部空間をつくりだし、内と外の二つの空間を複合している。

＊10　オフィス・ランドスケープは大部屋式のオフィスにおけるレイアウト方式の一つで、低い間仕切りや家具を個人やグループの好みや都合に合わせて自由に配置するもの。

＊11　ヴェンチューリの看板建築については、8・4「ヴェンチューリのデコレイテッド・シェッド」で詳しく述べる。

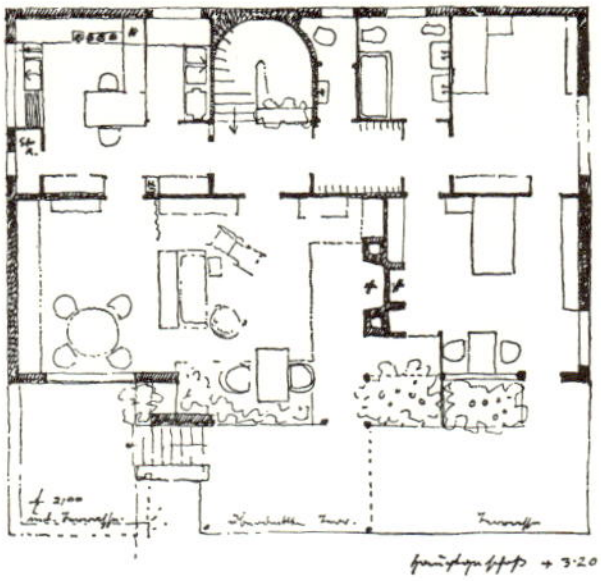

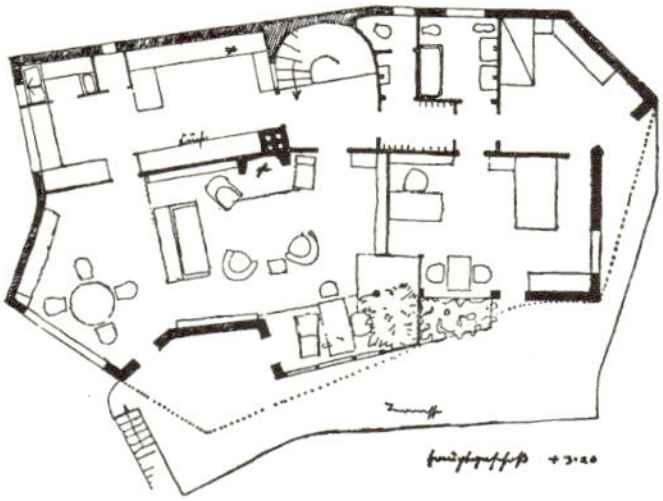

3 「住宅E」、(フーゴー・ヘーリング)

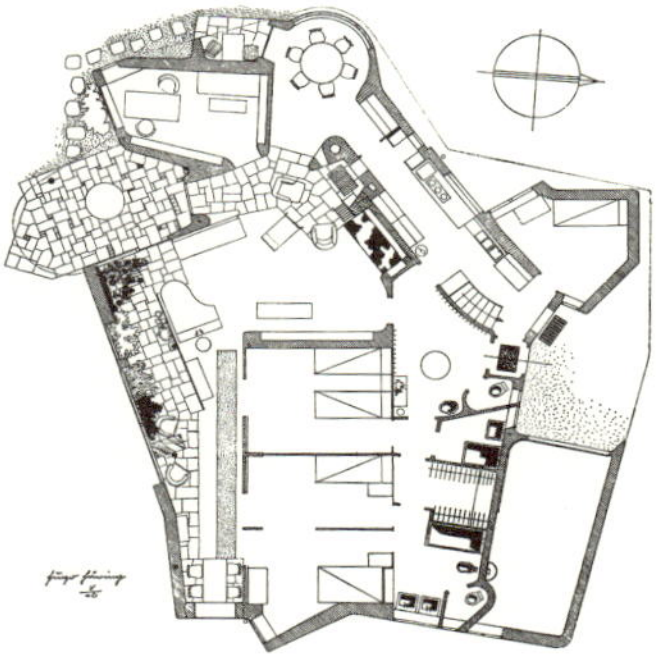

5 住宅案、1946(フーゴー・ヘーリング)

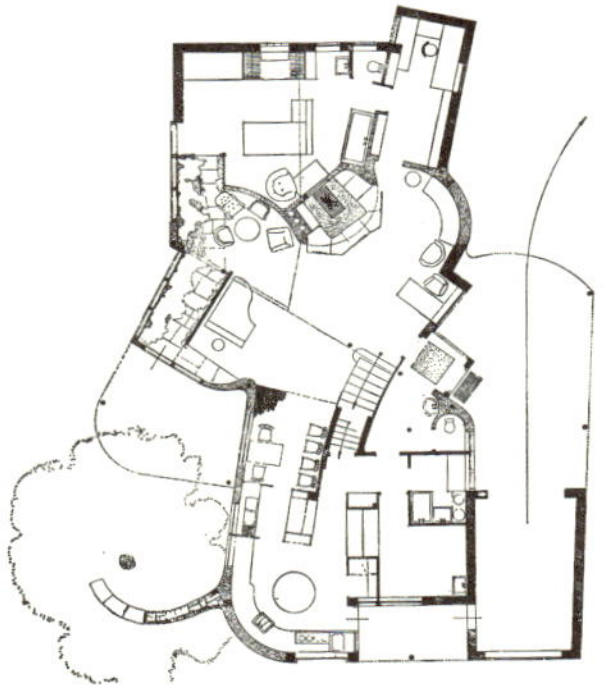

4 住宅案、1941(フーゴー・ヘーリング)

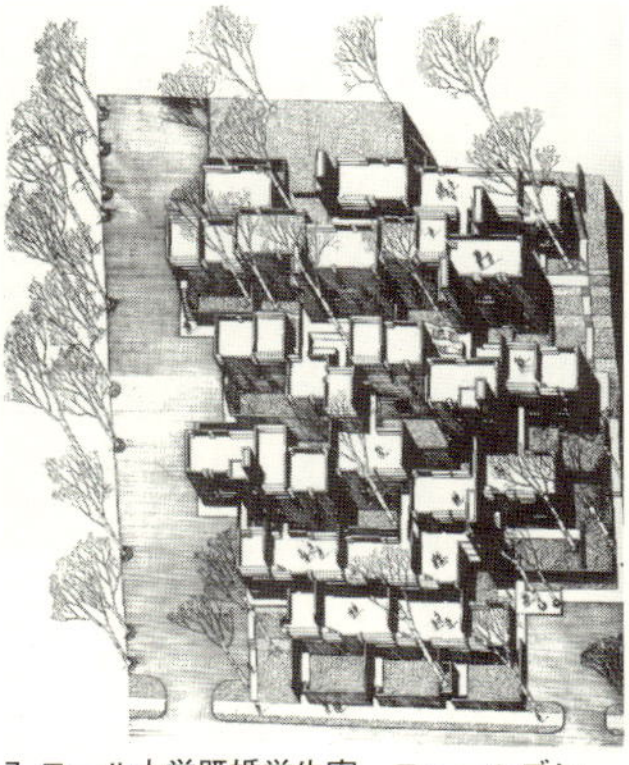

7 エール大学既婚学生寮、ニューヘブン
1960(ポール・ルドルフ)

6 ハーレンジードルンク、ベルン近郊 1960(アトリエ5)

9 オフィス・ランドスケープ

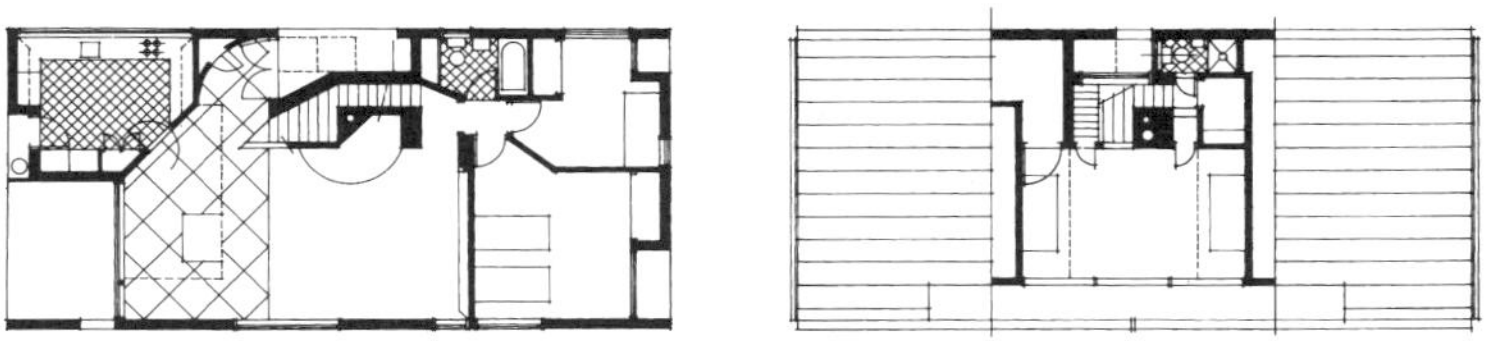

下階平面　　上階平面　a

b

10「お母さんの家」、ペンシルバニア
1961（ロバート・ヴェンチューリ）
(a)平面図
(b)シンボリックな北側ファサード

8 アビタ'67、モントリオール 1967（モシェ・サフディ）

流動する有機性

以上にみてきたところから分るのは、有機性の空間形式の一つは、部分と部分が重なりあうことで空間が連続し流動する空間形式だということである。無限空間に水平板と垂直板を配することから生じるデ・ステイル風の流動性とちがって、それぞれに独立の〈場所〉の存在がまず前提である。有機的建築の流動性は、それらの〈場所〉の鎖状のつながりから生まれる流動性である。

フランク・ロイド・ライトの空間はそのことをよくあらわしている。傑作の一つとして名高い東京・日比谷にあった帝国ホテルは、不幸にしてとりこわされてしまったが、エントランス部分だけが明治村に移築保存されていて、さいわい今でもみることができる。ここには、まえに述べた意味での有機的な流動性が、典型的に表現されている。著者の学生時代には、とりこわし寸前のこの空間の、なんともいえない感覚にひたりながら、ぼんやりと時をすごした記憶がある。ライトの特徴である十字型プランがここにもみられ、中央は吹抜けになっており、周囲の床のレベルはさまざまに変化している（11）。

吹抜けは三層分の高さがあり、これがメイン・ロビーの中央にあたる。ここから四方に立体的にのび広がってゆく〈時・空間〉の中心でもある。ロビーからエントランス・ホールへは半階だけさがる。ホールの両側にある二つのラウンジへは、逆に半階あがる。ラウンジからさらに半階あがると、ホールの上のティー・バルコニーのある二階のレベルに達し、これが吹抜けの四周を囲んでいる。ティー・バルコニーの反対がわのバルコニーからは大食堂をみおろすこともでき、この部分でロビー空間と大食堂空間は重ねあわせにされている。ロビー、ラウンジ、ティー・バルコニーの関係はといえば、それぞれに〈場所〉の独立性を感じさせながら、自由に連続し、流動し、一体化している。ティー・バルコニーからさらにのぼれば三階のギャラリーとライブラリーに達し、吹抜けを四周からみおろすことができる。また、ここからは吹抜けへの採光がとられている。

こうして、ロビーの吹抜けの周囲には、レベルを異《こと》にするいくつもの〈場所〉があり、これを泡にたとえるなら、泡と泡がたがいに噛《か》みあいながらセミラチス状の連続性をつくりだし、流れるような構成によって、吹抜けを中心とする一つの有機的空間をなしているのが分るのである。

この流動性は、外にむかっても広がっていくことができる。そのことはライトの住宅のキャンティレバーの屋根と、その下のテラスをみればはっきりする。そのテラスは、内部空間（という泡）と外部空間（という泡）を重ねあわせて連続させる中間領域であり、日本家屋の軒庇と縁とおなじ意味をもっている。ライトの空間は単に流動するのではなく、内から外へと泡のよどみのつらなりによって、連続的に広がっていくのである。

これをいいかえれば、ライトの建築の〈時・空間〉は、その有機性とともにあるのである。〈時・空間〉と有機性をきりはなしようがない。ところが、デ・ステイルをつうじてライトの影響がヨーロッパに広まったときに起こったのは、流動する空間形式のみをライトの土着的な有機性から抽象し、ヨーロッパにおける〈時・空間〉の概念を定式化するための手法へと、換骨奪胎《かんこつだったい》することであった。

a

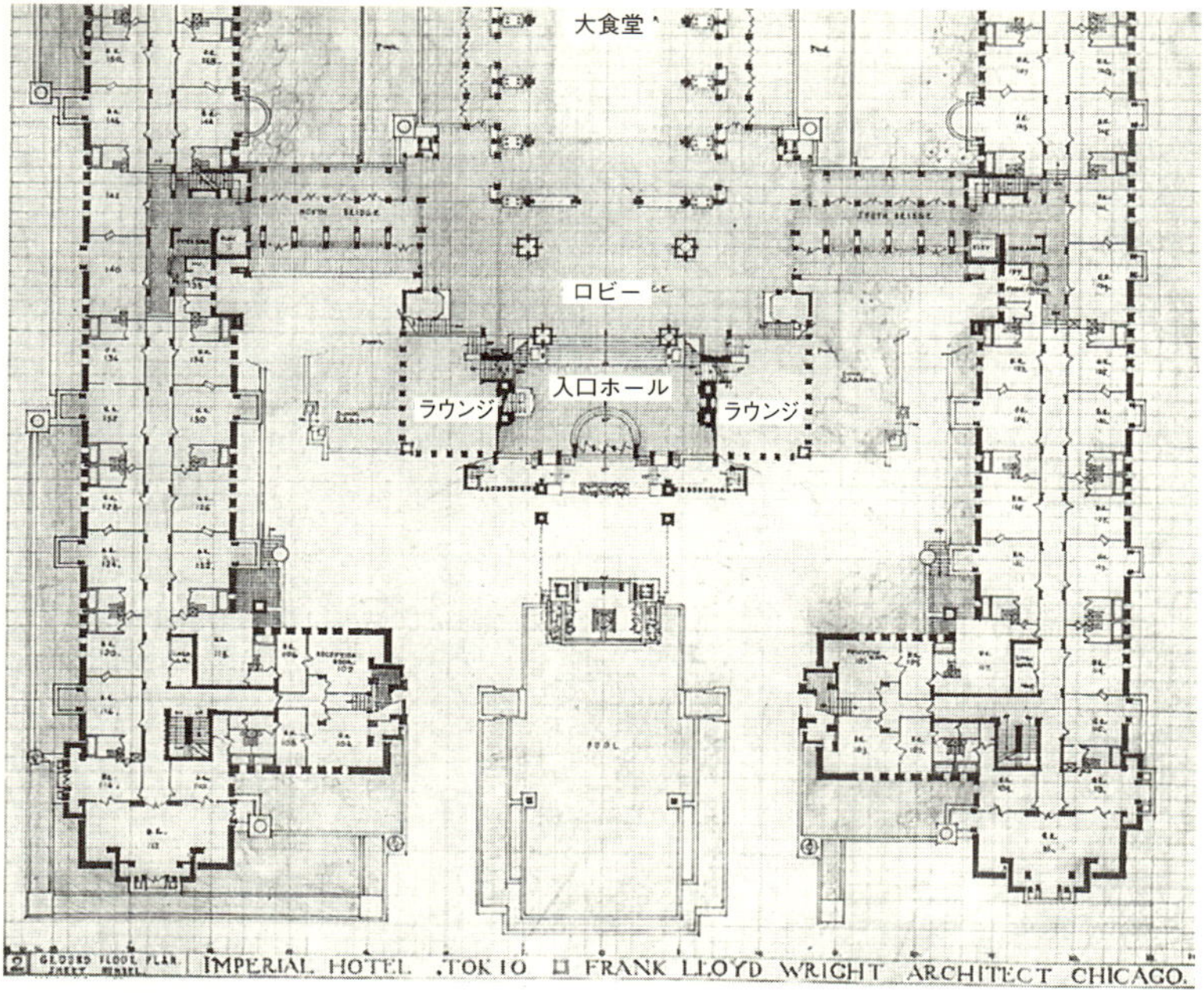

b

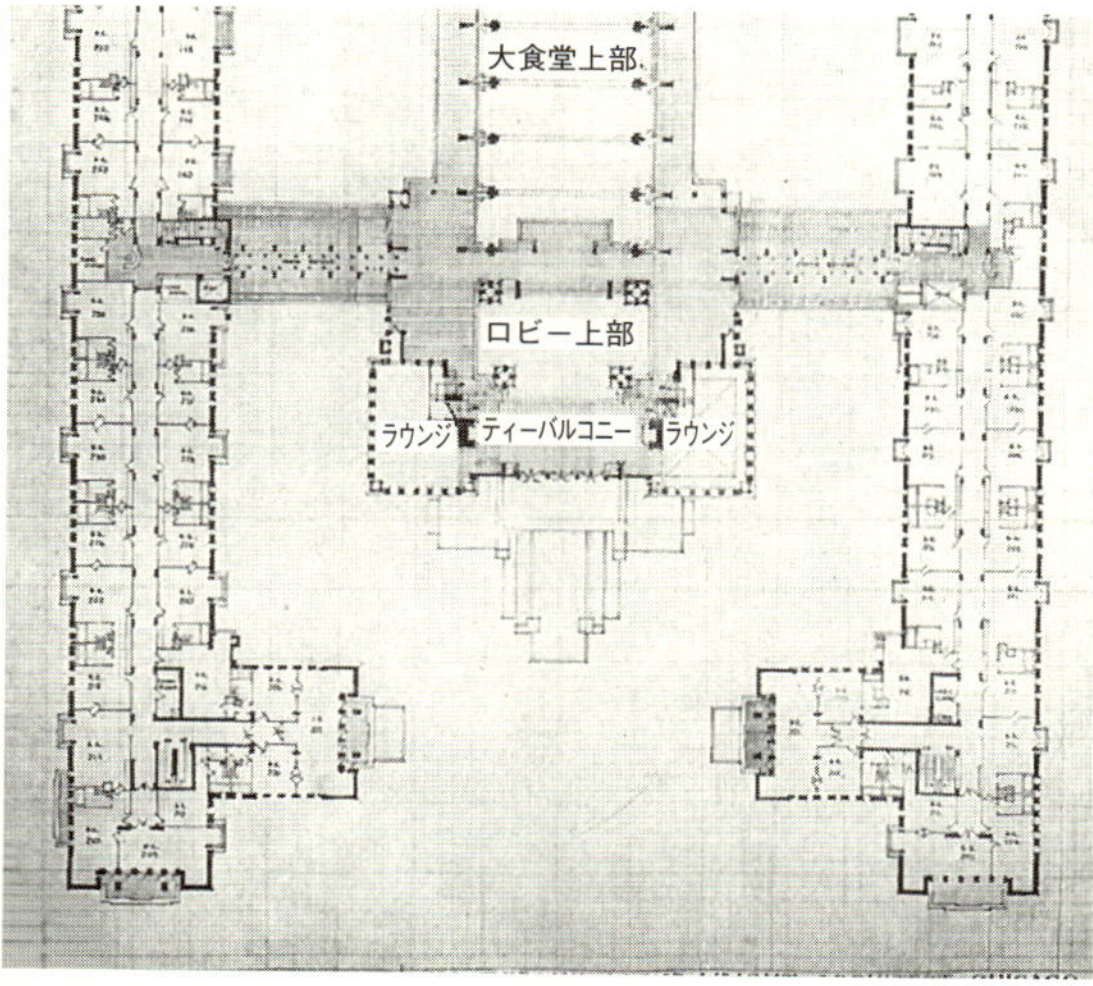

11 帝国ホテル、東京 1922
（フランク・ロイド・ライト）
(a) 1 階平面図
(b) 2 階平面図
(c) 3 階平面図
(d)入口ホールからロビーをのぞむ
(e)ロビー 右が入口ホール
(f)ロビー隅部
(g)ロビーから大食堂をのぞむ

e

d

g

f

c

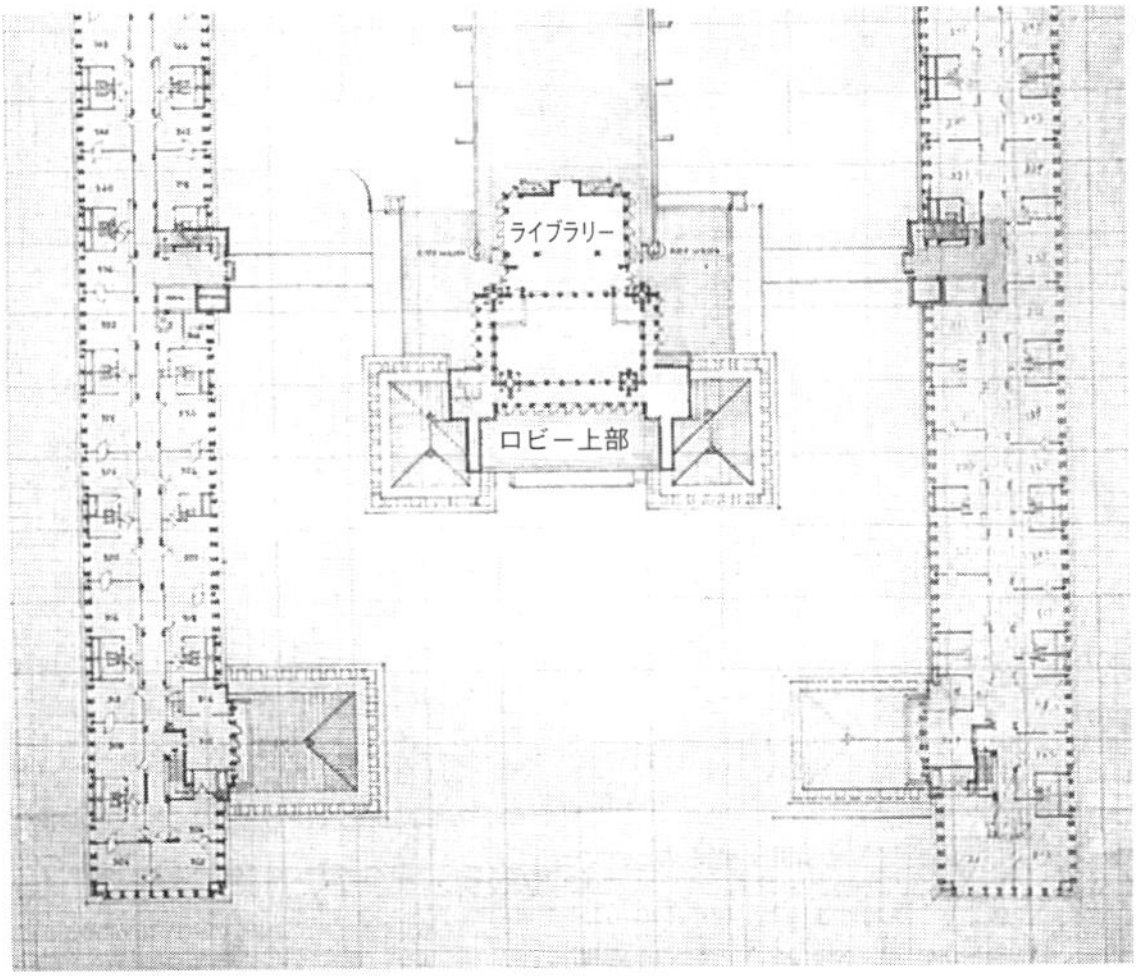

有機的な〈場所〉

〈場所〉あるいはカーンにならってルームとよんでもよいが、建築的にかこまれた一つの空間それ自体が、有機的な特徴によって人目をひきつける場合もある。たとえばライトのいくつかの大空間—ユニティ教会[*12]、ジョンソン・ワックス・ビル（12）、グッゲンハイム美術館（13）など[*13]—では、周囲のひだによってかこいを曖昧《あいまい》にするバロック的手法によって、幾何学のかたくなさから解放された自由の印象を生みだしている。アアルトの場合、幾何形態のデフォルメ（変形）とフリーラインの使用から空間の自由な感覚は保証される。それが最高頂に達するのはヴクセンニスカの教会[*16]においてである。見る位置をかえるとべつの建築かと思えてしまうほど自由な形態がそこにはある。それは多くの制約や諸条件のなかで複合的なテーマを解決するためにえられた想像力的結論である。形を目的とする単なる気ままとは違う。同じことはシャロウンのベルリンフィルハーモニー音楽堂[*17]についてもいえる。聴衆の音楽への参加の度合をたかめるために客席は渓谷の岩棚のように配置され、天幕のような屋根が音響効果に配慮しつつかけわたされ、自由な空間的ひろがりをつつんでいる。

ここで、もう一つの有機的〈場所〉の建築に注目しよう。ル・コルビュジエによるロンシャン礼拝堂（14）である。さきにも書いたように、これは詩人の魂の発露であり、ル・コルビュジエにとってただ一つの反幾何学的作品という意味でも重要な建築である。

ロンシャンは幾何学から自由である。それでは機能との関係はどうか。この形態的自由は、機能や諸条件とのかかわりをつきつめた結果としてえられたといえるのだろ

＊12　第5章18図参照。

＊13　V・スカーリーは、これらの建物に関して次のように述べている。「ジョンソン・ワックス・ビルでは……低い入り口を通り抜け……完全に取り囲まれ、平和な内部の空洞、すなわち慰安と安全性を持つ真のカリュプソー洞窟[*14]へと導かれる」「上方から採光され、完全に囲まれたグッゲンハイムは、まったき安全性と連続的な運動[*15]というこの背反を、もう一度表現している」[文2]。

＊14　カリュプソーはオデュッセイの物語に登場する美しい妖精。オデュッセイはカリュプソーの洞窟に捕らわれの身となる。

＊15　「安全性」は〈場所〉を意味し、「連続的な運動」は〈時・空間〉を意味する。〈時・空間〉を閉じこめた〈場所〉である。

＊16　第5章13図参照。

＊17　第5章15図参照。

うか。そこのところは曖昧である。アアルトやシャロウンとくらべて、はるかに彫塑的性格がつよいようにも感じられる。それでいて、この表現性のつよい量塊が、どこか、さらっとした近代的な感覚をそなえているのも否《いな》めない。表現主義の建築には欠けがちな説得力がある。なぜだろうか。おそらく、量塊の非連続的な構成のためである。平面図でみれば、壁は三つの部分に明確にわかれている。一方、屋根は壁のうえにスリットをあけて離れているうえ、壁の色の白にたいして屋根は黒い。つまり、この建物は四つの部分で構成されており、その構成の事実が明確に表現されている。これをいいかえるならば、この建築は、デ・ステイル以来のエレメンタリズムの延長にあるのである。一つの量塊のようにみえて、じつは構成の建築なのだ。表現の機械なのだ。[*18] それがこの建築をなにかさらっと感じさせる理由である。

しかし、構成関係は明確でも、エレメント自体は幾何学的基本形ではないから明確とはいえない。むしろイメージ的に曖昧である。曖昧なエレメント相互の関係はさらに曖昧で多義的である。そこから、なにかしみじみと心にうったえるものが生じている。表現の機械が、イメージの有機主義をうみだす結果になっていると思えるのである。ロンシャン礼拝堂の〈場所〉としての印象のふかさ、複雑さは、こうした経緯から生じてきている。

外観にかんしては、もう一つの特徴として、南と東にのびた屋根のキャンティレバーと塔の垂直性はライトのヴォキャブラリーにつうじるものであることに注目しておくべきであろう。ここにおいて、ル・コルビュジエは、思いがけないやり方で、ライトの「奥行き」を獲得することになったのである。

＊18 ガウディは自然に深く帰依するゆえに説得力があるとV. スカーリーはいう。「(メンデルゾーンのアインシュタイン・タワー) はメカニカルな流線形であるが、動きがなく、それゆえなにものをも意味しない。だが、ガウディの形態はアール・ヌーボーの最良のものが全体としてそうであるように、自然の行為に鼓舞され、それゆえにどういう訳かリアルなのである。[文2]」 それに対してロンシャンは、有機的形態でありながら、原理において機械的であるゆえに説得力がある。

a

12 ジョンソン・ワックス・ビルディング、ウィスコンシン 1950（フランク・ロイド・ライト）
(a)事務室内部
(b)外観

b

b

a

13 グッゲンハイム美術館、ニューヨーク 1959（フランク・ロイド・ライト）
(a)外観透視図
(b)内部

b

a

c

14 ロンシャン礼拝堂、1955
（ル・コルビュジエ）
(a)東外観
(b)北外観
(c)内部
(d)平面図

d

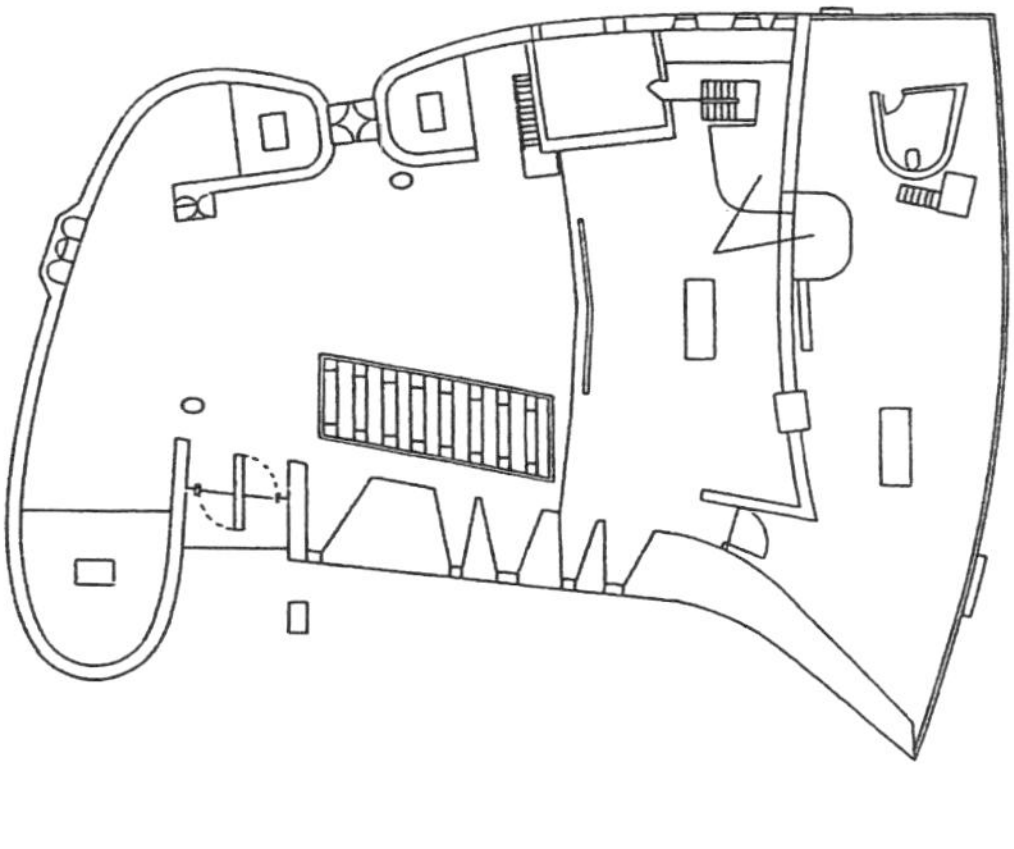

部分の相互作用

カーンのルームのほとんどは正方形や矩形の平面をしているが、用途におうじた天井高さと、自然光のとり入れかたの工夫で、空間的な性格に特徴と変化がもたらされている。それらのルームを関係づける構成法のうちに、カーンの建築のもっとも大きな特徴がある。

大きなルームを有する建築の場合、その周囲に、そのほかの小さなルームを配置するという構成法をカーンはしばしば用いた。最初のこころみはファースト・ユニタリアン教会（15）でなされている。中央の集会室のそとに、回廊をはさんで付属学校の教室と事務室などが配置されている。集会室はスカイライトからの光によって神秘的な雰囲気をかもしだしている。[*19] この象徴的な空間を中心にして関連の施設を配置することには必然性が感じられる。大きく主要なルームに小さく付属のルームがひきつけられるかたちは、精神的なむすびつきと空間の構成法とが緊密に関連していて、部分の相互作用が全体をつよく有機的に一体化させているように感じられる。しかし、この構成法がいつでも成功するとはかぎらないようである。プリンモア女子大学学生寮（16）では、三つの大きなルームにたいして同様の構成法がとられているが、スカイライトだけで採光された精神性のつよいサロンには、少女たちはいささか困惑したのではないかと案じられなくもない。

フィリップ・エクセター・アカデミー図書館[*20]（17）では、同様の構成法が、ふたたび成功をかちえている。中央ホールを囲んで配置されているのは、ここでは開架書庫と、さらにその外周に読書ラウンジや読書ブースである。中央ホールはスカイライト

＊19 第4章10図参照。
＊20 第4章13図参照。

で採光され、視覚的にも明確に館内を統一している。カーンは、外光は書籍には禁物だが、読書には好ましいと述べている。だから書庫は内がわに、読書スペースは外側にあるのである。

大空を天井としていただく中庭（コート）もルームである。ソーク・インスティテュート[*21]では、太平洋をのぞむコートをはさんで研究室がならび、その外側に実験室がある。囲むというスタイルとしてはいささか変形だが、コートの求心力のつよさが全体におよぼす有機的な統合の現象にはすこしも異なるところがないのである。

もう一つの、カーンのめだった構成の手法は、複数のルームを対等において、関係のバランスをはかりながら連結する手法である。その基本型はノーマン・フィッシャー邸[*22]にみられる。リビングと私室群のゾーンとが明確に区分されたうえ、四五度傾けて連結されており、うごきのある秩序あるいは相互作用が、全体を美しい統合へとさそっている。ドミニコ会女子修道院の計画案（18）では、この手法が大規模に展開された。カーンは個室は個人のための礼拝のルームであると考えていた。かくて、共同生活をいとなむいろいろなルーム（聖所・食堂・学習室・エントランスなど）のうごめく群れを、個室群が囲いこむといったユニークな形態がうまれた。諸室の群れの平面は、廊下を用いず部分相互を結合しようとする意図を反映している。聖所は回廊によって囲まれており、この回廊は食堂にむかっての行進礼にも用いられる。[文3] 計画案に終ったことの惜しまれる傑作である。

カーンの作品は、求心と連結の、この二つの手法のいずれか、あるいは両者の複合によるものが多い。いずれも部分（場所）の相互作用が建築を生き生きとさせる。

*21 第4章11図参照。
*22 第4章12図参照。

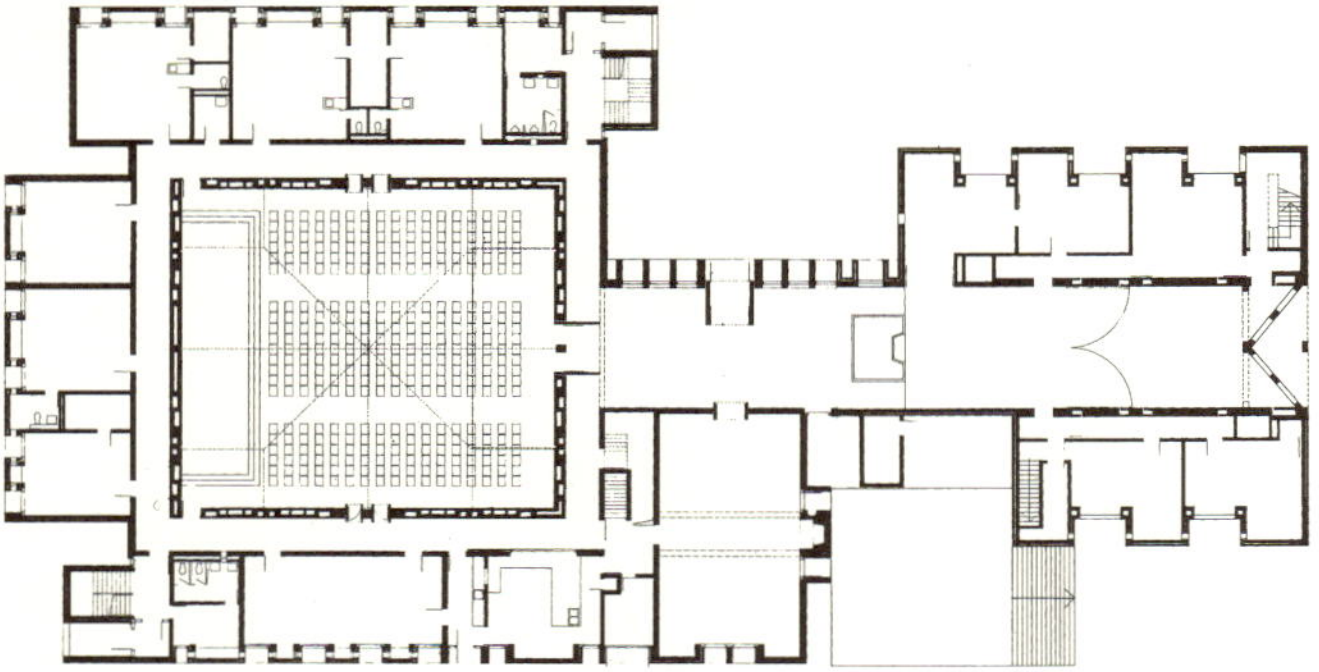

a

15 ファースト・ユニタリアン教会、ニューヨーク 1967
（ルイス・カーン）
(a)平面図
(b)当初の計画案

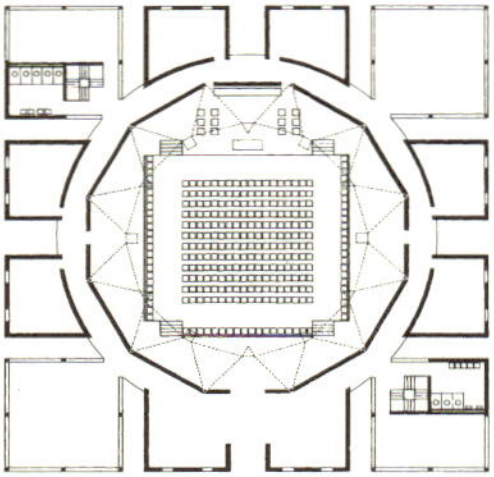

b

b

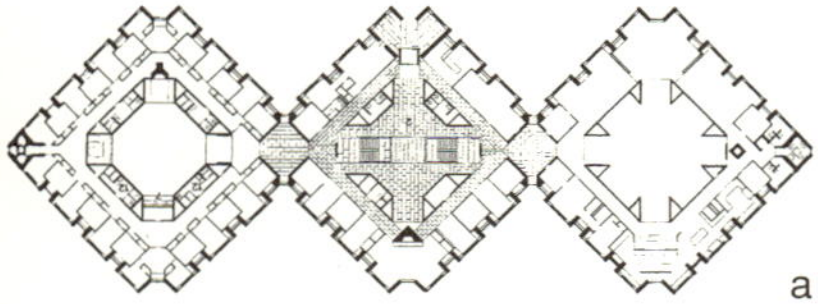

a

16 ブリンモア女子大学学生寮、ペンシルバニア 1965
（ルイス・カーン）
(a)平面図
(b)サロン内部
(c)断面図

c

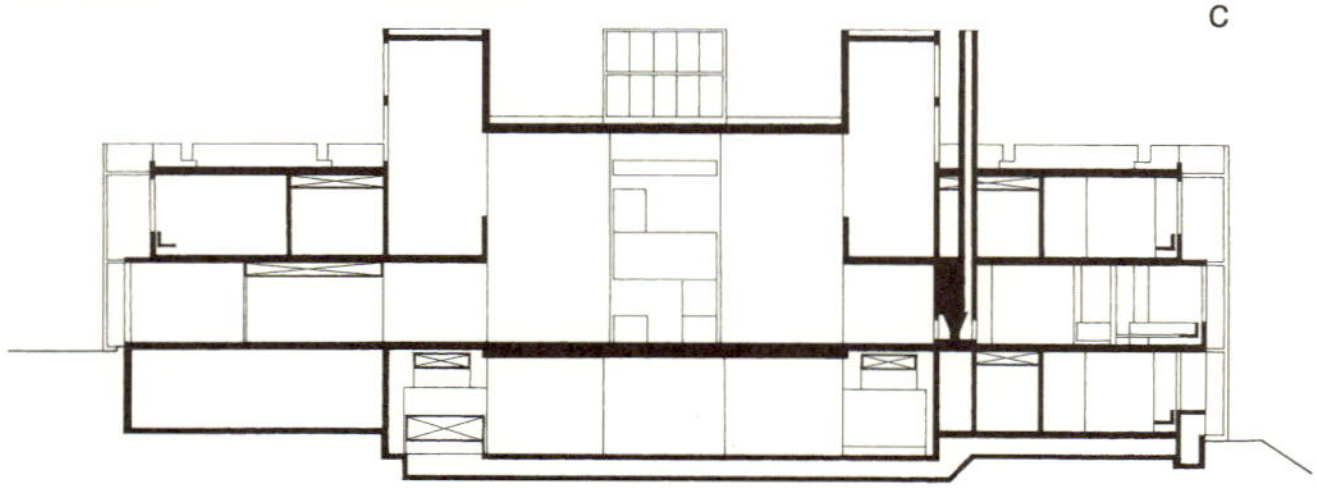

a

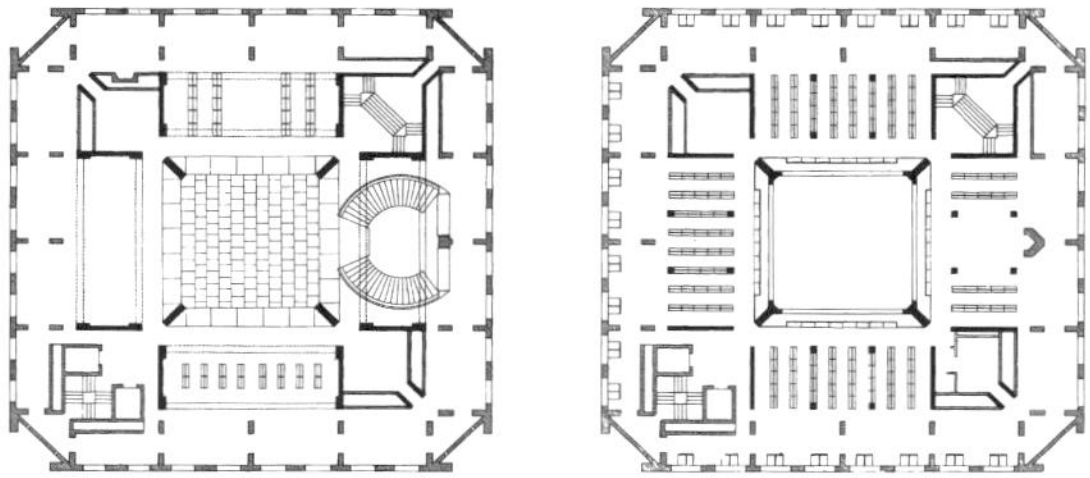

1階平面図　　3階平面図

b

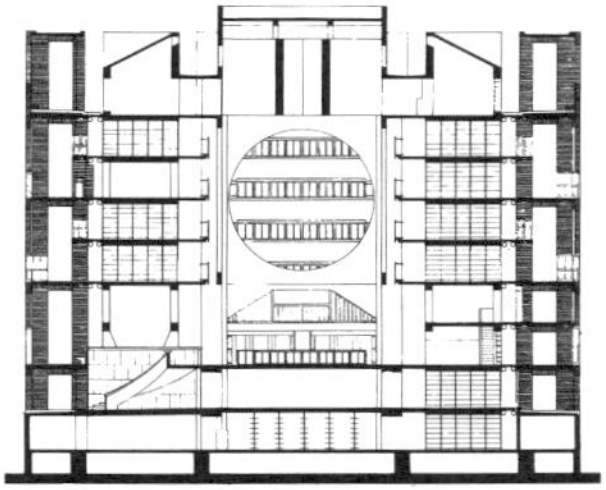

17 フィリップ・エクセター・アカデミー図書館
(a)平面図
(b)断面図

18 ドミニコ会女子修道院計画案、
1968（ルイス・カーン）
(a)平面図
(b)立面図

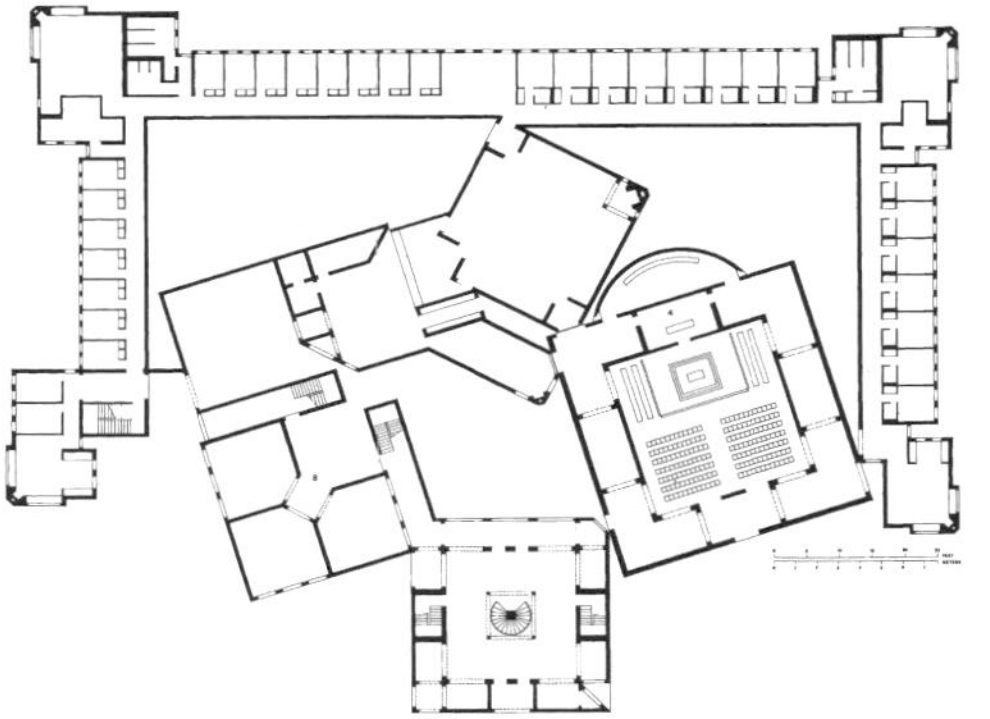

a

b

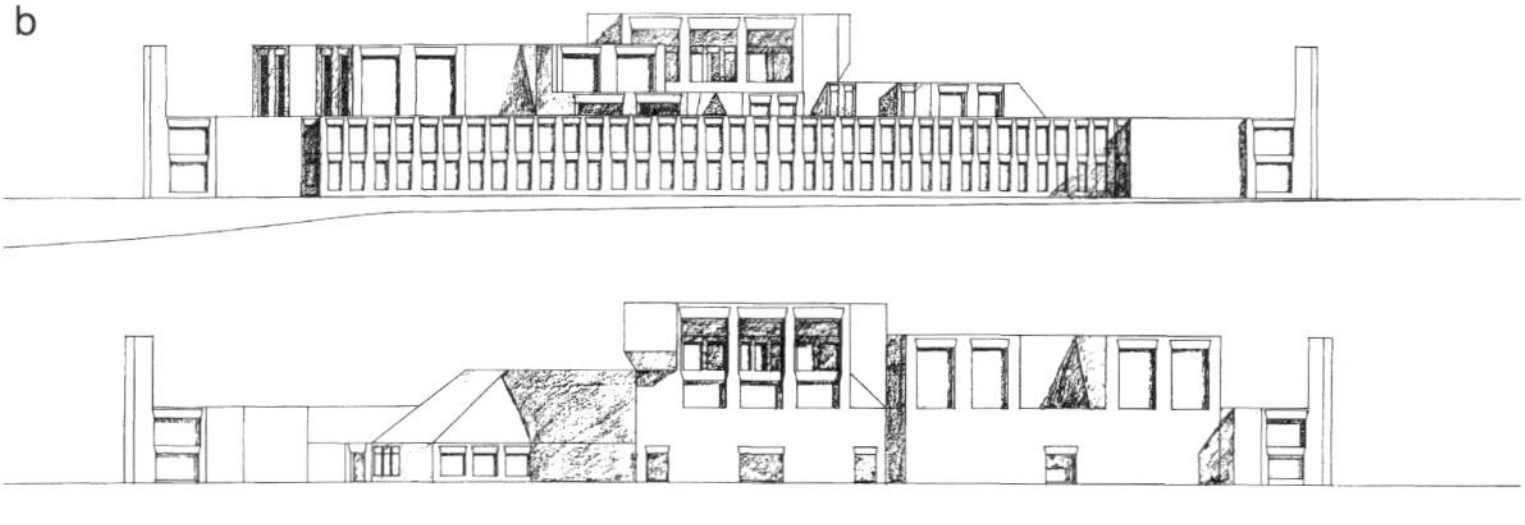

環境との融合

有機原理の建築は、機能との関係と同時に環境との関係のうちに本質を求めるのである。しかし、機能という言葉とおなじに、環境という言葉も、意味が広くわかりにくい言葉である。素材や技術や様式が問題なら、文化的、社会的諸条件としての環境が重要になる。ここでは、直接に空間的性格にかかわるという意味で、立地条件や気象条件としての環境に限定しておいてよいであろう。

ライトの空間が有機的であるのには、れんがといった素材やキャンティレバーといった技術がかかわっているのはあきらかである。しかし、なんのための素材や技術かを問題にすべきである。ライトはなぜ、住宅の屋根やバルコニーに大胆なキャンティレバーを用いたのだろうか。それは、外部空間をなかば内部化して、建築と外部空間の境界を曖昧にし、建築を環境に融合させるのが目的であったにちがいない。∧時・空間∨的な空間形式の原点ともいえるライトの突出した屋根やテラスは、直接には環境との融合という目的からうまれたものなのである。

ル・コルビュジエの初期の住宅、たとえばサヴォワ邸[*23]、あるいはミースの代表的住宅作品ファンズワース邸[*24]、いずれも自然のロケーションのなかで美しくはえる。しかし、サヴォワ邸はピロティにささえられ自然のうえに浮きあがった箱であるし、ファンズワース邸はガラス壁によって自然との関係を遮断した箱である。いずれも環境と対立している。対立しながら美しく調和している。しかしその美しさは、環境との融合というライトの意図とは逆の方向をむいている。それは、これらが有機的建築ではないことのおおきなあらわれである。有機的ではなく、幾何学と機械の理念にたった

＊23　第3章17図、第6章8図参照。
＊24　第1章23図参照。

建築なのだ。

一方、ライトの落水荘[*25]では、テラスの広がりはあたかも大樹の枝のように滝の上にさしかけられ、建築の空間は周囲の空気とわかちようもなく一体化している。また、アアルトの住宅、たとえばメゾン・カレやマイレア邸について、風景のなかに無理なくはめ込まれ、風景の一つの部分になっていることはすでにみてきた[*26]。

ウッツォン[*27]も有機主義の建築家である。そのもっとも有名な作品シドニー・オペラハウス[*28]（19）は、シドニー湾の景観のなくてはならない要素として、まさに景観の一部である。あの建築があの場所以外に建つことなど考えられない。場所の霊気（ゲニウス・ロキ）をたっぷりと鼓吹《こすい》されて生まれでたような建築である。

チーム・ズーの設計になる名護市庁舎（20）は、沖縄の伝統的な住宅建築の構成法を継承している。亜熱帯の沖縄では、寒さの心配はないので本州の建築よりもさらにおおらかに開放的である。ふかい庇《ひさし》をもつがんじょうな屋根（沖縄は台風のメッカでもある）と風とおしとが沖縄の伝統建築の必須の条件である。名護市庁舎は、これにならって、ふかぶかとした屋根の日陰におおわれている。風とおしの方は、庁舎の性格上、風筒でみちびき入れた風をそよそよと室内に配分する仕掛けが用いられた。

ベンジャミン・ウィーズの小さな山荘（21）でのすべての生活は、自然の恩恵に依存することによる自然との融合が考えられているという。冬の暖房には、大きなガラス面からの日照におおくを期待している。また、夏の通風のために煙突効果[*29]を利用するところから塔状のスペースが用いられた。日照と通風のための装置のようなこの家は、独特の魅力ある流動性の空間をうみだしている。

＊25　第5章17図参照。
＊26　メゾン・カレについては第5章5・6を、マイレア邸については第7章7・2を参照。
＊27　第4章＊31参照。
＊28　第4章39図参照。
＊29　煙突では熱せられた空気が上昇し、そのあとに下から新鮮な空気が吸い込まれる。この効果を煙突効果と呼ぶ。通風のために低い位置に風のとり入れ口を、高いところに排出口を設けるとこの効果を期待できる。

19 シドニー・オペラハウス、1973
（ヨルン・ウッツォン）

20 名護市庁舎、1981（チーム・ズー）
(a)外観
(b)風の取り入れ口のある外観
(c)1階平面図
(d)建物内の風の流れ
(e)風の流れ口のある室内

a

c

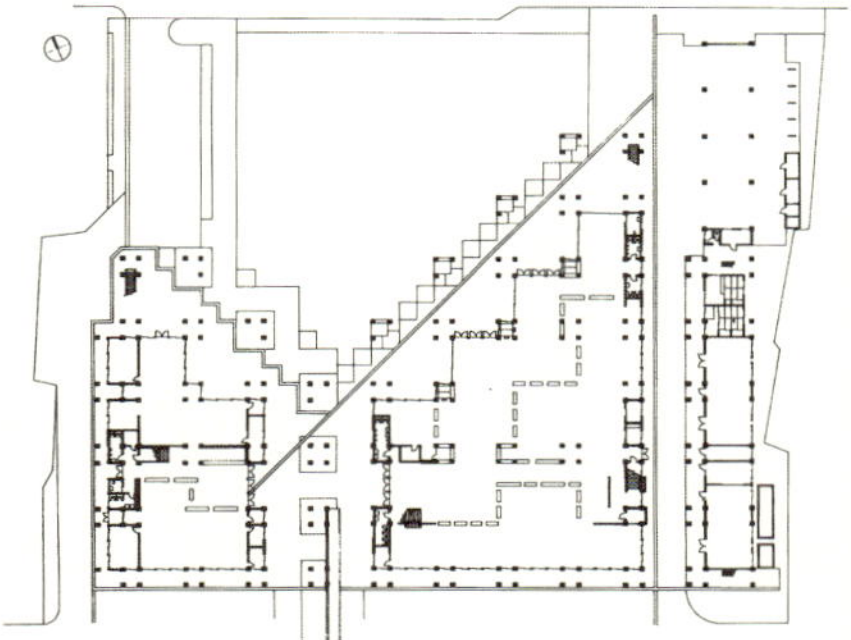

b

21 ベンジャミン・ウィーズの山荘

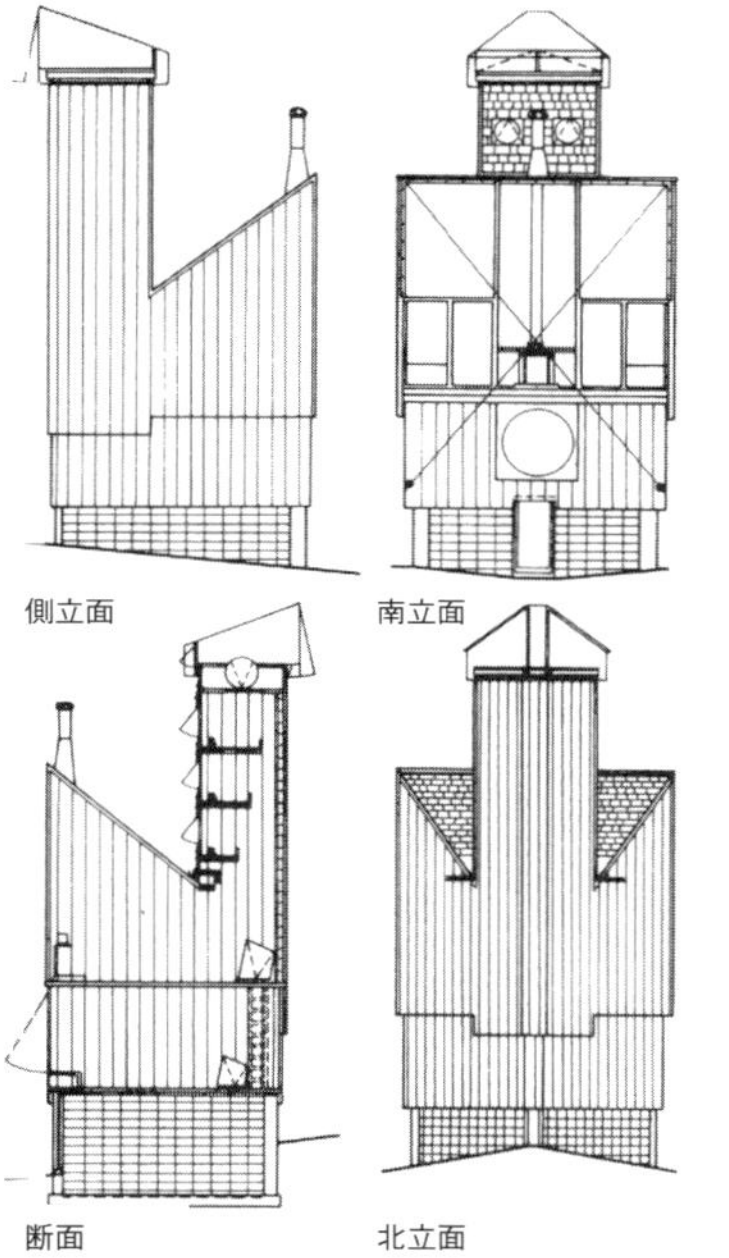

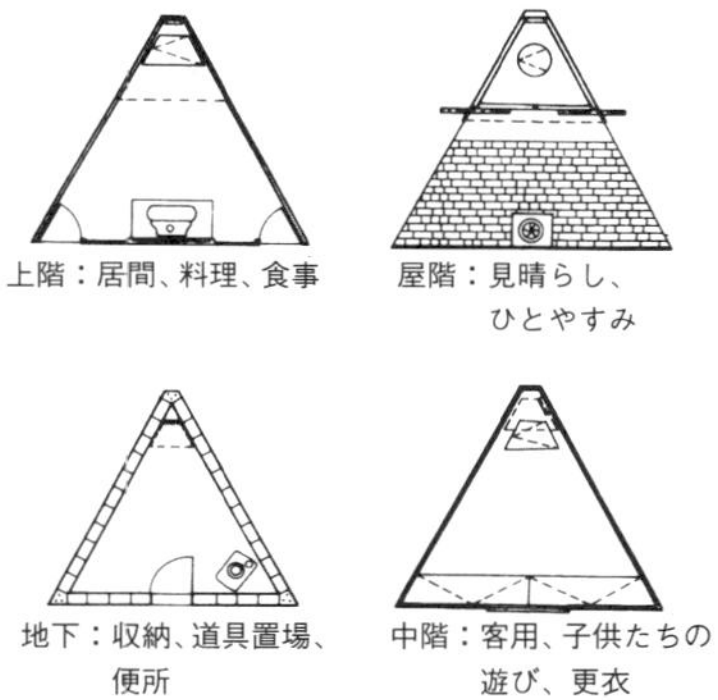

20−d

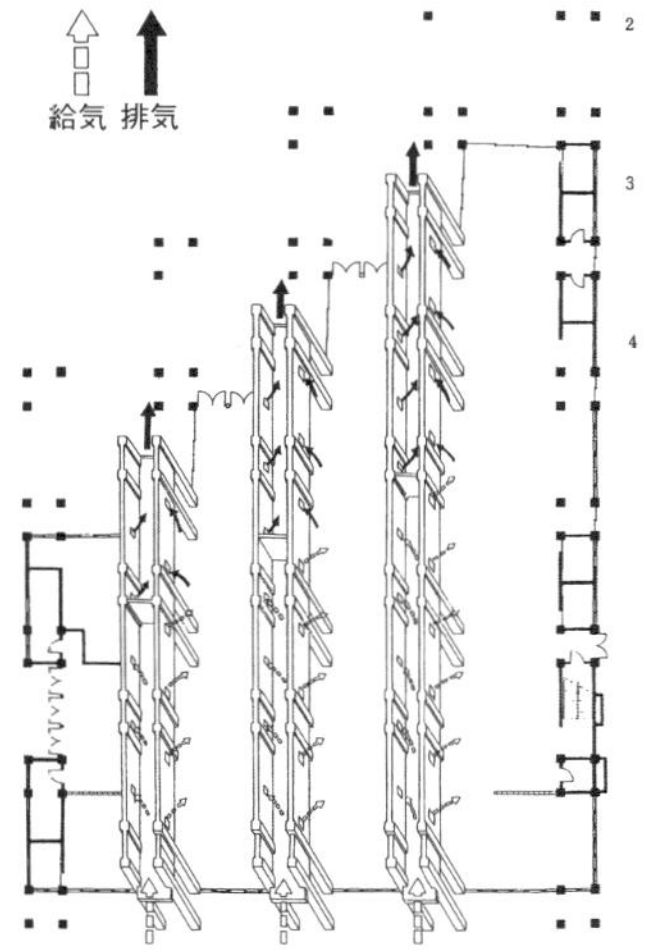

風の流れと外皮

20−e

第8章　続・空間の有機原理

世紀半ばに有機原理は建築思潮の主役へとおどりでる。そして今日、環境への関心、プログラムの複雑化、コンピューターによる問題解決能力の向上などをふまえて、まったく新しい有機原理の時代が開かれようとしている。それは、一方において図式性の強い空間形式をとっており、もう一方において限りなく自然に近い複雑さに挑んでいるように見える。

8.1 表現と目的

アドルフ・ロースは外観と内部の対立をよしとした。[*1] そして、ル・コルビュジエはこの点でロースを踏襲《とうしゅう》した。[*2] 一方、アアルトやシャロウンはそうしなかった。内から外にむかって建築をつくったからである。

ヘーリングは建築における二つの原理を区別している。一つの原理は芸術的表現のために形を創造するものであり、いま一つの原理は、道具的目的にむかって課題を解決する探求の結果として形は生成するというものである。「内から外にむかってつくる」というのは、後者の原理をかみ砕《くだ》いたいい方である。ヘーリングはこの立場を一貫して主張したのであったし、アアルトとシャロウンはこの原理の実践において成功をかちえた建築家である。前者の「表現のために形を創造する」という原理は、一九世紀末から二〇世紀初頭の表現主義[*3]において顕著であった。ロースは、その時代のウィーンに生きて、オーストリアにおける表現主義的な運動ゼツェシオン[*4]と対決しながら、無装飾主義をとなえたのである。しかし、そのロースが表現のために形をつくっていなかったかというと、じつはロースの建築も、別の意味で表現にこだわっていた。ロースはかなり厳格な古典主義者であった。古典主義のみなもとはギリシャのパルテノン神殿にあり、その均整《きんせい》のとれた安定感ある美しさへのあこがれは、ルネサンスをへて近代におよんでいる。ロースの建築家としての軸足は古典主義の流れのうえにおかれていた。ついでにいうと、古典主義と対《つい》をなすのは浪漫主義だが、その自由でうごきのある造形の源流は中世にあり、表現主義はそのながれにのっている。だから、ロースは浪漫主義の表現を否定して古典主義をとったといえる訳で、古典主義として

＊1　第6章6・4参照。
＊2　第6章6・5参照。
＊3　表現主義については第5章＊17参照。
＊4　ゼツェシオン（分離派）は一九世紀から二〇世紀初頭にかけてドイツ・オーストリアに起こった芸術の革新運動。ウィーンを中心とするものをウィーン・ゼツェシオンと呼ぶ。その中心をなした建築家はオルブリヒ、ホフマンらである。形式的には直線、方形、円などの幾何学的形態を追求したが、それをアール・ヌーヴォー風の装飾でおおう傾向があった。表現主義そのものとは違うが表現主義的としておいた。

の表現を、建築の、とりわけその外観に課したのである。その一方でロースは近代的な合理主義者でもあったから、建築の内部に関しては十分に目的に忠実であろうとした。シンメトリカルな古典主義的ファサードは、内部の目的追求の結果としてでてくる形であるはずがない。したがって、外部と内部には対立があることになる。冒頭の文章はそのことを意味している。

ル・コルビュジエについても同じことがいえる。ル・コルビュジエは古典主義者であるとともに、近代的な機械の美しさに魅《み》せられてもいた。古典主義と機械美の複合からなる美的表現を、建築の外観にあたえることに、ル・コルビュジエもまたこだわっていた。だから、ル・コルビュジエの建築は、美しくバランスがとれ、機械のように清潔な箱なのである。内部は内部で合理的だが、外観は内部の目的追求の結果ではない。

ヘーリングは、建築の外観にたいして、古典主義であれ浪漫主義であれ、表現の意図をあらかじめ設定すべきではないと主張した。内部の目的と、外観の意図のあいだで、おりあいをつけるような設計をすべきではなく、内部の目的追求を最大限に優先させ、内部から外部へとおよぼし、そして外観を、あらかじめの表現意図から解放し、自由にすべきだと主張した訳である。

それでは、この問題を現代のわれわれはどのように考えたらよいだろうか。結論をいおう。ヘーリングの二つの原理を一つの原理として統合すればよい。表現の要求を目的充足と対立するものと考えるのではなく、同じ方向のものとして考えるのである。今日の動向はまさにそれだと思われる。本章ではその様子を概観する。

ル・コルビュジエのカーペンター・センター

へーリングの二つの原理を統一するというのは、目的追求の結果と、表現の要求とを一致させることだから、結局は目的追求が一つの筋としてとおるわけで、有機原理の自由の原則が中核をなすことになる。まずは表現を、窮屈《きゅうくつ》な幾何学から解放して自由にすることである。そしてこれが目的の探求とむすびつけられる。この傾向が時代の動向としての姿をとりはじめるのは、一九六〇年前後かと思われる。一九六〇年といえば、晩年のル・コルビュジエが、すでにロンシャンとラ・トゥーレットを完成させ、シャンディガールにとり組み、さらにハーヴァード大学の「視覚芸術のためのカーペンター・センター」にとり組んでいるさなかである。

既述のシャンディガール[5]では、建物は四角い箱のおもむきをとどめながらも、すでに平滑面はなく、あちこちに自由な形態がくみ込まれている。有機主義に変節したル・コルビュジエのあたらしい面目《めんもく》が躍如《やくじょ》としている。カーペンター・センター（1）では、形態の自由と四角い箱からの解放はさらに徹底したものになる。カーペンター・センターはいろいろの意味で曖昧な、そして豊かな作品である。一面においてル・コルビュジエは二〇年代のピュリストの思い出にたち返ったかにみえる。厳格なプロポーションと平滑な打放しコンクリート面と平滑なシリンダー柱のピロティを使用しているからである。その一方で、建築の形態は複雑さを増し、外にふくれだすと思えば逆に内側にくびれ込むという具合で、かつてル・コルビュジエの建築にみられなかった形態の原則がみられるのである。この建築の基本的な形態要素は、S字形（斜路）、キューブ（展示ホール）、肺の形をした曲線（スタジオ）の三つである。キューブは

＊5　第6章6・7参照。

S字形によって切り裂かれ貫通されており、S字形の両側に一対《いっつい》の肺の形が配置されている。それぞれの形態要素は外にむかって存在を主張している。もともと斜路や曲面はル・コルビュジエのヴォキャブラリーだが、このようなダイナミックな使用法はかつてなかった。そのあたりの印象を、ウィリアム・カーティスは次のように述べている。「それはあたかもサヴォワ邸が爆発して内部が露出し、ランプや曲面のパーティションが外部環境に向かって伸びていったかのようにみえる」[文1]。

カーペンター・センターの目的は、知性と感性の総合を、手をうごかすことをとおして学生たちに感じとらせることにある。このことは、ル・コルビュジエ自身にとっても重要なことであり、建築的テーマとしても意味ぶかいものであった。一方、敷地条件はきびしいものであった。そこでまず、敷地の一方のはしから他方のはしにむけて、建物の三階の高さをぬけていくサーキュレーション（斜路）が、一つの重要なテーマとしてうかびあがった。そして主要なプログラムはスタジオと展示室を設けることであったから、「アクティブで創造的なスペースとしての有機的なスタジオと、受容ということの真髄である直線的な展示ホール」[文2]に、それぞれ特徴的な形態があたえられたのである。その結果が前記のようなものとなった。西側のファサードの三階と五階にはガラスがはめられ、四階にはブレーズ・ソレーユがおかれるというような矛盾（しかしそれがおもしろくみえる）もある。「この非論理的な組み合わせは、内部空間における視界の変化や必要な光の違いから生まれたものである」[文2]。このような設計の手法は、「内から外へ」というへーリング流のやり方とほとんど一致している。

1 カーペンター・センター、ハーヴァード大学
1963（ル・コルビュジエ）
(a)配置図
(b)平面図
(c)3階の入口に向う
(d)南側外観
(e)北側外観
(f)3階スタジオ内部

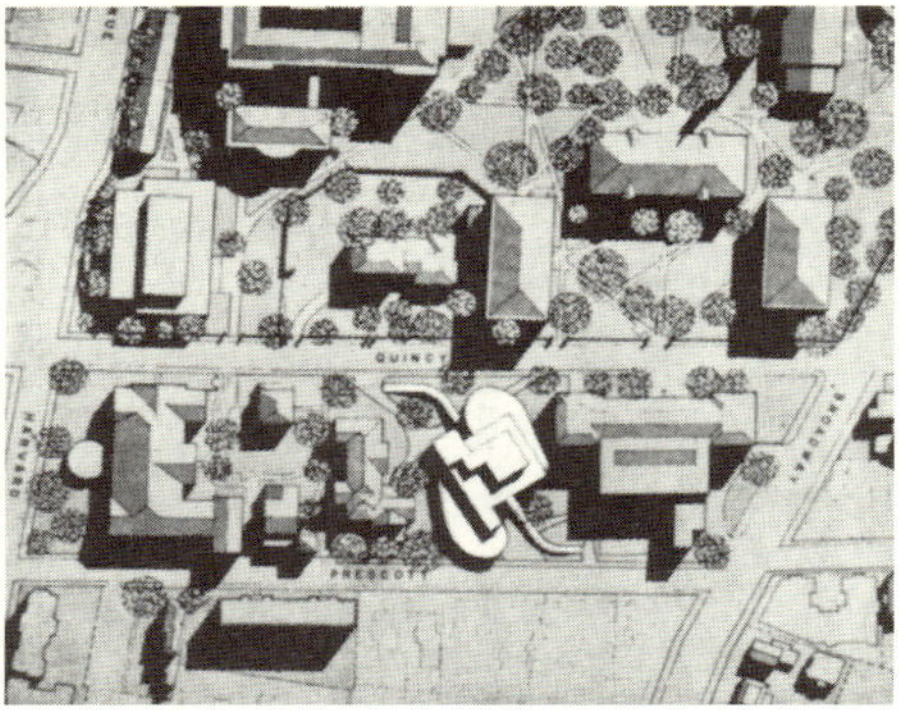

a

b

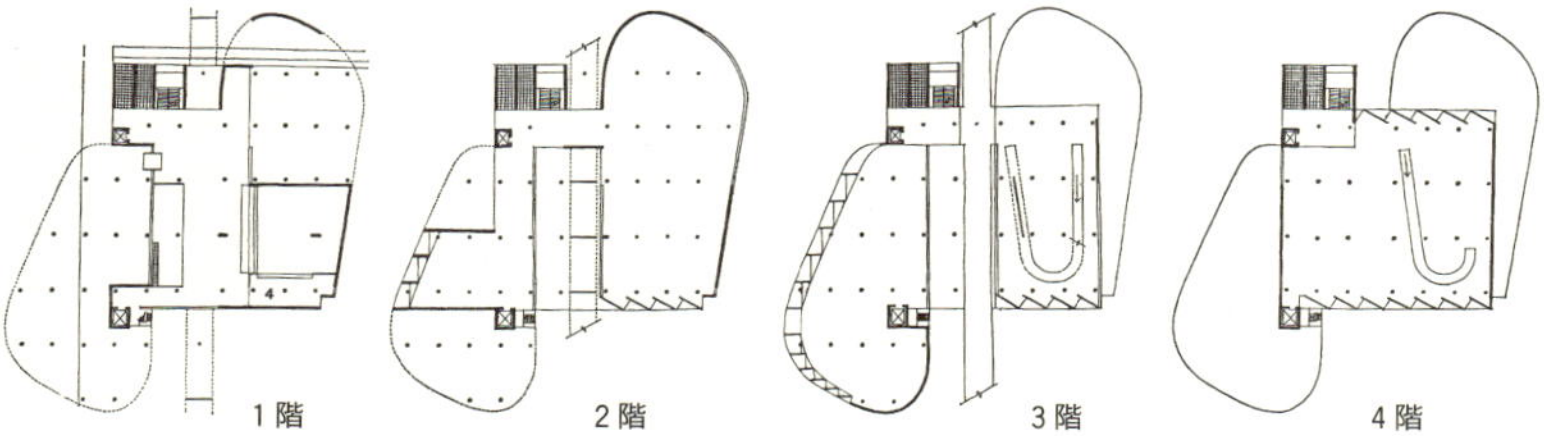

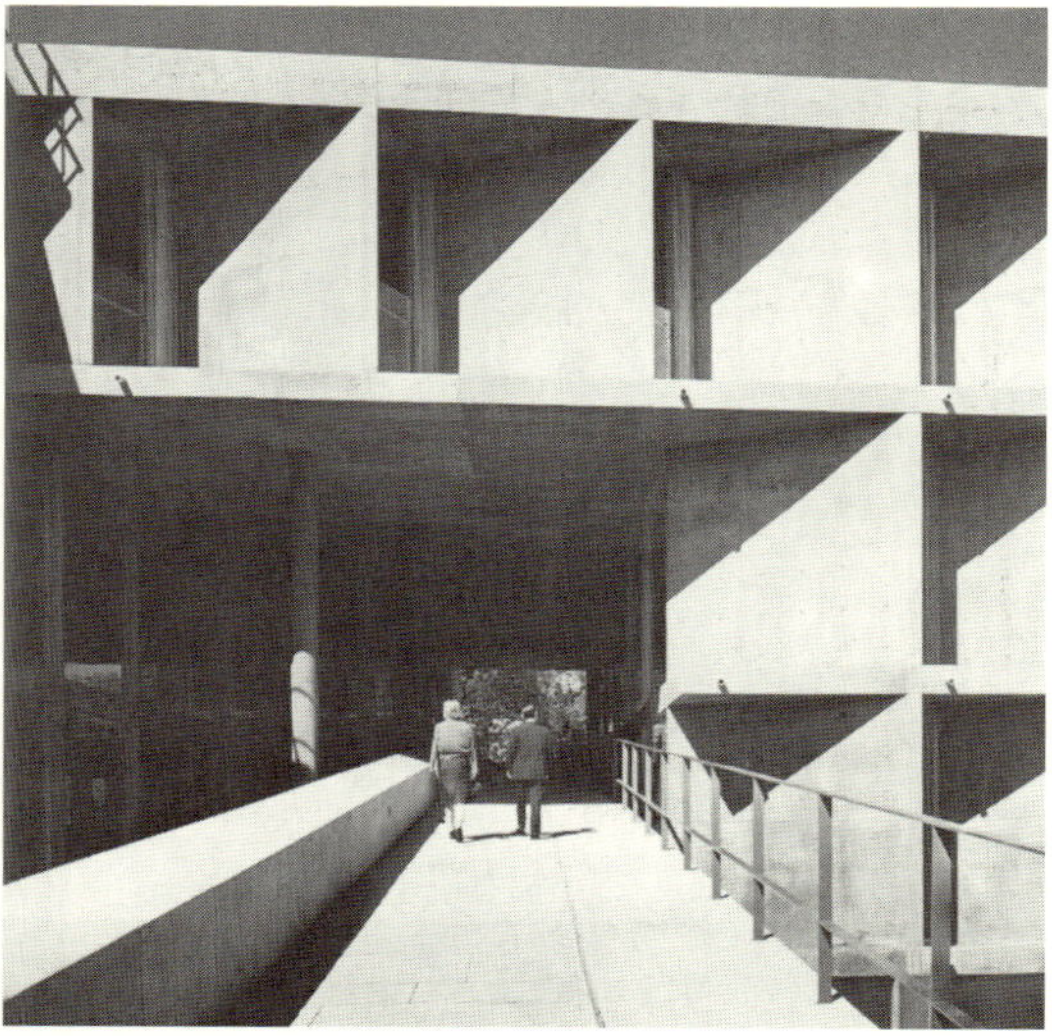

c

d

e

f

空間のパタン言語

古典主義と純粋主義の本流をあるき、時代をリードしたル・コルビュジエが、その最晩年に（ル・コルビュジエ自身がほおむり去ったともいえる）ヘーリングにたち返ったというのは感慨ぶかいことである。カーペンター・センターは、内から外にむかって設計され、それがみごとな表現ともなっている。ル・コルビュジエはこの作品によって、時代の動向にたいする大きな道標をうち立てたかのようにみえる。

この時代のもう一つの道標は、まったく異なる方向からあたえられた。それは理論的なものである。形式主義がはびこり、窮屈で、退屈で、息ぐるしい環境が蔓延《まんえん》していく現状をまえにして、若い建築家たちは人間的な目的探求にたちかえる必要性を痛感していた。しかし、機能にかんする問題は単純ではなくなり、建築家にはそれをとく十分な能力がそなわっていないと、アレキザンダーは考えていた。「なにが真に求められているかを充分明白に理解していないとき、彼は勝手に選んだ形の秩序を頼りにする。問題そのものは、その複雑さゆえに未解決のまま残ってしまう[文3]」。アレキザンダーが独自のシステム論的デザイン論[文3]を公表したのは一九六四年のことである。それはツリー構造[*6]にもとづく機能分析と再合成のプロセスを提示するものであった。しかし、環境の構造がツリー構造で把握できるものでないことはすぐにあきらかとなり一九六六年には、「都市はツリーではない[*7]」という、みじかいが影響力のある論文が発表された。そのなかで、古い街や集落にみられる豊かな多様性は、ツリー構造ではなくセミラチス構造によってもたらされることが示された。そして、この観点から編成しなおされたアレキザンダーのあたらしいデザイン理論は、「パタン言語の理論」

＊6　第7章7・3参照。
＊7　第7章＊6参照。

とよばれた。

環境の要素は、心地よさをそなえたいろいろな場所の単位であると、アレキザンダーは考えた。それらの要素は、人びとの心のなかでイメージとして成立している。そのイメージのふくらみをそのまま把握することがだいじであり、機能のことばにおきかえてしまえば、その抽象の作用によってイメージのふくらみは死んでしまう。だから、要素のあり方を、イメージを残したままのパタンとして把握しよう。これがパタン言語のはじまりである。環境はパタンの複合的なくみあわせからできている。くみあわせ方は無数にあって自由である。そのさまが言語における単語、文、陳述の関係に似ているところから、パタン言語ということばは生まれた。

現代は、パタン言語が社会的な共通の道具としてうまく機能しなくなっている時代である。「社会の全員が町づくりや建物づくりに参加し、全員で分かち合う共通のパタン言語で建物をつくり、しかもその共通言語そのものに生命がない限り、生き生きとした町や建物は、けっして生まれない」[文4]。現在の環境はあまりに大雑把につくられていて、大部分の人びとは環境のイメージをそれと合体できないでいる。それが社会的な規模での不安の源泉となっている。この状態の改善への寄与としてアレキザンダーが二五三のパタンを収録した大著「パタン・ランゲージ」を出版したのは一九七七年のことである。「パタンを一つ一つ並べて置く必要はない。必要なすべてのパタンを、できる限り圧縮して組み込むほうが、良い建物や部屋や庭ができる」[文4]。

「内から外へ」というとき、なかなか内からの把握を適切になしがたい。そうした場合にパタン言語がたすけになってくれるとアレキザンダーは考えたのである。

ヴェンチューリのデコレイテッド・シェッド

ヴェンチューリ[*8]は、一九六〇年代に活躍をはじめた建築家だが、一般の人びとが共有できるパタンを、建築の外観にもたらすことが必要だと考えていた。建築は、独善的な彫刻のように環境のなかに立ちはだかるべきではない。ヴェンチューリの建築が、まれにみるほどありきたりにみえる場合があるのは、そうした考えによるのである。しかし、ふつうの手法や形態を、ふつうでなく用いようとするのが、ヴェンチューリの本来のねらいであり、そのようなマニエリスム[*9]の傾向を、しだいに深めていくことになる。（2）

ここでは、デコレイテッド・シェッド（装飾された小屋）と名づけられたヴェンチューリの建築手法に注目しよう。[*10]それは絵や彫刻でまわりを飾りたてた小屋という意味ではない。外部にむかって建築が発信する信号を、建築本体とは別のものととらえて、それを文字どおり、とってつけたように建築にくっつけようという考えかたなのである。その意味するところはラスヴェガスにいけば理解できる。特殊な商業施設がならぶ広いとおりを車ですすむ人は、両側に巨大な看板の行列をみることになる。看板をてがかりに目的地をさだめて広大な駐車場に入っていく。建物は看板と駐車場のかげになってほとんどみえない。街のランドスケープをつくっているのは看板である。建物のなかには別の世界がある。外にむけての信号と建物本体とは完全に区別されている。ヴェンチューリは、こうした状況を手のこんだ調査を通じてあきらかにした。[文5]

むやみに大きい、にせのファサードをもつ商業建築は、ラスヴェガスならずとも、よくみかけるところである。このファサードは通りのスケールに合わせた信号なので

＊8　第4章＊15参照。

＊9　マニエリスムは、構造の理論の視覚化というような合理的な形態観を捨て、工夫をこらしたイリュージョンや機知にとんだパロディ風の表現などを形態にもちこむ傾向。

＊10　第7章7・4参照。

あって、建築の内容とは関係がない。これがデコレイテッド・シェッドである。そしてヴェンチューリは、この原則が、街並を形成する伝統的な建築集団には、ごくふつうにみられた現象であることに注目している。たとえば（3）に示すボッロミーニ[11]の教会では、内部とは関係のないファサードが、飾りのようにとりつけられているのが分かる。街並というものを意識して、そこに仲間入りしようとするコミュニケーションの意図が表明されているのである。

デコレイテッド・シェッドと反対の建築は、建築そのものが信号であろうとする建築である。あひるのかっこうをしたドライブインになぞらえて、ヴェンチューリはそれをダック（あひる）とよんでいる。ヴェンチューリによれば、近代建築のすべてがダックだということになる。なぜなら、それは空間的な作品として、建築そのものが特別であろうとし、みずからが自己主張の信号ではあるけれども、共同体の一員であらんがための信号を発することには無関心だからである。

自作のギルド・ハウス（4）とポール・ルドルフのクロホード・メナー（5）を比較して[12]、後者は空間的であろうとするダックだが、前者は空間的ではなく単に信号であろうとするデコレイテッド・シェッドだといっている。しかし、デコレイテッド・シェッドが空間的でないというのは本当だろうか。それは街並という空間の形成要素なのではないか。だからヴェンチューリは、建築はそれ自体が空間的であろうとするだけでなく、周囲の環境をありのままにうけいれ、その空間への仲間入りにも配慮すべきだといっているとも思えるのである。有機主義の一つの姿だといえよう。

*11　ボッロミーニ（一五九九—一六六七）はイタリアのバロック時代を代表する建築家の一人。

*12　両者は同規模の老人施設である。

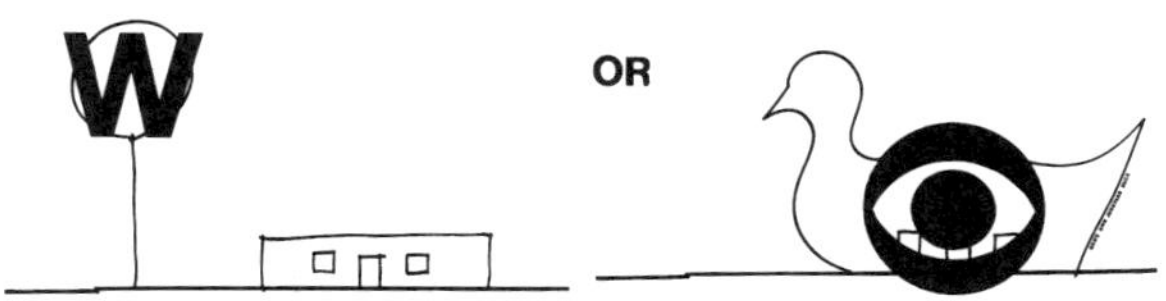

小さな建物の大きなサイン　　建物そのものがサイン

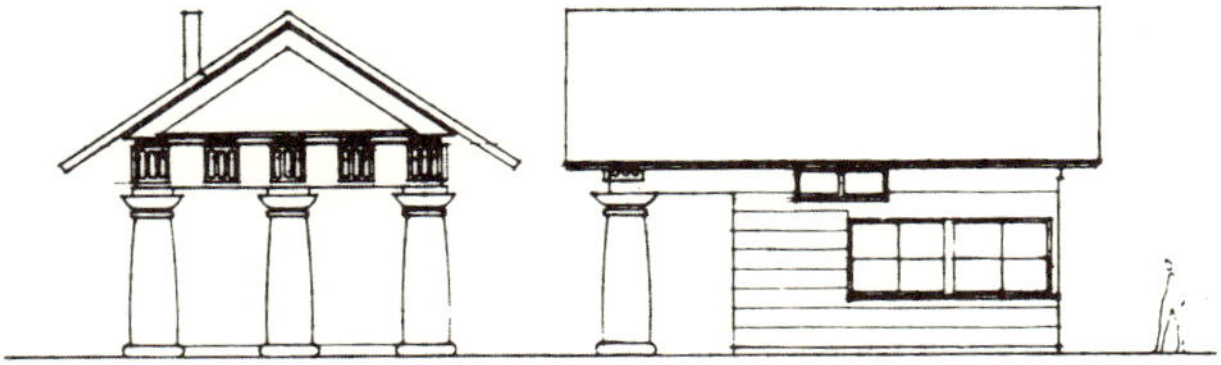

a

b

2 ヴェンチューリのパロディ風の建築
(a)サマーハウス計画案、1977
(b)北デラウェアの家、1978

3 サン・カルロ聖堂、ローマ 1938起工
（ボッロミーニ）
(a)外観
(b)平面図

a

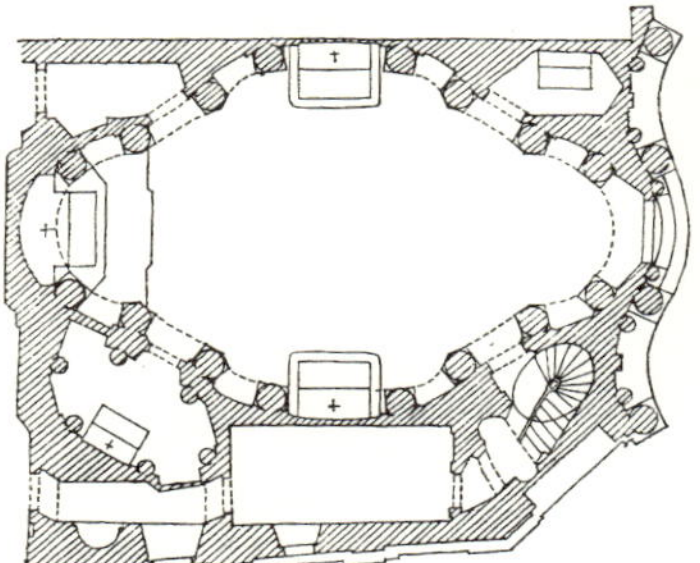

b

a

4 ギルド・ハウス、フィラデルフィア 1961
（ロバート・ヴェンチューリ）
(a)外観
(b)平面図

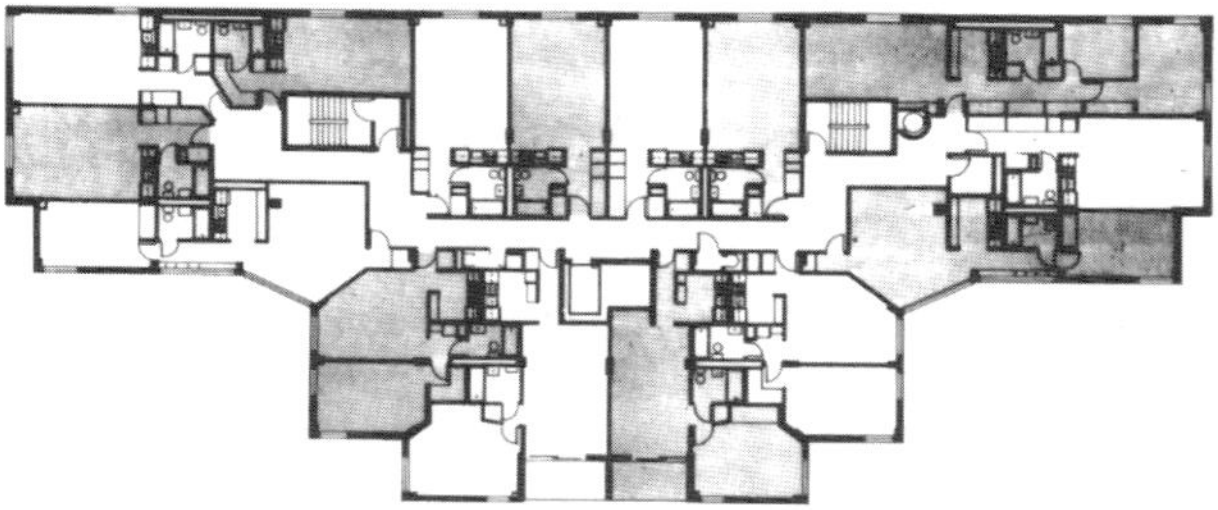

b

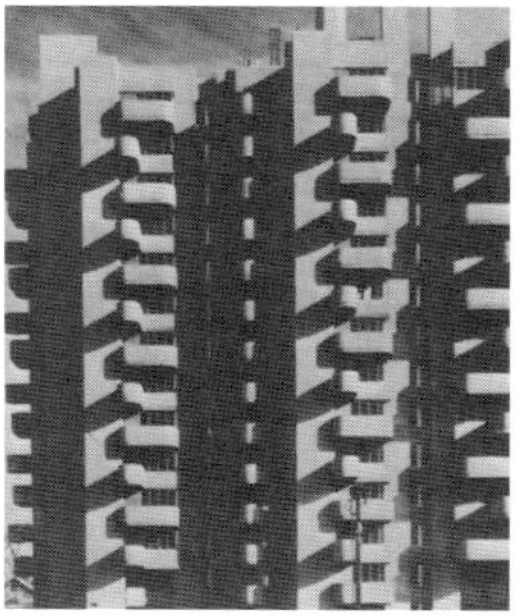

5 クロホード・メナー、ニューヘブン 1966（ポール・ルドルフ）

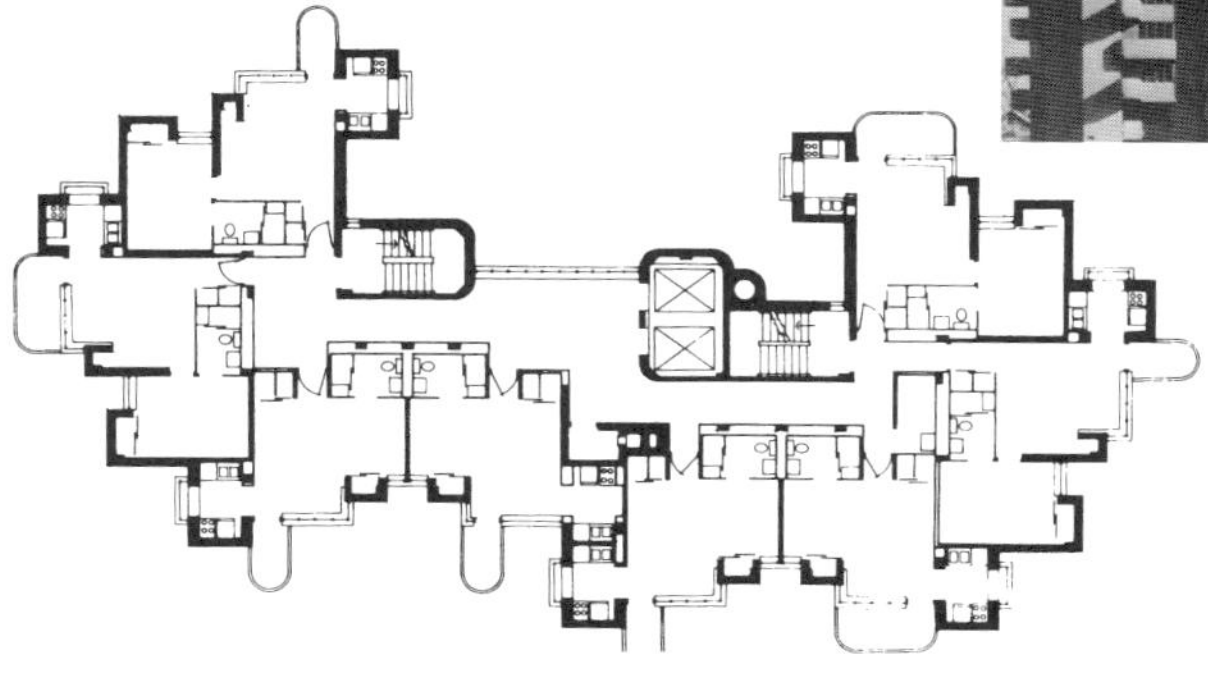

プログラム至上主義

ヴェンチューリが外部を内部から切りはなしたのは、ファサードを既存の街並に仲間入りするための外むきの顔として、建築に外部の文化的環境とのつながりをあたえようと考えたからである。街並環境を重視した訳である。そこのところを、有機原理の一つのあたらしい形態とみることができたのである。[*13]

その後、三〇年の歳月をへだてて、ますます激化する都市的状況を背景に、プログラム至上主義とでもよべる傾向があらわれでている。大型化し複雑化した都市施設ではプログラムが重要で、その内容を外にあらわすことなどできないし、必要でもないとする主張である。かつてヘーリングは、外観からはじめるのではなく、内部の機能（あるいは目的）からはじめて外観にいたれと主張した。ところがここでは、プログラム（＝機能）こそが至上であって、外観はなにほどのものでもないとされるのである。これにはヘーリングもびっくりであろう。ヴェンチューリの街並への配慮など、いとも簡単に吹きとばされてしまった。九〇年代のこの傾向は、レム・コールハースによってもたらされた。

コールハースのプログラム主義がはじめて世に問われるのは、ラ・ヴィレット公園のコンペ案（一九八三）においてである。要求されたのは公園の諸施設をふくめたランドスケープのデザインである。しかし、コールハースは具体的なデザインではなしに、一つの図式化されたプログラムを提案した（6）。それは四つのシートの重ねあわせでできている。一つ目は、敷地全体を東西にはしる帯に分割して、それぞれに樹木のゾーンやスポーツ施設のゾーンや遊び場のゾーンなどを割りあてた図式である。

＊13　ヘーリングの「本質」のうちにも自然環境と同時に文化環境への融合が含まれていたと思われるが、内部の目的と同時にこれらを考えることは複雑な演算になる。ヴェンチューリはそれを切り離した方が処理しやすいと考えたのである。

二つ目は道路の配置、三つ目はキオスクや休憩所など小さな施設の配置、そして最後は既設と新設の大きな施設の配置を示した図式である。これらを重ねあわせることによって、将来にわたる発展や拡張をふくめた公園づくりのプログラムが示された。公園のランドスケープを具体的にきめてしまうことを避け、自由な変化や意図を吸収できる骨組みを考案するにとどめたのである。

プログラムへの志向性は、その後のコールハースの建築に色こく根づいて、まったく新しい建築の傾向をうみだすことになる。コールハースによれば、「建築は環境を定義する技術」であり、それはプログラムからもたらされる。だからディテールなどはどうでもよいし、外観はエンベロップ（覆い）にすぎない。こうした主張にもとづいて、あたらしい感性の建築がうみだされ、世界の建築界のどぎもをぬいた。すでにみた国立図書館計画の浮遊する量塊や、ソルボンヌ図書館計画の連続する斜路は、独創的なプログラムの例である。独創的なプログラムがあたらしいヴォキャブラリーをうみだす。それがコールハースの魅力である。ここではさらに、クンスタル[*14]（7）と最近のコングレクスポ[*15]（8）を示しておく。

ところで、ここでのプログラムと機能はどのような関係にあるだろうか。われわれが「この建物はプログラムがしっかりしている」などというときには、プログラムは機能とほとんど同義につかわれている。しかし、コールハースを特徴づけているプログラムの概念は、〈機能＋図式〉としてとらえるのが適当である。コールハースの独創的な機能処理手法はかの「本質」に通じる。[*16]そしてまた、図式性をぬきにしてコールハースは考えられない。

＊14　六〇×六〇メートルの正方形の中に展示ホール二つと講堂を持つアートホール。
＊15　リール（フランス）に建設された五万二千平方メートルの多機能型イベント施設。
＊16　機能処理手法は目的解決への提案であり、コールハースではそれが深い想像力的洞察によって生み出される点で、ヘーリングの「本質」の把握と一致している。

6 ラ・ヴィレット公園コンペ応募案、
1982（レム・コールハース）
(a)シートを重ねあわせた平面図
(b)模型

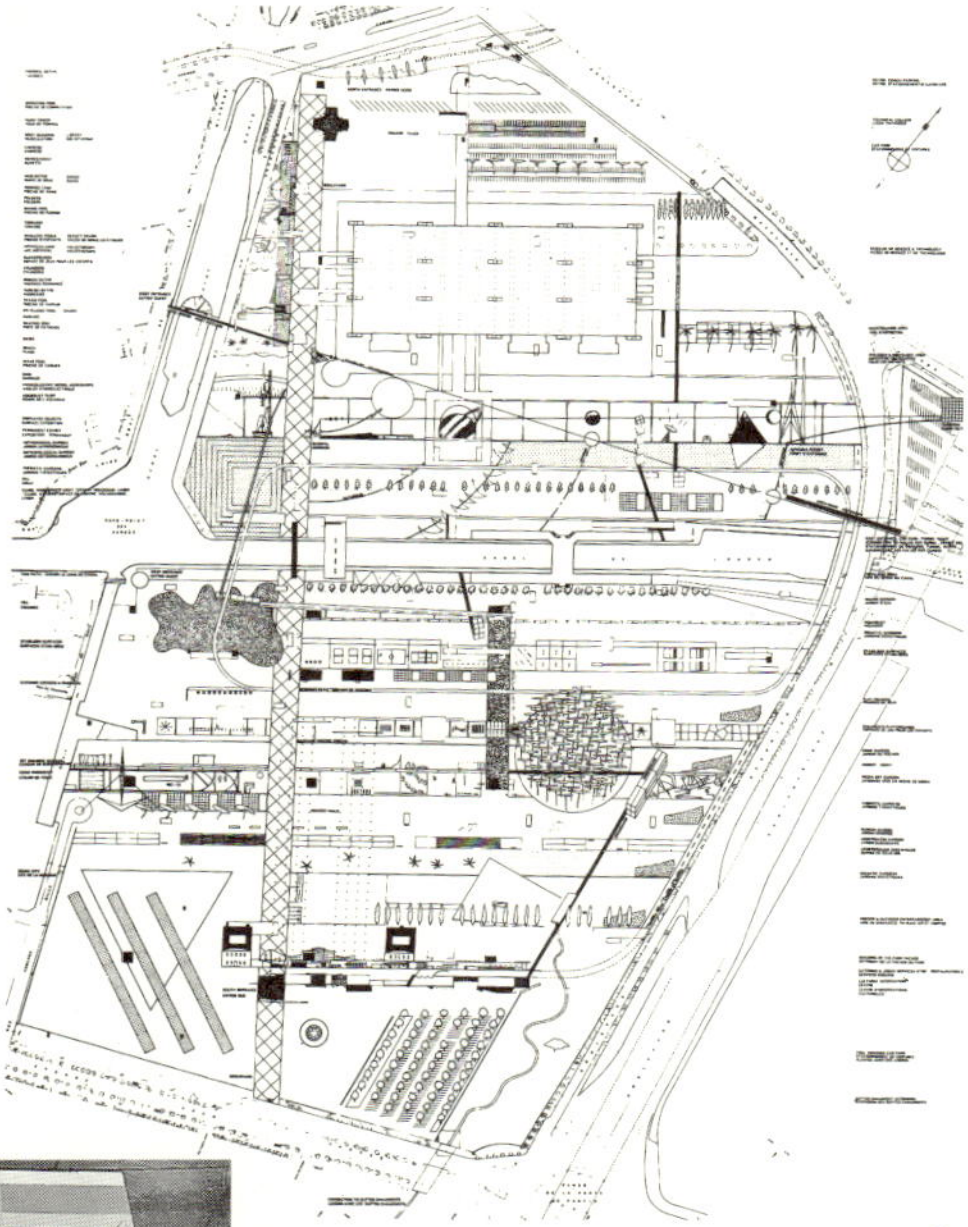

a

b

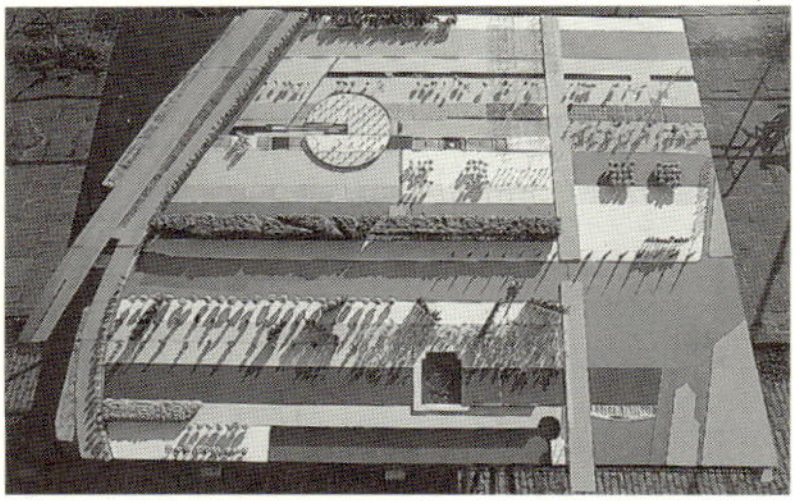

a

b

7 クンスタル、ロッテルダム 1992
（レム・コールハース）
(a)外観
(b)ホール内部
(c)平面図

8 コングレクスポ、リール 1994（レム・コールハース）
(a)模型
(b)内部
(c)30m レベルの平面図

b

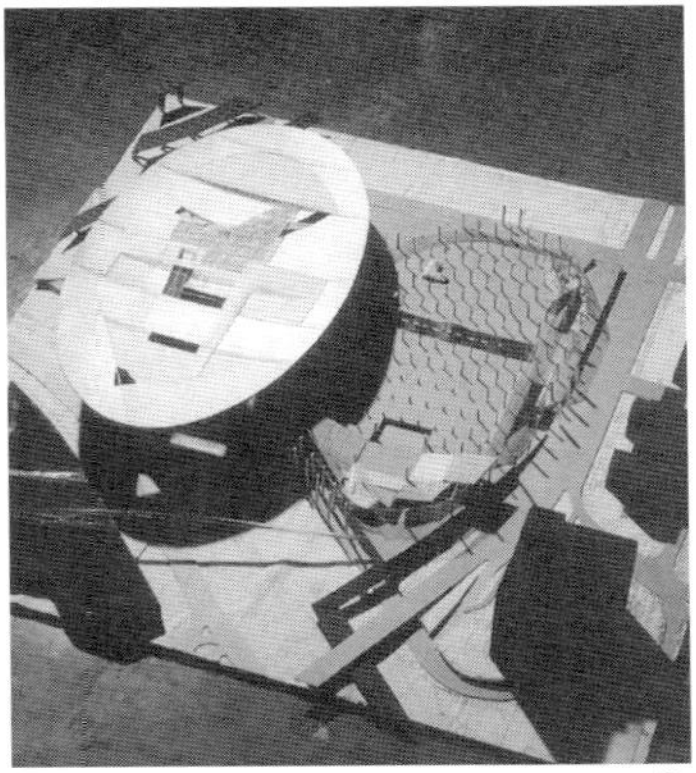

a

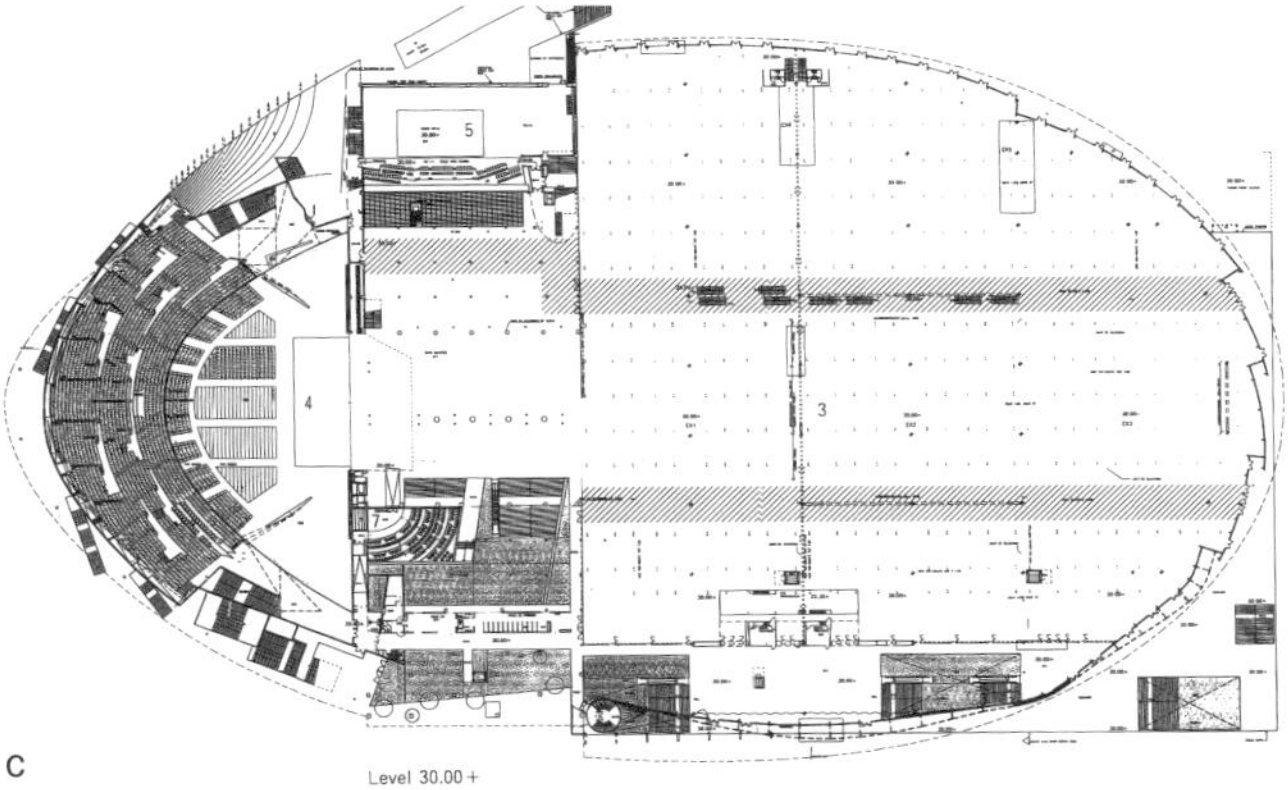

c

Level 30.00＋

c

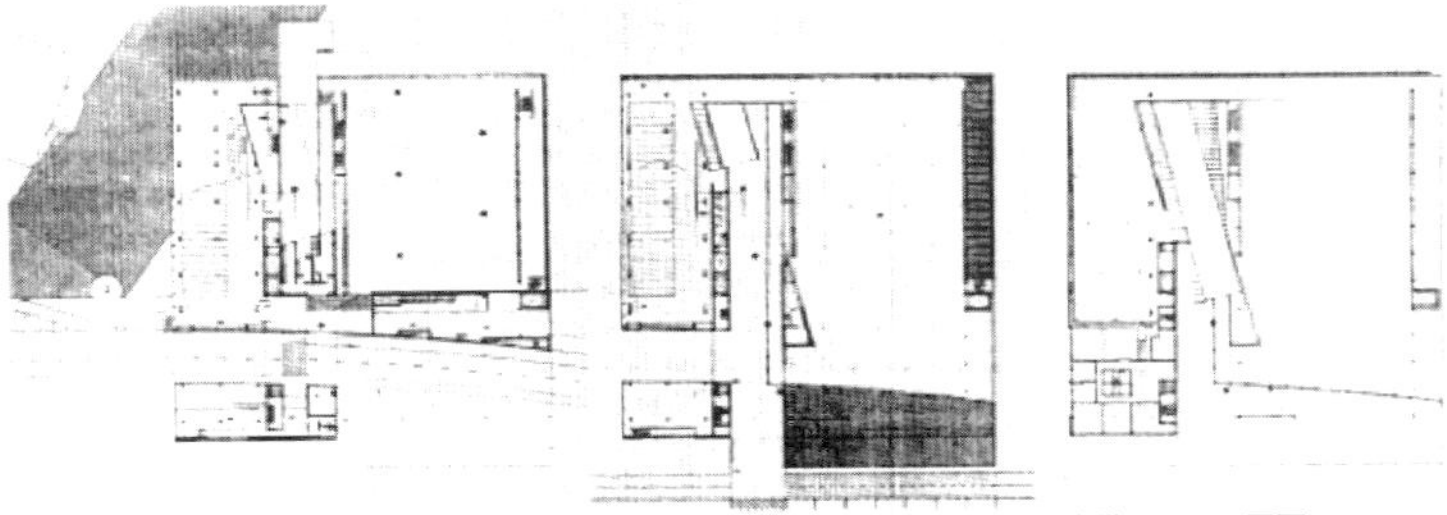

パーク・レベル平面　S=1:1200　　南側グランド・レベル平面　　上階・レベル平面

図式的な空間

コールハースのプログラムが図式的であるというのは、それが抽象のレベルにまで単純化されているということである。ラ・ヴィレットでは、敷地全体が一定幅の帯に分断されてしまっている。乱暴といえばこんな乱暴もない訳だが、サーキュレーションがうまく補完してくれるなら、不都合もなく、かえっておもしろい可能性はある訳だし、なによりその抽象性が、この計画のなんともいいがたい魅力のみなもとになっている。

二つの図書館の計画案では、図式は三次元的に展開している。国立図書館では、均等に配置されたエレベーター・シャフトをかねる柱が直方体の箱のなかの座標系を決定している。ソルボンヌでは、スラブを斜路化して立体的な街路として連続させてゆくそのやり方は、はさみを入れた一枚の紙からつくれるほどの単純さである。単純だが、いずれもそのプログラムとしての意味は大きい。単純さゆえにかえって意味の大きさ、印象ぶかさが、より鮮明にうかびあがっているともいえる。

そして、そこにうかびあがっているのは、へーリングならば「本質」とよんだはずの、建築の骨格そのものである。コールハースはそこのところに、建築へのアプローチの主眼をすえている。形態ではなくて、内側から発想している。だから、コールハースの建築は有機原理の建築なのだ。そういわざるをえないのである。へーリングが有機的建築をとなえたときには、どちらかといえば、複雑で、自由な、生体的形態をイメージしていたことはすでにみてきた。ライトにしてもそうである。九〇年代はそれに反して、図式的空間としてのシンプルな有機原理をうみだすことになったのである。

図式的空間というとき、ともするとわれわれは、ミースの空間を思いおこすのではないだろうか。そのことと、ここでの話題はおそらく無関係ではない。ミースの空間は、カルテシアン座標の一部を切りとり、人間的な思いのいっさいを排除した完全なる図式性を志向している。それは空間の形式においてである。ミースは、建築の中心課題からプログラムの問題をほとんど放棄している。そうすることによって到達することのできた純粋さがミース空間の真髄《しんずい》である。一方、コールハースの図式性はプログラムの図式性である。そのコールハースが、一方では空間的感性の面でミース的空間の美学にとらわれているというのは十分に考えられることである。簡単にいってしまえば、コールハースの抽象的な図式性は、プログラムへの関心とミース的美学の結婚の産物と考えられるのではなかろうか。おそらくその根底には、近代から現代へとつらなる、なにか基本的感性のながれが連綿としてあるのである。

外観はエンベロップだというコールハースのいい方は、ミースとはひとあじ違ったやり方での外形の稀薄化を示しているし、形態をも図式化してしまうという宣言だしミースの息子であることの告白でもある。つまり、形態をつくらないというやり方で形態をつくるわざを踏襲《とうしゅう》している。

こうしたコールハース流のクールな有機主義は、いまや建築界の一部を確実にとりこにしている。とりわけわが国への影響は鮮明である。ここでは、妹島和世のマルチメディア工房（9）とパチンコパーラーⅢ（10）を、やさしい感性による日本的翻案《ほんあん》の例としてあげておく。[*17]

＊17　「建物の中で生活していく経験を通して、計画そのものがもつ図式的な明快さが、体験によってはじめて納得できるというような状態を望んでいる。」「新しい体験を可能にする図式をその計画ごとに発見したい。そして、それらが体験によって認識される、そのこととダイレクトに結びついた建築をつくりたい」と妹島和世は書いている。

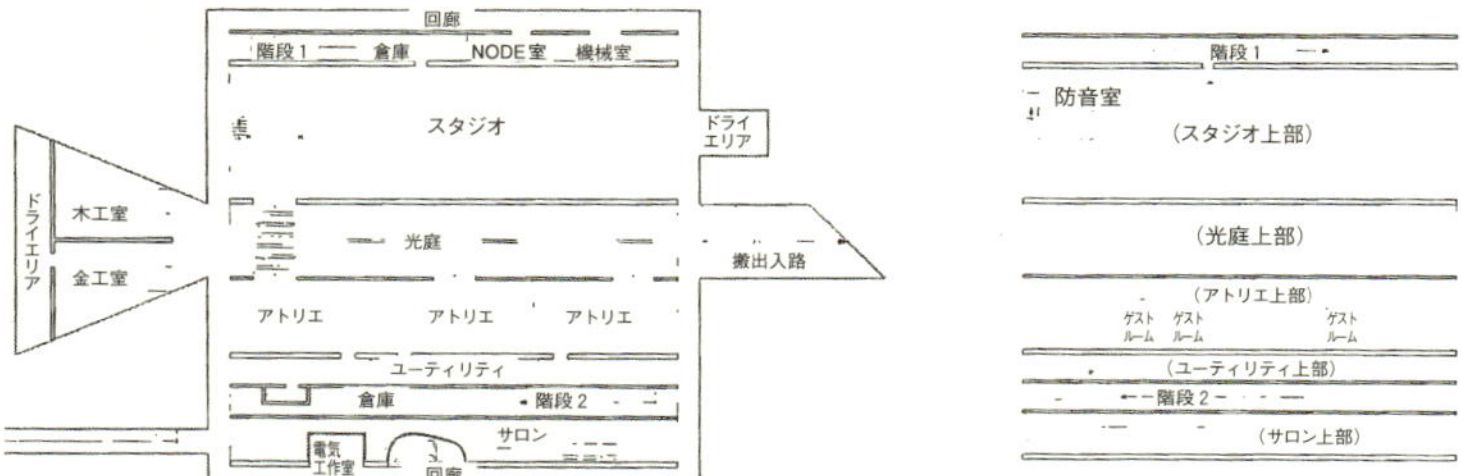

a

1階平面

2階平面

b

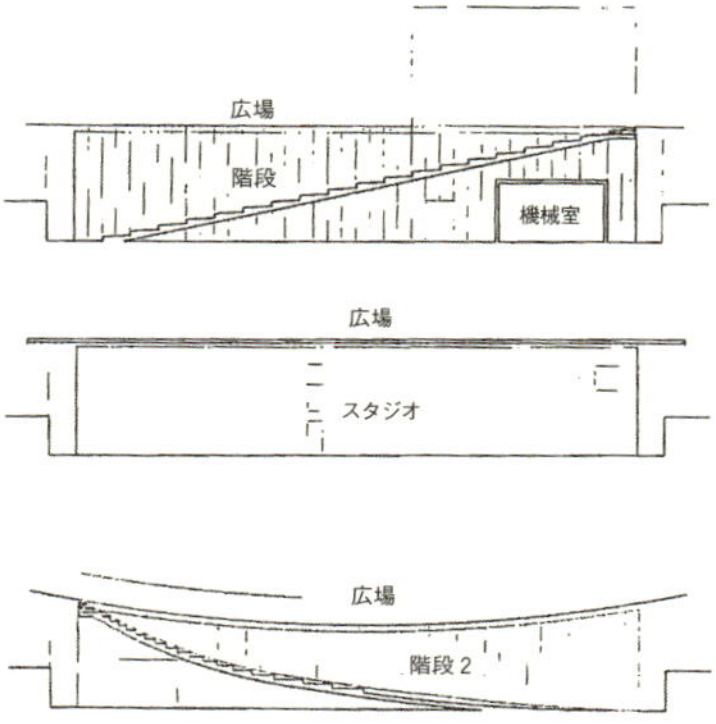

断面

9 マルチメディア工房、大垣市 1997（妹島和世）
(a)平面図
(b)断面図
(c)内部
(d)外観

d

c

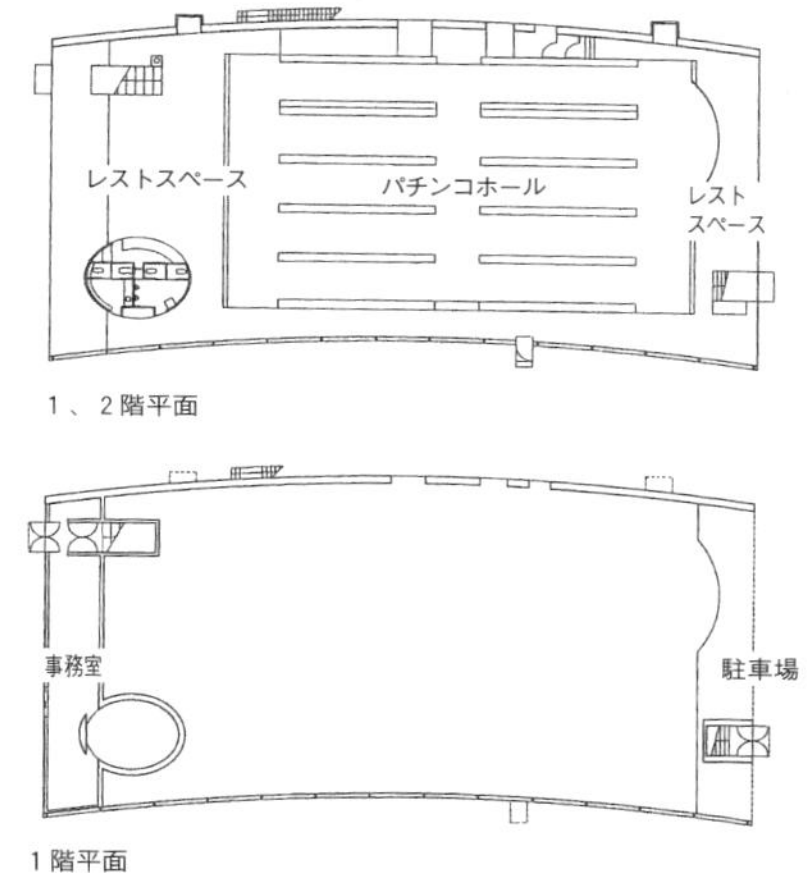

a

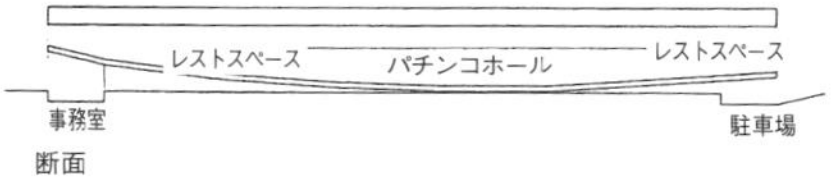

b

10 パチンコパーラーIII、常陸太田市 1996（妹島和世）
(a)平面図
(b)断面図
(c)外観

c

地形をつくる

横浜の山下公園のほうから歩いてくると、いつのまにか建物のなかに入ってしまうような、そんな環境をつくろうとしただけなんだと、横浜国際客船ターミナル国際建築設計競技を制した若きダークホース（マスコミによってそうよばれた）ザニロ・ポロとムサヴィはそんなふうに語っている[文6]。

また、彼らがやりたかったのは、船客の大量移動インフラのプログラムとそれが市民の広場などともリンクする大規模公共建築物のプログラムの明確な提案であって、象徴的になにかを語りかけるような伝統的な建築のあり方は、はっきりと否定したかったとも語っている[文6]。（11）

つまり、意味のあるプログラムを実現したかったのであって、形態へのこだわりはうすいと、そういうことだ。とすれば、これもまたプログラム至上主義の、もう一つの例である。これがコールハースと違うのは、ミース的建築美学へのかかわりを欠いている点である。そのかわりに、環境という概念とのかかわりに徹しているようにみえる。一見して感じとれるように、これはもはや通常の意味の建築ではない。とうぜん、コールハース風の箱ではない。かといって、いかなる意味での表情をそなえた建築の一種でもない。曲線的だから表現主義建築のようかといえば、けっしてそんなことはない。もっとさらっとして意味から自由だ。

いってみれば、それは地面の一部であるかのようである。屋上はなだらかな丘だ。そして内部空間は丘の下をほりぬいた洞窟である。建築構造的にいうなら、構造と外形、柱と床、地面と屋根というような、通常の二項対立は存在していないのである。

建物に近づいていったら、いつのまにかその建物の屋根の上にいたなどという建築は、フンベルトワッサーのファンタジックな例(12)をのぞけば、大規模にはかつて近代建築のなかに存在した例はないのである。山下公園との関係でみれば、くの字に曲がった対岸に、こだかい丘のようなもう一つの公園が出現したかにみえてしまう。もちろんそのなかには、船客のながれがつくる有機的組織がかくされているし、市民的施設もふくまれている。しかし、そうしたすべてを、一つのグランド(地面)の理念で統合しようとするプログラムが支配していることはあきらかである。「都市のグランドレベルは、(船客用の)ボーディングレベルにスムーズにつながり、そこからグランドレベルは多様な都市イベントを生みだすべく分岐《ぶんき》してゆく。したがって建物は都市のグランドレベルの延長となる」[文7]。だからこの建物は、地形をつくっていることになるのである。

ところで、「地形としての建築」というテーマは、長谷川逸子が湘南台文化センターのコンペを勝ちとったときの、長谷川自身のいいかたでもあった(13)。これもまた、従来の建築の枠におさまらない不思議な作品として話題をまいた。シアターとプラネタリウムの球体が、小屋根を樹木にみたてたシンボリックな森にかこまれている。建築面積の七〇%を地下に入れて、地表面のおおくは公園のように開放されている。都市的イベントを増幅する装置としてのプログラムは横浜の場合と共通している。

地形をつくるというタイプの有機原理のもう一つの例として、サンティアゴ・カラトラヴァのシュテーデルホーフェン駅(14)を示しておこう[*18]。

*18 歩道、駅、地下道が上下三段に分かれており、平面的には曲線を描いて配置され、それが丘の斜面に埋め込まれている。

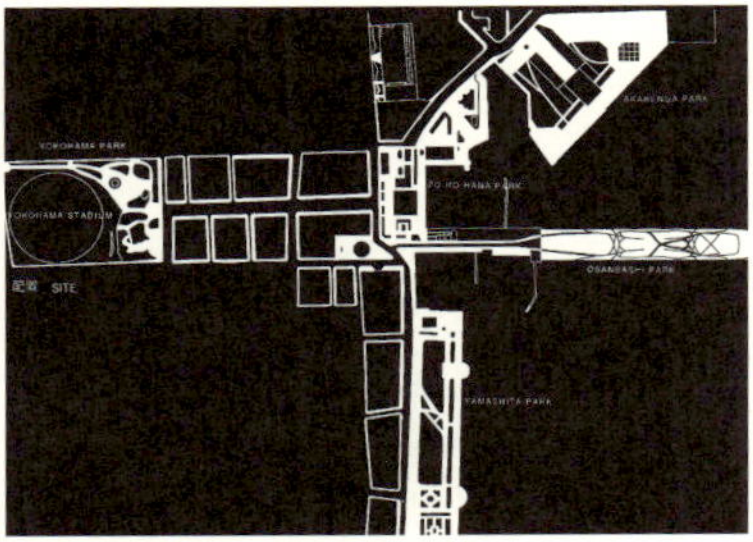

a

c

11 横浜国際客船ターミナル計画案、1995
（ザニロ・ポロ、ムサヴィ）
(a)配置図
(b)全景透視図
(c)部分透視図

b

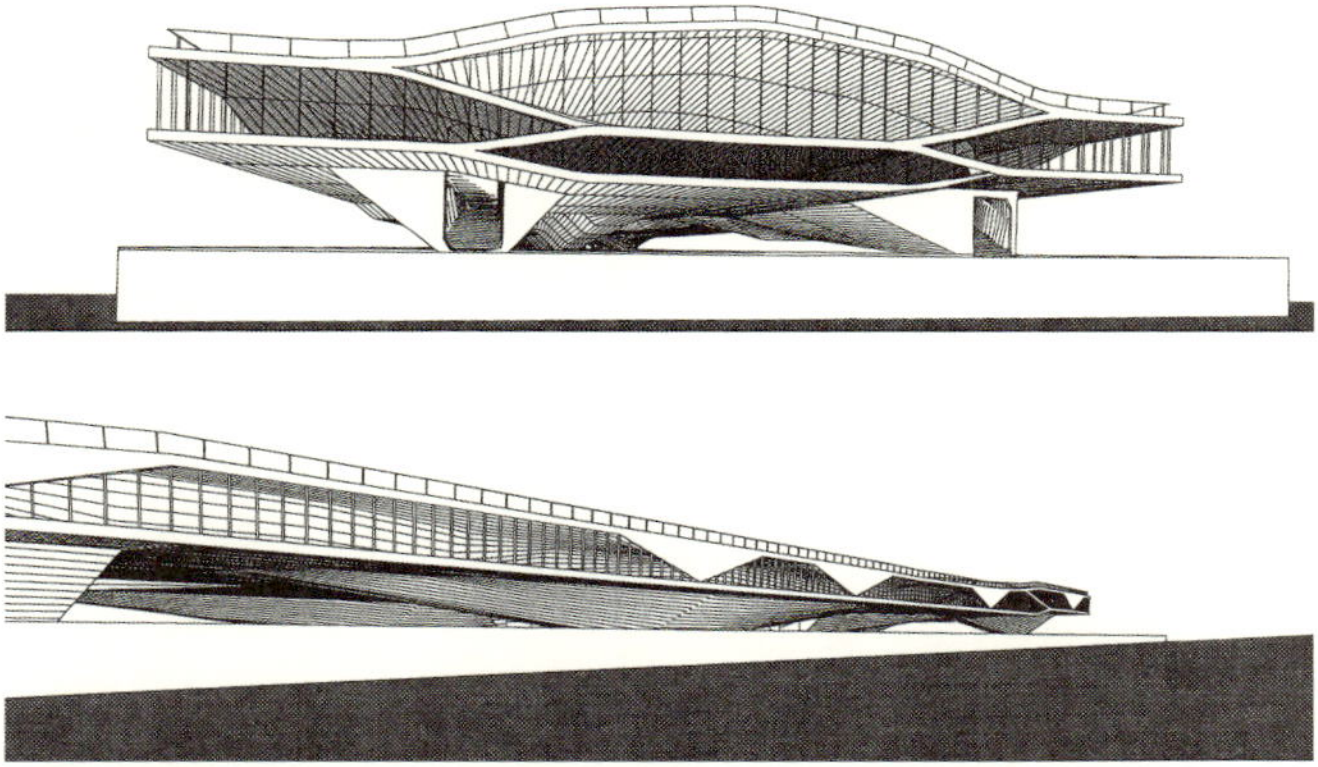

12 ブルマウ温泉村、オーストリア 1997
（フンデルトワッサー）

13 湘南台文化センター、1991（長谷川逸子）
(a)全景
(b)断面図
(c)平面図

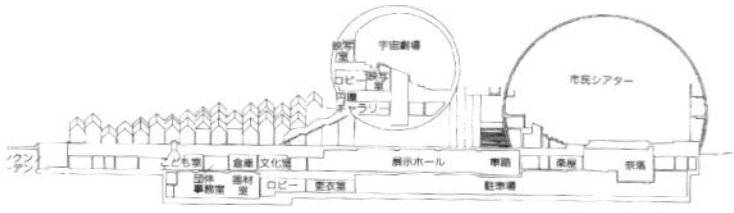

b

a

c

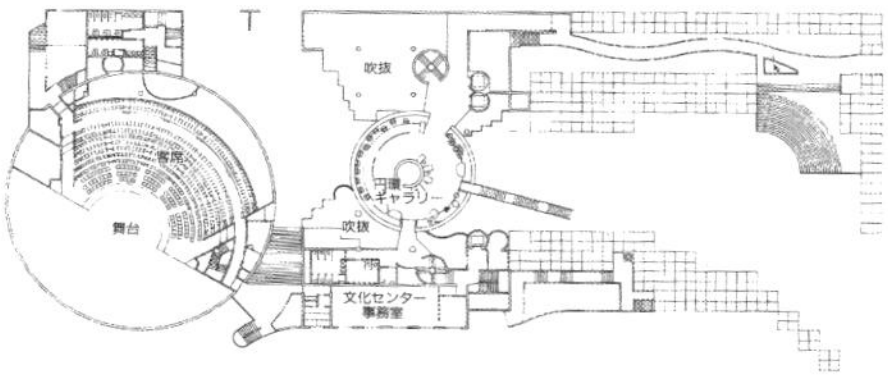

2階平面

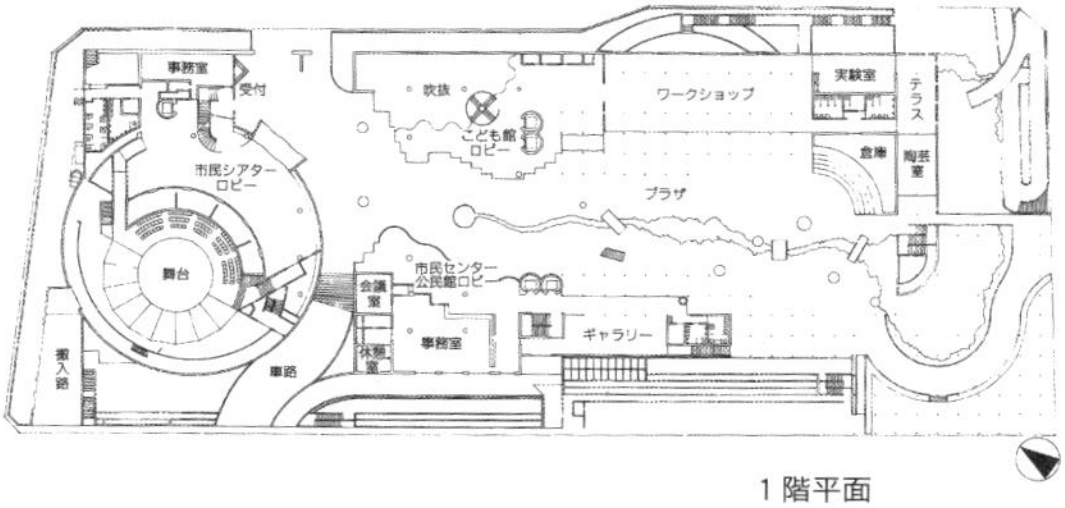

1階平面

14 シュテーデルホーフェン駅、チューリヒ 1990
（サンティアゴ・カラトラヴァ）
(a)全景
(b)断面図

a

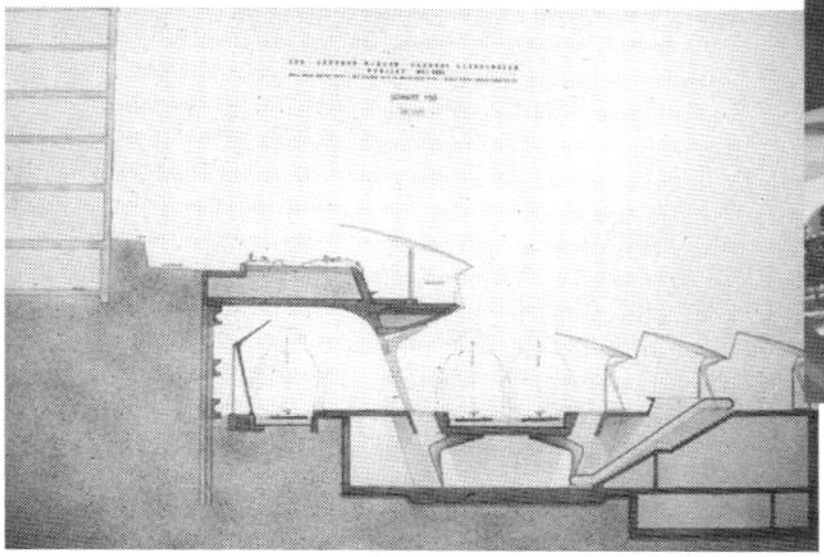

b

柔らかい空間

「柔らかい空間」の時代をむかえようとしている。自由な曲面を多用する最近のデザインの傾向をみているとそんな気がする。

「柔らかい空間」というと、ガウディの建築（15）やキースラー[*19]のエンドレス・ハウス（16）のようなものを、著者などの世代ではまず思いうべてしまうけれど、あたらしい時代の「柔らかい空間」は、それとはおそらく基本的なところで違っている。

そのことを端的《たんてき》に示しているのが、さきにみた横浜港国際客船ターミナルの計画である。この計画ではほとんどの部分が連続的な曲面でできているから、「柔らかい空間」のさいたるものであるし、最近ではめずらしい大胆な曲面建築であり、そこのところがコンペにおいて評価をえたポイントでもあった。しかしそれは、なんらかの観念の表現を意図した結果ではない。通常の意味での建築をつくるのではなしに環境をつくろうとするプログラムの意図にしたがって、柱や床といった建築につきものの構造要素をやめにした、あたらしい構造システムの結果である。そこが重要なところである。表現のためではなしに、人間生活上の目的に即して発想した結果がこうなった。つまり有機原理に即したアプローチが有機的な結果をうんだという訳である。

それともう一つ、これがコンピューター技術の産物であるところにも特徴がある。コンピューターは複雑な要求に解をもたらしてくれる。現代は、社会も都市も個人生活も、かつてない複雑さを呈している。そうしたなかで、目的からの発想が、きわめて複雑な演算を要することになるのに不思議はない。コンピューターがその演算をといてくれる。すると、とうぜん考えられることは、その解は幾何形態のような単純明

*19　フレデリック・ジョン・キースラー（一八九〇―一九六五）はウィーン生まれの特異な造形作家。劇場設計、舞台デザイン、工業デザイン、環境彫刻、絵画など多領域で仕事をした。エンドレス・ハウスは建築作品（計画案）としてはもっとも有名。

解なものではなしに、自然の有するに似た複雑なものになるであろうということである。建築的であるよりは環境的であろうとする志向性から、コンピューターの力をかりて複雑な関係を解いた結果が、柔らかい空間につながっていく。どうやらそんな事情があるようである。いわゆる人間的な環境を志向し、心理的要因などを加味するとすれば、いっそうそうした傾向をますだろう。これまで、やりたくともやれなかったことが、コンピューターの使用が容易になったことで、可能になったということかもしれないのである。

スティーブン・ホール[*20]によるテキサス大学看護学校（17）は、もう一つの興味ぶかい例である。そのコンセプトは「垂直の『オーガニック』キャンパス」[文8]とある。高層部と低層部が結合したL字型立面をしており、高層部には教育施設が、低層部には学生センターがおさめられている。外形の基本はL字型の箱なのだが、おどろくべきことには、垂直部分にも低層部分にも、まさに内臓のようなオーガン（器官）がびっしりとつめ込まれていて、ときには、その一部が外側にはみだしてさえもいるのである。内臓の内側は公共的なスペースでしめられていて、そのほかのプログラムは、周囲の通常の建築床の部分ではたされている。「オーガン」はコンクリートでつくられ主要な構造機能をになってもいる。内蔵が骨格をかねている訳である。エレベーターなどの垂直サーキュレーションも、すべてこのなかにおさめられている。内臓のうちに広がるこの「柔らかい空間」、おそらくこれはプログラムの演算結果というより、この独特の空間イメージが、コンピューターによって、はじめて可能になったケースである。このような本質把握の仕方が可能になったということだ。

*20 スティーブン・ホール（一九四七— ）はアメリカの建築家。

15 カサ・バトリョ、バルセロナ1907（アントニオ・ガウディ）

16 エンドレス・ハウス、1960（フレデリック・キースラー）

17 テキサス大学看護学校計画案、1996
（スティーヴン・ホール）
(a)外観
(b)断面図
(c)1階平面図
(d)23階平面図

a

b

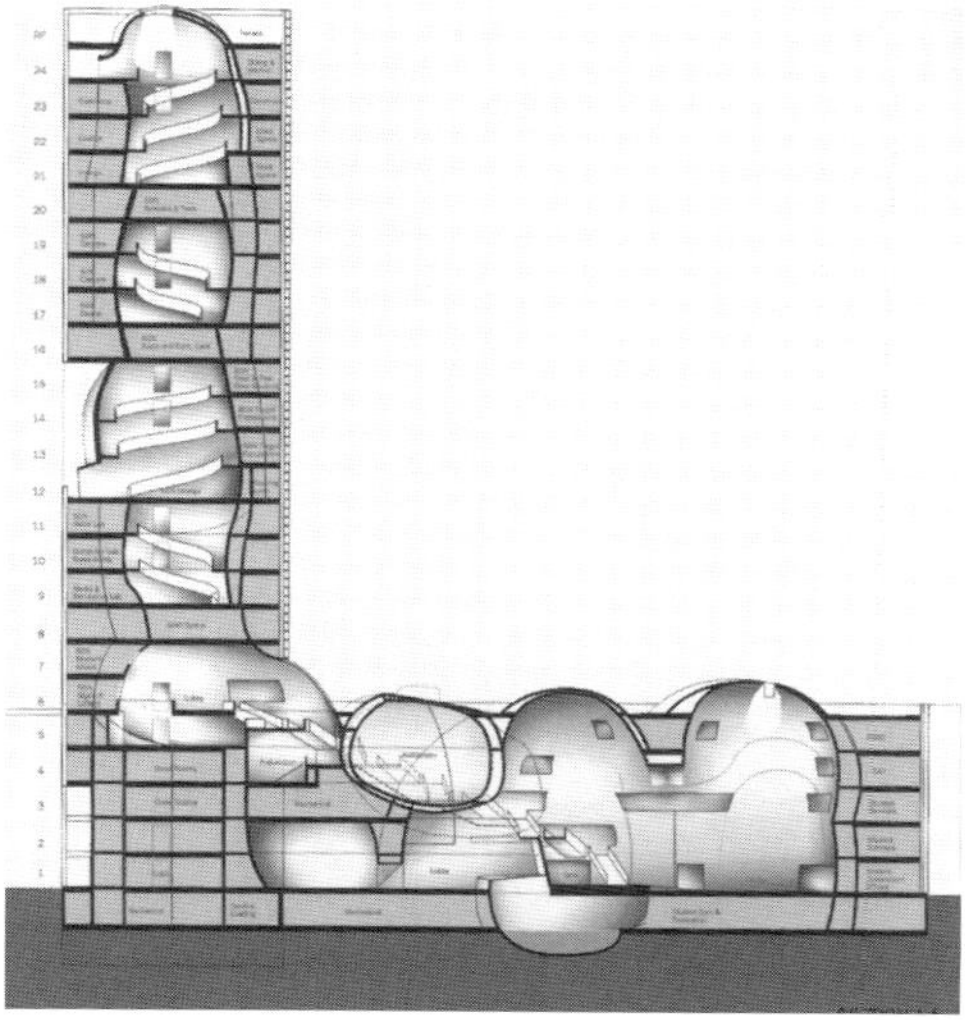

d

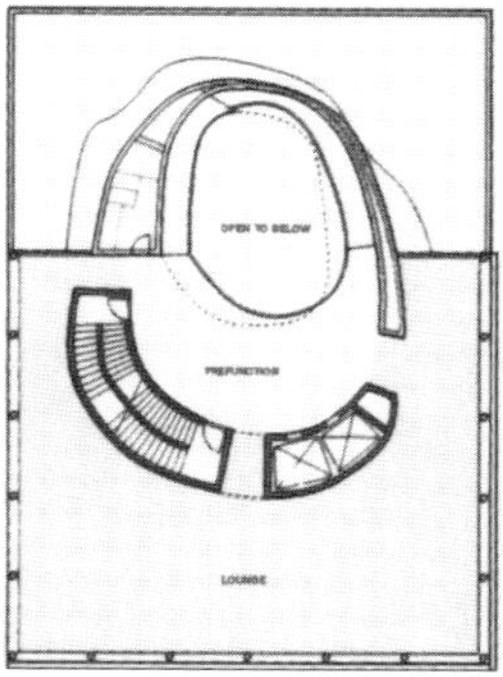

c

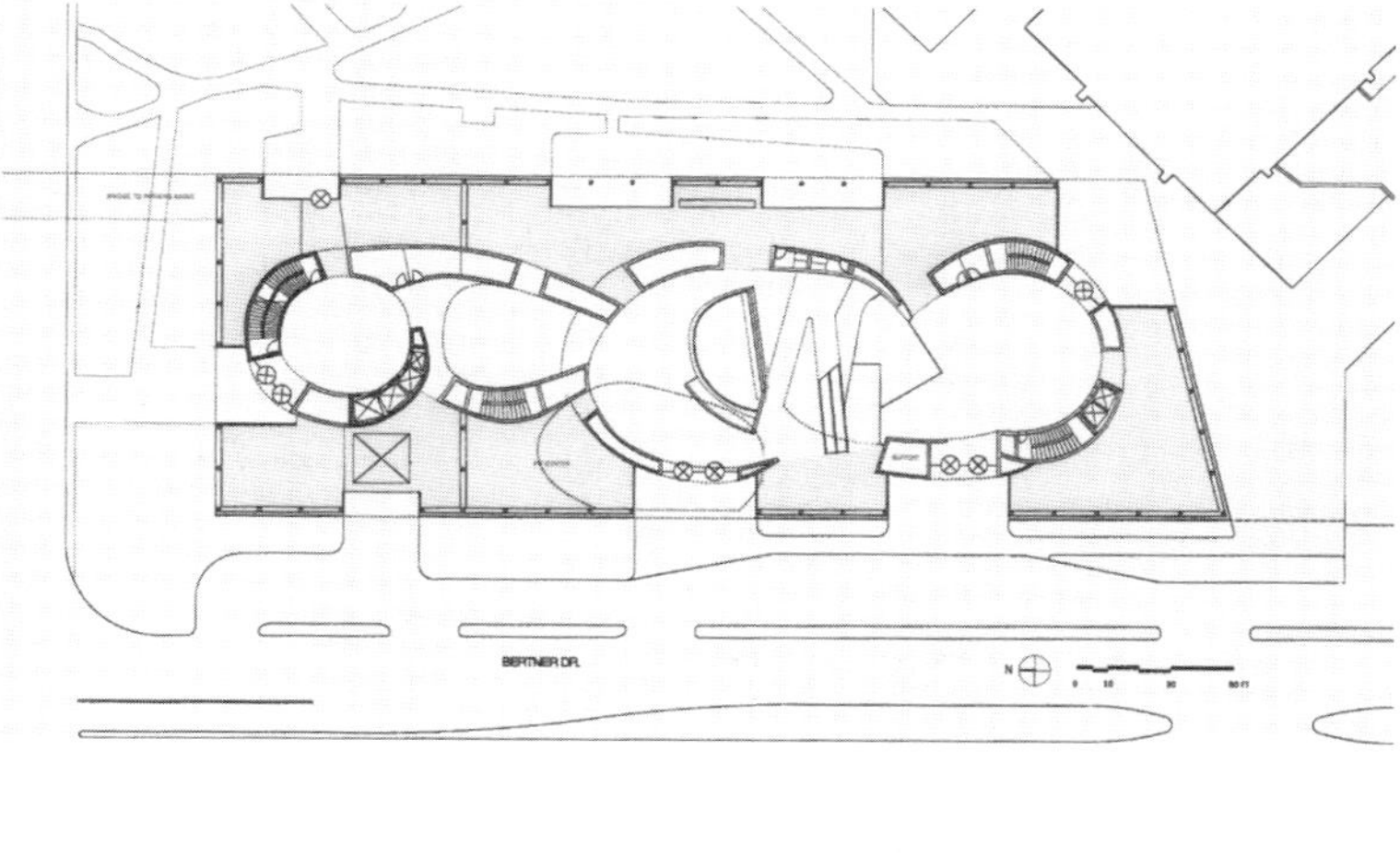

まとめ──形式と有機性

もし書き直せるものなら、今度はもっとうまく書けるだろう。本を書く者にはいつでも付きまとう思いだと思う。本書の場合には特にその思いが強い。とにかく試行錯誤の産物だからである。

建築空間に関する考え方のいくつかの要因が、さまざまにかかわりながら二〇世紀建築の流れをつくり、今日に及んでいるという全体の構図がうまく伝わっただろうか。とりわけこの点に不安が残る。そこで、一方では蛇足のそしりを覚悟しながら、最後にいささかの「まとめ」を書いておくことにした。

第I部では、〈均質空間〉〈時・空間〉〈場所〉について述べた。世紀初頭の改革的建築家たちが、古い時代の衣を脱ぎすてるために、みずからの建築に課したのは〈均質空間〉と〈時・空間〉の二つの表現上の形式であった。デ・ステイルの活動は、〈時・空間〉形式の建築に道を拓いた。それに対するフランク・ロイド・ライトの影響は大きいが、ライト自身は有機性への関心に導かれていて、〈時・空間〉形式の創造はほとんど無意識のうちになされていた。

ル・コルビュジエは〈均質空間〉〈時・空間〉を融合することにより、もっとも影響力の強いスタイルをつくり上げた。彼はその発想の基礎にドミノ・ハウスと呼ばれるシステムを置いた。

〈均質空間〉に徹したストイックで純粋な建築表現への道を、殉教者のごとくひたすら歩んだのはミース・ファン・デル・ローエである。ミースの生み出したスタイルは、効率性という実用的側面とともに、平滑・透明の美学的側面によって、世界の建築界に今日に及ぶ影響を残した。

〈均質空間〉の実用的側面があまりにも蔓延《まんえん》した世紀の半ば、ルイス・カーンは〈場所〉の建築家として世界の舞台に登場する。建築の本質はルームにありとするカーンの建築は、〈均質空間〉でも〈時・空間〉でもなく、ひたすら〈場所〉の複合によって形づくられた。以来、〈場所〉的発想は建築界に深く浸透していく。しかし、今日の建築イメージをリードするのは〈場所〉ではない。デコンストラクティヴィストにおける〈時・空間〉の発展型と、コールハースに代表される〈時・空間〉〈均質空間〉の複合形式が世界の想像力を魅惑している。それでは世紀初頭へと歴史は戻りつつあるのかというと、そうではない。ここに「有機性」がかかわってくる。

有機性については第Ⅱ部で述べている。二〇世紀ヨーロッパにおける有機性の歴史は、ヘーリング、シャロウン、アアルトの名によってつづられる。有機性とは、その建築が何であるのか（何を目的とする建築か）、どこに建つのか、いかなる文化的コンテキストのもとで作られるのか、こうしたさまざまな側面を包み込んだ建築の「本質」から形態を導きだすやり方である。純粋に幾何学的であろうとした世紀初頭の建築には、こうした複雑さへの志向が欠けている。とりわけミースはそれを完全に無視した。ル・コルビュジエはそれをなんとか純粋な箱の中に納めようと努力していた。

時代が大きく動き始めるのは、晩年のル・コルビュジエの変節と時を同じくしている。美しい幾何学の箱はくずれだし、カーペンターセンターは歴史の曲がり角に立つ道標となった。もう一つの道標は理論面から複雑さを説いたアレキザンダーのセミラチスの理論である。そして、カーンの一見ものものしい建築は、つねに「本質」への感覚によって導かれ、独特の有機的成熟を実現していた。

一九九〇年代の有機性はプログラムという用語によって表現される。コールハースらのプログラム主義は、〈均質空間〉と〈時・空間〉の衣装をまとった新しい時代の有機主義の一つの傾向をあらわしている。横浜国際客船ターミナルビルはこの延長線上にあるといえる。しかし、そこには〈均質空間〉はない。〈時・空間〉とおそらく〈場所〉とがあるだろう。これが建ち上がったとき、二一世紀へとつき進む新しい時代の道標となることはまず間違いのないところだ。

こうして、有機原理と形式の原理とのまっとうな関係が打ち立てられていくだろう。それを思うとき、思いおこさずにいられないのは、一九世紀から二〇世紀にかけて、フランク・ロイド・ライトが成しとげていた同じ主旨の統合である。

まあ、ざっとこんな流れであろう。これをもって「まとめ」としたい。読者はこうした流れを理解すると同時に、形式と有機性の絡まりを通じて空間が形成されていく、その空間計画学的視点を読みとってもらいたい。空間計画学をさらに進めることは私自身には機会はないと思うが、いずれ誰かがそれを志してくれることを信じつつ筆を置く。

二〇〇〇年三月

著者

参考・引用文献

第一章
文1　中井正一『美学入門』
文2　ジジェク『斜めから見る』鈴木晶訳、青土社
文3　コルネリウス・ファン・デ・フェン『建築の空間』佐々木宏訳、丸善
文4　ノルベルグ・シュルツ『ゲニウス・ロキ』加藤邦男・田崎裕生訳、住まいの図書館出版局

第二章
文1　ヒッチコック「20年後のインターナショナル・スタイル」武澤秀一訳、『インターナショナル・スタイル』鹿島出版会、所収
文2　F・L・ライト『建築について』谷川正己・睦子訳、鹿島出版会
文3　ウルリヒ・コンラーツ編『世界建築宣言文集』阿部公正訳、彰国社
文4　ワーナー・ブレイザー『ミース・フォン・デル・ローエ』渡辺明次訳、エーディーエー・エディタ・トーキョー
文5　ラスムッセン『経験としての建築』佐々木宏訳、美術出版社
文6　「磯崎新1960/1990展」カタログ

第三章
文1　テオ・ファン・ドースブルフ「造形的建築に向かって」、ウルリヒ・コンラーツ編『世界建築宣言集』阿部公正訳、彰国社　所収
文2　ナウム・ガボ、アントワーヌ・ペブスナー「構成主義の基本原理」、ウルリヒ・コンラーツ編『世界建築宣言集』阿部公正訳、彰国社　所収
文3　ヒッチコック、ジョンソン『インターナショナル・スタイル』武澤秀一訳、鹿島出版会
文4　F・L・ライト『建築について』谷川正己・睦子訳、鹿島出版会
文5　ウルリヒ・コンラーツ編『世界建築宣言集』阿部公正訳、彰国社　所収
文6　建築文化　一九九九年二月号

第四章
文1　ベルグソン『アリストテレスの場所論』村治能就・広川洋一訳、白水社
文2　サン＝テグジュペリ『城砦』山崎・粟津訳、みすず書房
文3　オットー・フリードリッヒ・ボルノウ『人間と空間』大塚恵一・池川健司・中村浩平訳、せりか書房
文4　黒川紀章編『現代建築の創造―CIAM崩壊以降』彰国社
文5　R・ヴェンチューリ『建築の多様性と対立性』伊藤公文訳、鹿島出版会
文6　a＋u 一九七八年五月号臨時増刊「チャールスール・ムーア作品集におけるムーアの解説」田中俊彦訳
文7　オルギヴァンナ・L・ライト『ライトの生涯』遠藤楽訳、彰国社
文8　ノルベルク＝シュルツ『ゲニウス・ロキ』加藤邦男、田崎祐生訳、住まいの図書出版局
文9　篠原一男『篠原一男―16の住宅と建築論』美術出版社

第五章
文1　ユリウス・ポーゼナー『近代建築への招待』田村都志夫訳、青土社
文2　ユルゲン・イェーディケ『生ける建築のために』阿部公正訳、美術出版社
文3　F・L・ライト『ライトの遺言』谷川正己・睦子訳、彰国社
文4　ウルリヒ・コンラーツ編『世界建築宣言集』阿部公正訳、彰国社
文5　ヨーラン・シルク編『アルヴァ・アールト エッセイとスケッチ』鹿島出版社
文6　GA21の中のシャローンによる解説、横山正訳
文7　コルネリス・ファン・デ・フェン『建築の空間』佐々木宏訳、丸善
文8　エドガー・ターフェル『知られざるフランク・ロイド・ライト』谷川正己、睦子訳、鹿島出版会
文9　W・J・R・カーティス『近代建築の系譜―一九〇〇年以降』五島他訳。鹿島出版会

第六章
文1　ユルゲン・イェーディケ『生ける建築のために』阿部公正訳　美術出版社
文2　天野太郎・樋口清・生田勉編『フランク・ロイド・ライト』　彰国社
文3　ラスムッセン『経験としての建築』佐々木宏訳、美術出版社

文4　齋藤裕監修・著『Luis Barragan ルイス・バラガンの建築』TOTO出版
文5　伊藤哲夫『アドルフ・ロース』鹿島出版会
文6　ル・コルビュジエ『エスプリ・ヌーヴォ』山口知之訳、鹿島出版会
文7　エドワード・R・デ・ザーコ『機能主義理論の系譜』山本学治・稲葉武司訳、鹿島出版会
文8　カーンの講演記録「Structure and Form」邦訳は『現代建築12章』山本学治訳、鹿島出版会、所収
文9　The Japan Architect　一九九一・一

第七章
文1　ヤーコブ・フォン・ユクスキュル『生物から見た世界』日高敏隆・野田保之訳、思索社
文2　V・スカーリー『近代建築』長尾重武訳、鹿島出版会
文3　R・ジオゴラ、J・メータ『LOUIS I. KAHN』横山正訳、エーディーエー・エディタ・トーキョー

第八章
文1　ウィリアムJ・R・カーティス『ル・コルビュジエ――理念と形態』中村研一訳、鹿島出版会
文2　ケネス・フランプトン「ル・コルビュジエと弁証法的イマジネーション」『GA37 Le Corbusier』所収
文3　C・アレグザンダー『形の合成に関するノート』稲葉武司訳、鹿島出版会
文4　C・アレグザンダー『パタン・ランゲージ』平田翰那訳、鹿島出版会
文5　R・ヴェンチューリ他『ラスヴェガス』石井・伊藤訳、鹿島出版会
文6　日経アーキテクチュア　一九九五年二七号
文7　建築文化　一九九〇年一月号
文8　建築文化　一九九七年八月号

Lagercrantz, Ann–Marie ［4–4a］
Meyers, Marshall D. ［6–9e］
Museo Civico, Como ［3–19］
Museum of Art, Philadelphia ［3–21］
Museum of Finnish Architecture ［1–21a, 1–24b,c, 5–10, 5–12, 6–2a,b, 7–2d］
Museum of Modern Art, New York ［ 2–15c,d, 8–16］
Nickel, Richard ［2–22a］
Parker, Maynard ［6–3b］
Penn, Colin ［2–21b］
Princeton University ［2–14a］
Rand, Marvin ［4–11b］
RIBA ［6–6］
Rista, Simo ［7–2b,c,e］
Robinson, Cervin ［2–32b, 4–13b］
Roche, Kevin ［1–17a］
Rollin, R ［7–10b］
Ruault, Philippe ［3–26a,d, 5–13a,b, 6–8c,d,e,f, 6–15d, 7–14a,b,c, 8–7a,b, 8–8b］
Scharoun, Hans ［5–15a,b,c, 5–16a,b］
Sharp, Dennis ［2–11］
Shaw, Robert ［6–9c］
Shulman, Julius ［2–13］
Sørensen, C. T ［4–4b］
Spearman, Jerry ［7–8］
Stedelijk Museum, Amsterdam ［3–10］
Stoller, Erza ［6–9d］
Turnbull, William ［4–18a］
Welin, Gustaf ［1–24a］
Weston, Richard ［7–2f,g］
Whitehead, Elizabeth ［5–13c,d, 7–2a］
Winningham, Geoff ［6–9f,g］
大橋富夫 ［1–16d, 2–9a, 2–34, 4–33a,b, 6–17a,b, 8–13a］
小玉祐一郎 ［7–20a,b］
齋藤　裕 ［6–5a,b,c］
齋藤　裕監修・著『Luis Barragan–ルイス・バラガンの建築』TOTO出版 ［6–5a,b,c］
彰国社写真部 ［2–6, 6–16a,b, 8–9c,d］
新建築写真部 ［2–36, 4–42b, 8–10c］
谷川正己 ［4–23］
畑　拓（彰国社）［4–40］
古舘克明 ［1–14a,b］
堀内清治 ［1–2］
宮本隆司 ［7–1d］
村井　修 ［4–28a,b 4-30b］
村沢文雄 ［4–27］
矢萩喜従郎 ［6–11］
和木　通（彰国社）［1–20a,b, 2–21d, 2–35a,b, 4–32］

図版出典・提供者・撮影者リスト（[　] は本書の章番号–図番号を示す。）

Academy Editions [4–6a]
Aloi, Giampieru "Case Di Abitazione Seconda Serie" Ulrico Hoepli Editore, 1972 [1–25]
Amarantides, John [6–1b]
Architectural Association [5–7a]
Architectural Review [4–26c]
Architecture & Landscape Library [1–9, 7–12a,b]
Archiv, Zaha Hadid [1–10a,b]
Australian News&Information Service [4–37d]
Baer, Morley [4–15a,b, 4–16a,b, 4–17a, 4–24c, 4–35]
Bryant, Richard [3–24a,3–25b]
Büttiker, Urs [7–16b]
Cadbury–Brown, H. T. [5–6]
Cambridge, Harvard University Art Museum [3–8]
Cantacuzino, Sherban [1–23]
Cement & Concrete Association [7–6]
Courtesy of the Architect [4–45]
Cserna, George [7–19]
Davidson, David [4–20]
Denance, Michael [2–29a]
Derwig, Jan [4–8a,b]
Ebstel, John [4–9a,b, 4–10a,b, 4–13c]
Faujour, Jacques [3–2]
Foundation Le Corbusier [2–10, 3–16a,b, 3–17a,b, 4–41a, 6–8b, 6–10, 6–11, 6–13, 6–14a,b, 6–15a,c, 6–16a, b, 6–17a,b]
Freedman, Lionel [2–30,4–12a,b, 4–22b]
Gaudi Archives [8–15]
Hamlyn Publishing [1–8]
Heinz, Thomas A. [2–22c, 4–21, 4–22b]
Hicks, David [1–6, 5–9d]
Hill, John [4–18b]
Hitchcock, H. R. "Architecture Nineteenth and Twentieth Centuries" 1958 [5–4a]
Homsey, George [4–24a]
Hruby [8–12]
Hursley, Timothy [3–14]
Hyoe, Murakami, Riche, Donald "A Hundred More Things Japanese" Japan Culture Institute, 1980 [1–15]
Jelicoe, S. [3–18]
Jencks, Charles [2–33]
Jetsonen, Jari [5–14a]
Joedicke, Jürgen [3–17d,e]
Johnson, Philip [2–23]
Koenig, Wilmar [3–24a,c,d]
Korab, Balthazar [2–7a, 7–1a]
Ku, Anna [6–9a,b,h]

著者紹介

瀬尾文彰（せお　ふみあき）

1940年　東京に生まれる

1965年　東京工業大学修士課程（建築専攻）修了

東京工業大学建築学科助手

1966年　建設省建築研究所研究員

工業生産研究室長、第四研究部長、第五研究部長を歴任

1993年　大同工業大学教授

現在に至る

工学博士

主著書　「建築計画の理路」（井上書院、1973）

「環境建築論序説」（彰国社、1979）

「意味の環境論」（彰国社、1981）

「詩としての建築」（現代企画室、1986）

20世紀建築の空間——空間計画学入門

2000年 5月10日　第1版 発　行
2003年12月20日　第1版 第2刷

著作権者との協定により検印省略

著　者　瀬　尾　文　彰
発行者　後　藤　武
発行所　株式会社　彰　国　社

160-0002 東京都新宿区坂町25
電話 03-3359-3231（大代表）
振替口座　00160-2-173401

NSPA 自然科学書協会会員
工学書協会会員

Printed in Japan

製版・印刷：真興社　製本：誠幸堂

ISBN 4-395-00578-0　C 3052　http://www.shokokusha.co.jp